인문고전 깊이읽기

Wonhyo: Open the Way to the Mind of Oneness

by Tae-won Park

Published by Hangilsa Publishing. Co., Ltd., Korea, 2012

인문고전 깊이읽기

원효

하나로 만나는 길을 열다

박태원 지음

한길사

인문고전 깊이읽기

원효
하나로 만나는 길을 열다

지은이 · 박태원
펴낸이 · 김언호
펴낸곳 · (주)도서출판 한길사

등록 · 1976년 12월 24일 제74호
주소 · 10881 경기도 파주시 문발동 광인사길 37
   www.hangilsa.co.kr
   E-mail: hangilsa@hangilsa.co.kr
전화 · 031-955-2000~3   팩스 · 031-955-2005

CTP 출력 · (주)블루엔 | 인쇄 · 현문인쇄 | 제본 · 광성문화사

제1판 제1쇄 2012년 5월 20일
제1판 제3쇄 2016년 8월 1일

값 17,000원

ISBN 978-89-356-6832-8 04100
ISBN 978-89-356-6163-3 (세트)

이 도서의 국립중앙도서관 출판시도서목록(CIP)은
e-CIP홈페이지(http://www.nl.go.kr/ecip)에서 이용하실 수 있습니다.
(CIP제어번호 : CIP2012001844)

경주 분황사의 원효대사 진영. 꿰뚫는 지혜와 따뜻하게 품는
자애의 풍모가 잘 어우러져 있다.
1956년 박봉수 作.

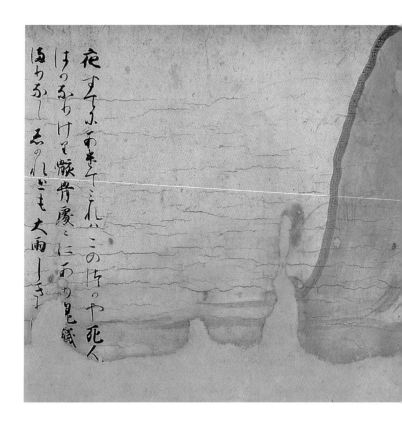

원효와 의상이 당나라로 유학 가던 중 비를 피해 동굴 안에서 하룻밤을 보내고 있다.
원효와 의상을 흠모하던 일본 고잔지의 창건자인 묘에(明惠, 1173~1232)가
조닌(成忍)에게 부탁하여 1206년에 그린 『화엄종조사회전』(華嚴宗祖師繪傳,
일명 『화엄연기』[華嚴緣起])에 실려 있다.

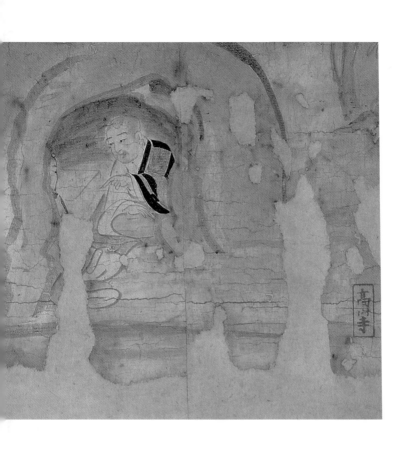

원효는 때때로 거문고 연주를 즐겼고 제자들을 불러모아
경론을 강설했다. 그가 축적하여 굴린 언어의 양과 질은
단연 최고 명품이다. 『화엄연기』.

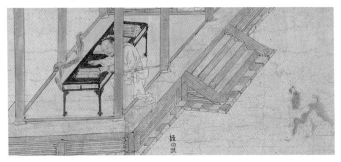

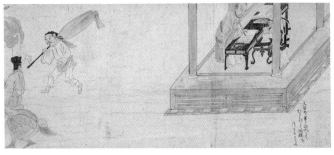

원효가 『금강삼매경론』을 다시 저술하고 있다.
박덕한 무리가 처음에 지은 다섯 권의 「소」(疏)를 훔쳐가는 바람에
원효는 3일 만에 세 권으로 된 「약소」(略疏)를 새로 지어야 했다. 『화엄연기』.

선덕여왕 3년(634)에 창건된 분황사 모전석탑.
원효는 분황사에서 『화엄경소』를 지었다. 선정에 들어
탑 주위를 포행(布行)하는 원효의 모습이 보이는 듯하다.

영국인 스타인(Mark A. Stein)이 중국 둔황에서 발견한
원효의 『대승기신론소』 필사본.
원효는 『대승기신론』을 집필하면서 모든 불교이론을 포섭하는 도리를 얻었다.

원효가 55세인 671년 7월 16일 행명사(行名寺)에서 탈고한 『판비량론』(判比量論).
당나라 현장(602~664)이 고안한 논증 방식인 비량(比量)을 비판한 논서로,
난해한 불교논리학을 주체적으로 소화하고 있는 원효의 역량이 담겨 있다.
일본 오타니(大谷) 대학교 박물관 소장.

二重

호랑이, 독수리, 매, 이리 등 산짐승에 둘러싸인 채
산속에서 홀로 좌선하고 있는 원효.
존재의 희망을 내면에서 확보하기 위해 그는 목숨을 걸고 수행했다. 『화엄연기』.

원효에게 요석공주와의 인연은 인간과 세상에 대한 깨달음의 수준과 힘을
더욱 향상시킨 계기가 되었던 것으로 보인다. 또한 둘 사이에서 태어난
'하늘을 받칠 기둥' 설총은 신라를 대표하는 인재로 성장한다.
문화체육관광부가 지정한 설총의 표준 영정. 권오창 作.

‘내가 이제 머무르지 않음에 머문다’는 것은,
이제 부처님 말씀을 듣고 나서 대승의 마음을 내어
곧 고요한 경지에 머물지 않는 마음에 머무는 것이다.

■ 원효

원효

하나로 만나는 길을 열다

차례

원효와 만나는 길 하나   21
원효는 어떤 사상가인가   25

1   존재의 고향   46
    하나가 된 마음/하나로 보는 마음자리(一心)

2   인간은 양면적 존재   70
    깨닫지 못함(不覺)과 깨달음(本覺/始覺)의 동거

3   존재 희망의 근거   98
    본래적 깨달음(本覺)

4   존재 희망의 구현   136
    비로소 깨달아감(始覺)

5   언어의 다툼(諍論)과 치유(和諍) I   170
    각 주장의 부분적 타당성(一理)을 변별하여 수용하기

6   언어의 다툼(諍論)과 치유(和諍) II   192
    새로운 언어 능력의 계발

7   원효의 선(禪) 사상 I   220
    서로 열려 통하게 하고 중생을 이롭게 하는 것이 진정한 선(禪)이다

8   원효의 선(禪) 사상 II   248
    참선과 중생 구제는 하나가 되어야 한다

9   둘로 나누지 말라   270
    둘 아님(不二)의 길

10   세상과 둘 아니게 만나기   292

주註   329
원효를 알기 위해 더 읽어야 할 문헌   337
원효 사상을 이해하기 위한 용어 해설   341
원효에 대해 묻고 답하기   357
원효에 대한 증언록   367
원효 연표   377

■ 일러두기

*『한국불교전서 1』(동국대출판부, 1979)에서 인용한 원전들의 판본은 다음과 같다.

　　『대승기신론소』(大乘起信論疏)

　　『대승기신론별기』(大乘起信論別記)

　　『금강삼매경론』(金剛三昧經論)

　　『열반종요』(涅槃宗要)

　　『본업경소』(本業經疏)

　　『대혜도경종요』(大慧度經宗要)

　　『보살계본지범요기』(菩薩戒本持犯要記)

　　『십문화쟁론』(十門和諍論)

　　『금강삼매경』(金剛三昧經)

*『대정신수대장경 32』(大正新修大藏經 32)에서 인용한 원전은 다음과 같다.

　　『대승기신론』(大乘起信論)

*이 책에 수록된 도판자료는 국립경주박물관에서 열린 〈신라역사인물특별전〉을
　위해 출간한 『원효대사』(2010)에 실려 있다. 국립경주박물관의 양해를 얻어
　이 책에 수록했다. 도판에 대한 저작권은 국립경주박물관에 있다.

원효와 만나는 길 하나

✿ 들어가는 말

원효가 남긴 보물창고 열기

얼마 전만 해도 몇몇 아는 이들의 입으로만 전해지던 신비의 명산이 있다. 영험한 약수 힘차게 흘려내는 골 깊은 계곡들을 수없이 많이 거느린, 크고 깊고 높다란 산이다. 이제는 소문이 널리 퍼져서, 이 명산을 탐방하는 이들의 발길이 부쩍 늘었다. 그 잦아진 발길들로 생겨난 등산로도 이제는 제법 여럿이다. 하지만 소문 듣고 찾아온 이들이 직접 산에 들어 산의 진가를 확인하기에는 아직 너무도 길이 험하다. 전문 장비와 등산 기술을 갖춘 이들만이 오르내리는 길이다. 올라본 사람들은 침이 마르게 찬탄하지만, 대부분의 사람들은 직접 오르지 못함을 안타깝게 여기며 산 밑에서 서성이거나 아쉬운 발길을 돌린다.

원효(元曉, 617~686)에 대한 연구와 저술들이 단기간에 상당히 축적되었다. 원효의 언어를 음미하는 시선들도 다채롭고, 전문 연구서들도 속출한다. 그러나 원효와 대화하는 일은 아직도 제한된 전문가 집단의 전유물로 남아 있다. 한글로 번역된 원효의 저서를 읽는다 해도 원효와 대화하기는 어렵다. 원효가 구사하는 언어를 다루는 전문 소양을 지니지 않은 사람에게는, 한글로 대하는 원효의 언어도 해독하기 힘든 낯선 부호의 배열일 뿐이다.

원효에 대한 세간의 찬탄에 끌려, 원효와 만나려는 길을 찾아 떠난 사람은 곧 난관에 봉착한다. 원효의 역사적 행적, 불교사상적 업적을 읽어내는 언어들은 원효의 매력을 듬뿍 전한다. 하지만 그 매력을 '지금 여기' 나의 삶과 맺어주는 길을 찾기란 어렵다. 원효의 살림살이를 지금 우리의 살림살이와 연관시켜 살피게 해주는 길을 만나기가 쉽지 않다. 그런 길에 오르지 못하면, 대부분의 사람들에게 원효는 항상 저만치 떨어져 빛나는 남의 보물일 뿐이다. 그 보배가 왜 값진 것인지, 지금 여기서 진행되는 나의 삶과 세상에 구체적으로 어떤 이익을 줄 수 있는지를, 알 수가 없다. 화려한 빛에 끌려 다가서지만, 열어볼 수 없는 궤짝 밖에서 발을 굴려야 한다. 특정한 언어 게임에 참가한 전문 선수들끼리 주고받는 생경한 부호와 규칙 들이 그 궤짝을 두텁게 두르고 있다.

원효의 언어를, 전문 선수들만의 프로 게임이 아니라, 관심 있는 사람은 누구나 즐기는 생활 스포츠 같은 것이 될 수 있게, 널리 통용되는 언어에 담아 풀어내는 것은 학인(學人)들의 해묵은 과업이다. 나름대로 원효의 언어를 꾸준히 음미해온 나에게도, 이 과업은 항상 미루어온 숙제 같은 짐이다.

한길사의 '인문고전 깊이읽기' 기획을 실마리 삼아 평소의 숙제를 풀어보려고 시도했다. 비록 무겁고 근원적인 주제들이지만, 원효를 만날 수 있는 핵심 테마들을 선정하여 가급적 오늘의 언어로 풀어보려고 했다.

대학생 시절에 『대승기신론소/별기』를 읽으며 처음 원효와 만났다. 오직 나의 실존적 관심에서 읽었는데, 실로 충격적이었다. 그저 역사 시간에 저서명이나 귀동냥했던 원효의 언어를 직접 대하니, 그가 펼치는 세상이, 그의 언어의 그 웅혼한 기상과 격조가, 감전되듯 짜릿했다. 대학원부터 전공을 아예 철학으로 바꾼 후, 박사학위 논문에 원효를 담았다. 학위 논문을 탈고한 날 밤, 꿈에 원효가 발신자로 된 소포를 받았다. 풀어보니 주사 다라니로 쓴 족자였다. 익힌 적도 없는 언어를 꿈속에서는 한글 읽듯 했다. 자신의 뜻을 연구해줘서 고맙다는 내용이었다. 깨어나 앉아, "원효에 푹 빠지긴 했나보구나" 했다.

시간이 흐를수록 원효의 언어는 더욱 살아 꿈틀거리며 다가온다. 원효의 언어는 내공이 무척 강하다. 그의 글을 읽다보면 마치 화두가 들리듯 저절로 공부 지평이 열린다. 그의 공부가, 그의 언어가, 단지 탁월한 사변놀이가 아니었음을, 무성하지만 메마른 지혜가 아니었음을, 세월이 익을수록 절감게 된다. 그의 펄펄 살아 움직이는 내공이, 미욱한 나의 언어에 담겨 기운이 빠질까 저어되지만, 그래도 눈 밝은 이들이 딛고 나갈 초석은 될 수 있을 거라는 생각으로 길 하나 내어본다.

불기 2556년(서기 2012년) 봄 밤티골에서
박태원

원효는 어떤 사상가인가

✿ 원효의 생애와 고대 한반도의 불교

원효라는 인간과 그의 삶에서는 강렬한 매력이 솟구친다. 한껏 정교해지고 세련된 현대 지성으로도 소화해내기 힘든 깊이와 무게를 지닌 그의 통찰, 차원 높은 영성의 혜안을 종횡무진 풀어내는 탁월한 언어 수준, 그 당당한 자주적 탐구와 드라마틱한 실천적 삶이 뿜어내는 매력은 보는 이들의 마음을 사로잡아 설레게 한다. 원효의 이 돋보이는 매력은 그야말로 진흙 속에 핀 아름다운 연꽃이다. 그가 만난 세상은 거센 탁류에 안겨 표류했지만, 그가 일구어낸 삶은 그 탁류를 품어 안고 피어난 눈부신 화엄(華嚴)이었다.

원효가 만난 세상

인간은 싸운다. 언제나 적을 설정하여 밀어내고 정복하고자 애

쓴다. 배제와 정복의 논리가 인간의 삶을 지배하게 된 것은 인간 사유의 발달과도 밀접한 관계가 있을 것이다. 인간에게 독특하게 고도화된 사유 능력은, 생존에 필요한 정도의 본능적 욕구 충족에 그치지 않고 관념적 욕망들을 무한히 부풀려나간다. '나'와 '나의 것'을 배타적으로 확보해가려는 충동을 체계적으로 발전시키는 동시에. 분리와 배제, 다툼과 정복의 논리를 구성하여 관철시킨다. 그 논리 구현의 정점에 전쟁이 있다.

생존을 위한 생물적 차원의 자위와 공격의 범주를 훌쩍 뛰어넘어 전개되는 전쟁은, 인간 존재의 모든 소중한 가치와 의미 들을 일거에 무력화시킨다. 인간은 전쟁을 통해 인간 특유의 문명적 면모를 여실히 드러내며 의기양양해하는가 하면, 인간 존재의 절망적 심연으로 나뒹굴기도 한다. 인간 지능의 합리성이나 지성은 전쟁 앞에서 송두리째 그 빛을 잃고 만다. 전쟁은 인간이 인간을 향해 세우는 거대한 절망의 벽이다.

무한히 부풀려진 관념적 욕망을 채우기 위해 인간은 필요한 장치들을 고안해낸다. 그 대표적인 것이 신분의 차별화 전략이다. 강자들은 자신들의 '나의 것'과 그 배타적 기득권을 지속적으로 유지하고 더욱 증강시키기 위해 신분 질서의 차별 체계를 마련한다. 특정인, 특정 집단, 특정 혈통, 특정 계층의 배타적 자기 이익을 위한 차등적 신분 질서와 체계가, 정치 · 종교 · 사상 등을 매개로 하여 다양한 형태의 지배와 독점 이데올로기로 등장한다. 인도를 정복한 아리안 민족이 토착민들에 대한 자신들의 우월한 지위와 이익을 확보하기 위해, 그에 적합한 사상적·종교적 관념을 고안하고 그에 입각한 차등적 신분 질서인 카스트제도를 확립한 것도 그 전형적인 사례다.

인간을 포함한 생명들은 본능적으로 안전한 생존을 희구한다. 평안한 생존과 생활을 위협하는 구속이나 억압, 공격과 파괴를 꺼린다. 생명 일반이 지니는 이러한 평안의 희구들은 일정한 생태적 질서 형성과도 관련되어 있을 것이다. 그런데 인간은 어느 시점부터, 생명들의 공생적 생태에 필요한 균형을 현저하게 깨뜨려 회복할 수 없는 상태로까지 몰고 가는 위험한 암적 존재로 등장한다. 발달한 지능으로 형성하는 문화와 문명 들이, 무한히 부풀려진 욕망의 배타적 이익을 채우는 수단으로 활용될 때, 인간이 구성원으로 참여하고 있는 생태 체계는 인간을 부담스러워하고 어떤 형태로든 견제의 메시지를 던진다. 그것은 과도한 분리와 배제, 부정과 정복의 논리와 충동을 수습하라는 요청이다.

인간 특유의 지능 발달은 부정적 면모만을 지니지는 않는다. 세계를 법칙적으로 이해하고 조정하는 합리적 지성뿐만 아니라, 생명의 소중한 가치와 가능성을 깊이 꿰뚫어보는 직관적 지혜의 씨앗도 잉태하여 성숙시켜가는 것이 인간의 지성이다. 의도적으로 모든 존재에게 따뜻한 정감을 품고 계발하여 펼칠 수 있는 윤리적 능력과 탁월한 성찰적 지성으로 자신을 성숙시켜가다가, 마침내 다른 생명들이 꿈도 꾸지 못하는 차원 높은 존재 지평을 열어 생명의 지극한 가치를 구현하는, 깨달음의 가능성과 능력을 지니는 것도 인간이다.

이러한 인간 특유의 긍정적 면모는 세계가 인간에게 전하는 생태적 요구와 경고를 읽어낸다. 그러고는 그 요청에 적절히 응답하려고 노력한다. 인류의 역사는 그 응답의 탁월한 사례들을 증언하고 있다. 거의 비슷한 시기(기원전 6세기경)에 인류 문명의 유사한 정황에서 등장한 부처와 노자, 장자가 그들이다. 그들은, 근거 없이 강화된 인간의 허구적 '자아 관념'과 그에 의거하여 왜곡되고 부풀려진 욕망을 통렬하게 들추어낸다. 동시에 반(反)생태적 분열과 부정, 독점의 논리에 함몰되어가는 인간들이, 실재에 조응하여 '생태적 화해와 공존의 주체'로 거듭 날 수 있는 통찰들을 설파한다. 허구적 자아 관념과 왜곡된 욕망의 덫에서 풀려나는 무위(無爲)적 평화와 해탈의 길(道)을 알려준다. 인간 스스로 선택하여 걸어갈 수밖에 없는 존재 내적(內的) 자기 초월의 그 길을.

그로부터 약 1200년이 지난 한반도. '나' '나의 것'에 관한 존재 환각과 왜곡되고 부풀려진 욕망은 한반도의 인간세상을 지배하고 있었다. 신라의 경우, 그 환각과 왜곡의 자기 보존 방식은 신분제인 골품제와 전쟁으로 표현되고 있었다. 법흥왕 때(514~540) 형성되어 신라인들의 차등적 신분질서 체제로서 작동하며 신라 멸망에 이르기까지 지속된 골품제는, 경주에 거주하는 진골(眞骨)의 독점적 특권과 지위를 보장하는 독점 이데올로기였다. 비록 왕위 계승이 성골(聖骨)에서 진골로 넘어간 태종무열왕 김춘추(603~661) 이후 상당한 탄력적 변화를 보이기는 하지만, 전반적으로 골품제는 그에 속한 구성원들의 삶을 부당하게 차별하는 배제와 독점의 차등적 신분체제였다.

능력이 아니라 혈통에 의한 차별을 제도적으로 정당화시켰던 골품제는, 진골이 아니면서 능력과 포부를 지닌 사람들에게는 극복할 수 없는 절망의 벽이었다. 골품제라는 비합리적 신분질서에 좌절하고 분개한 나머지 스스로 신라를 탈퇴해버린 설계두(薛罽頭)의 경우는 골품제에 의한 신라인의 절망을 잘 대변해준다. 설계두는 친구 네 명과 더불어 술을 마시며 각자의 포부를 피력할 때 이렇게 말한다.

"신라에서는 사람을 쓰는 데 골품을 따지니, 만일 그 족속이 아니면 비록 큰 재주와 뛰어난 공이 있더라도 한계를 뛰어넘을 수가 없다. 나는 서쪽 중국으로 가서, 세상에서 보기 드문 방략을 떨치고 비상한 공을 이루어 스스로 영예로운 길을 열어 천자의 곁에 출입할 수 있다면 좋겠다."[1]

그는 마침내 몰래 배를 타고 당나라로 가(진평왕 43년, 621) 당 태종이 고구려를 원정할 때 자원하여 용감히 싸우다 전사했다. 당 태종은 그 이야기를 듣고 설계두를 대장군(大將軍)으로 삼아 예로써 장사지내주었다. 능력 있고 야심만만한 신라인에게 골품제가 얼마나 커다란 절망의 벽이었는지 실감게 하는 일화다. 일정한 특권과 제약을 아울러 지니고 있던 비(非)진골 육두품 출신인 원효가 만난 세상은 이러한 불합리한 독점과 배제의 신분질서 체제가 지배하는 곳이었다.

원효가 대면해야 했던 세상은 또한 전쟁의 세월이었다. 원효의 시대인 7세기는 삼국 간의 전투가 급증하고 있었다. 통일 전후의 시대를 살았던 원효는 통일 전야의 그 극렬하고 빈번한 전쟁의 참상을 목격해야만 했다. 전쟁으로 표현되는 부정과 공격, 배제와 독점의 살기(殺氣) 속에서, 사람들의 몸과 마음은 황폐해졌다. 반(反)생명적 기운들의 충돌 속에 사람들의 삶과 영혼은 시들었다. 신라에 의한 정치적 통일을 전후하여 승자와 패자 모두를 여러 형태로 짓눌렀을 전쟁의 그늘은, 원효와 같은 탁월한 영성으로 하여금 해법의 모색과 그 실천을 향한 깊은 고뇌로 이끌었을 것이다.

원효가 직면했던 세상은 이처럼 환각적 무지와 왜곡된 욕망이 자신을 선명하게 드러내고 있던 시대였다. 그리고 그런 만큼 그 반(反)생태적 정신을 극복하고 화해와 공존의 관계를 회복하라는 생태계의 요청이 강력하던 상황이었다. '나의 것'에 대한 존재 환각, 그에 의거한 배타적 편애와 탐욕에 붙들려 차이를 차별로 왜곡시키며 밀쳐내고 차지하려 싸우는 영혼들, 그 부정과 배제, 분열과 독점의 시대정신을, 포용과 공존, 화해와 상호 존중으로 치유하라는 '통섭'의 요청이 강렬하던 시대였다. 사람과 사람이 본질적인 평등체로 만나면서, 현상의 차이를 공존과 화해, 포섭으로 안을 수 있는 통섭의 보편 사상—그 보편적 인간관과 지혜를 학수고대하던 시대였다. 이러한 시대의 생태적 요청을 정확하게 읽어낸 후, 부처의 지혜와 삶 속에서 해법을 마련하여 온몸으로 실천했던 빛나는 영성이 바로 원효였다.

당시 신라의 청년들은 분열된 시대에 대한 정치/군사적 해법에 골몰했다. 전쟁을 종식하고 분쟁을 평정하려는 정치적 통일에 대한 의지를 강렬하게 다지고 있었다. 나라와 세상의 어지러움을 다스리는 데 몸 바치겠다는 맹세를 돌에 새겨 다짐하고 있는 두 젊은이의 임신서기석(壬申誓記石), 통일의 염원을 실현하기 위해 간절한 기도에 몰두하는 화랑 김유신, 불퇴전의 용맹으로 먼저 사지(死地)로 뛰어드는 신라 지배층들의 모범적 감투 정신 등은, 배타적 분열의 통합을 위한 정치적 해법이었다.

그러나 정치적 해법이 추구하는 통합은 승패를 가르는 독점적 통합이어서 배제와 정복의 폭력성을 안고 있다. 이 본질적 한계를 인지하는 철학적 영성은 정치적 해법에 만족할 수가 없다. 존재들이 깊이 화해할 수 있는 궁극적인 해법으로 시선을 두게 된다. 원효는 그 차원 높은 해법을 불교라는 지혜 속에서 확보하여 열정적으로 실천한 인간이었다.

고대 한반도의 불교 지형도와 원효

삼국시대와 통일시대를 중심으로 하는 고대 한국불교의 이념적 전개에서는 크게 세 가지 유형이 주목된다. 흔히 호국불교(護國佛敎)로 일컬어지는 '국가 불교적 전개'가 그 하나이고, 차원 높은 보편성에 입각한 '통섭(通攝) 이념적 전개'가 다른 하나이며, 강한 '대중 불교적 전개'가 그 마지막 유형이다.

국가 불교적 전개는 삼국 불교에 공통적으로 목격된다. 삼국의 불교는 고대국가의 형성과 발달 시기에 국가 이익에 적극 이바지하는 형태로 뿌리내리는 경향을 보여준다. 특히 자료가 비교적 풍부하게 남아 있는 신라불교의 경우, 초기에는 국가 불교적 이념으로서의 역할이 돋보이고, 불교를 충분히 소화한 이후로는 시대의 강렬한 요청이기도 했던 '보편성에 입각한 통섭'을 추구하는 면모가 부각된다. 그리고 이 두 이념 지형과 교섭 또는 분리된 채 강한 서민적 대중성을 목표로 실천적 궤적을 남기고 있는 대중불교 진영이 또 하나의 축으로 자리 잡는다.

고대 삼국 불교는 전반적으로 국가 이익에의 기여를 공통된 과제로 삼고 있다. 중앙집권 체제를 구축해가던 왕권이나 국가의 세속적 이익을 위해 불교가 적극적 역할을 수행하고 있다. 백제로 밀파되어 백제 개로왕의 신임을 얻은 후 국력을 소모하게 하여 고구려 장수왕이 백제를 침략하는 발판을 마련하는 역할을 자원하여 행하는 고구려 승려 도림(道琳)의 일화(『삼국사기』), 당

태종 침략 때 활약한 고구려 승군(僧軍)에 관한 일화(『고려사』 열전), 신라 황룡사의 국가 불교적 역할에 비견되는 백제 무왕 때의 미륵사 창건과 백제 부흥을 위하여 복신(福信)과 함께 무장 봉기한 승려 도침(道琛)의 일화(『삼국사기』) 등은 고구려와 백제 불교의 국가 불교적 측면을 보여주고 있다.

이 시기의 국가 불교적 전개의 과정과 내용을 비교적 소상하게 확인할 수 있는 것은 아무래도 신라 불교의 경우다. 법흥왕 14년(527) 이차돈의 순교를 분기점으로 국가적 공인 아래 전개되기 시작한 신라불교는 초기부터 국가 이념적 성격을 강하게 지니게 된다. 이차돈의 순교 자체가 불교에 대한 국가적 요청이라는 문제를 반영하고 있다.

무속신앙이나 조상신 숭배(박혁거세, 김알지 탄생설화)를 중심으로 한 부족 신앙들을 기반으로 하던 신라 사회가 여러 부족을 통합하는 고대 국가로 발전하기 위해서는, 부족의 조상신 차원을 넘어서는 보편적 종교와 사상 체계가 필요했다. 각자의 조상신이나 무속 신앙을 내세우는 상태로는 모든 부족이나 씨족 들을 함께 아우르는 국가적 통합이 어렵기 때문이었다. 그런데 불교는 특정 조상신이나 무속이 독점할 수 없는 보편 종교다. 따라서 다양한 구성원들의 국가적 통합을 추구하는 왕실로서는 불교의 보편성을 징치적으로도 활용하고 싶었을 것이다.

흥륜사 건립을 둘러싸고 빚어진 이차돈의 순교 사건은 부족적 기득권을 유지하려는 귀족과 불교에 의지하여 강력한 국가적 통합을 추구하는 왕실 사이의 갈등이 배경으로 자리 잡고 있었을 것으로 추정되고 있다. 국가 공인 단계에서부터 강한 국가 이념적 요청에 직면했던 신라불교는, 이후 국가불교 또는 호국불교라고 일컬어지는 정치적 성격을 한 개성으로 지니게 된다. 원광(圓光, 555~638)과 자장(慈藏, 590년경~658년경)은 이러한 국가 불교적 전개의 대표적 주역이라 할 수 있다.

국가 불교적 전개는 '종교의 세속화와 권력화'라는 후유증을 잉태한다. 또한 당시의 주류 불교였던 후기 대승불교의 고급 이론과 사상은 어쩔 수 없이 종교 엘리트주의의 그늘을 한편에 드리우게 된다. 문자 언어의 권력성을 감안해도, 난해한 한문을 구사하는 소수 엘리트 승려들의 권력화는 피하기 어려운 함정이었을 것이다. 정신적·지적(知的) 수준과 능력에서 탁월한 면모를 지닌 승려들은 국가 이익에 기여하는 과정에서 자연스럽게 권력 친화적이 되었고, 사회에서도 특권층으로서의 지위를 향유하게 되었을 것이다.

불교계 내에 뿌리내리는 이와 같은 권력적, 귀족적, 소수 엘리트주의적 면모 들은 대승불교의 강한 구세주의적(救世主義的) 보살도(菩薩道) 이념과 충돌하는 것이었다. 그리하여 이러한 문제의식을 배경으로 서민 지향의 강한 대중 불교적 실천에 몰두한 일군(一群)의 불교인이 또 하나의 뚜렷한 흐름을 형성하며 등장한다. 백제의 검단(黔丹), 신라의 원효·대안(大安)·혜공(惠空)·혜숙(惠宿)·사복(蛇福), 삼국 통일 이후 활동했던 옛 백제 출신의 진표(眞表) 등이 기록상 돋보이는 대중 불교적 실천의 대표적 주역들이다. 이들은 불교계의 권력화와 소수 엘리트주의를 극복하고 대중성을 확보하기 위해 미륵신앙이나 정토신앙을 적극 활용했으며, 삶의 환경과 방식 또한 철저히 서민 대중과 어울리는 모습을 보여준다. 그러나 원효를 제외한 대부분의 대중 불교 운동가들은 그들의 사상을 구체적으로 전하는 저술을 남기지 않아 그 실천의 사상적 토대를 구체적으로 확인할 수 없는 안타까움이 있다.

국가 불교적 이념과 그 실천은 불교 고유의 보편적 지평과 충돌될 수 있는 위험성을 안고 있다. 불교는 인간이 고안하여 쌓아올린 모든 형태의 '배타적 편 가르기 벽'들을 근저에서 허물어버리는 무규정(無規定)의 강한 해체적 보편성을 지닌다. 국가나 민족, 인종, 신념의 실체/자아적 편 가르기 벽을 해체시킨 후, 무실체/무아적 개방성에 입각한 평화와 안락, 화해와 포섭의 질서를 새롭게 수립하고자 한다. 불교의 이 차원 높은 보편적 기획 앞에서 국가나 민족 등의 울타리나 편애는 장애로 작용하기 쉽다. 국가 불교적 실천은 자칫 배타적 '국가주의'의 장벽에 갇힐 위험성을 내포하는 것이다.

국가 불교적 실천에 몰두했던 승려들의 대다수가 실제로 세속적 국가 이기주의나 집단 이기주의의 함정에 빠진 것은 아니었을 것이다. 그러나 국가를 매개로 불교와 세속과의 연결을 시도하는 국가 불교적 실천은, 그 강한 현실적 요청과 호소력에도 불구하고, 근본적으로 '불교 보편주의의 제한'이라는 한계에 노출될 위험성을 안고 있다. 불교 고유의 통섭적 지혜에 의거하여 국가주의적 오염과 일탈, 종교 권력주의를 극복하며 한반도 종교/사상계의 새로운 지평을 여는 선구자가 원효였다. 원효가 성취하고 실천했던 통섭 지성은 여전히 긴요한 인류의 과제요 희망이다.

원효와 의상─지음(知音)의 도반(道伴)

원효와 의상(義相, 625~702)은 서로 영혼의 소리를 들어주는 지음의 도반이었다. 육두품 출신 원효와 진골 출신 의상이 언제 어떻게 만나게 되었는지는 확인되지 않지만, 두 사람의 행적을 전하는 기록들은 이들의 각별한 관계를 전하고 있다.

문명과 문화의 세계적 중심 무대가 당나라 장안이었던 시절이다. 불교를 매개로 한 인도 문명과 중국 문명의 만남은 당나라 시대에 이르러 기념비적 결실들을 구현해내고 있었다. 이 시기에 오면 중국인들은 인도로부터 전래되는 불교를 수용하는 단계에서 벗어나, 자신의 이해와 개성을 보태 '중국적' 불교를 형성하는 발전과 성숙 단계의 정점을 향해 달려나간다.

현장(玄奘, 602~664)은 직접 인도로 가서 공부하고 불경들을 수집해 귀국한 후, 중국인들이 주역이 된 새로운 대장경 번역 작업에 착수한다. 그의 역경(譯經)에 의해 이른바 신역불교(新譯佛教: 새롭게 번역된 경전들에 의한 불교) 시대가 열리는데, 현장이

의상대사 진영. 고요하면서도 원력이 가득한 모습이다.
비단 채색으로 일본 무로마치 시대에 조성. 교토 고잔지 소장.

새롭게 번역한 유식(唯識) 사상 문헌들에 의해 새로운 유식학인 법상(法相) 신유식(新唯識)이 형성되어 장안을 중심으로 중국 사상계에 새로운 바람을 일으켰다.

『송고승전』「원효전」에 따르면, 원효와 의상은 중국 사상계에 돌풍을 일으키고 있는 현장의 학문을 직접 가서 배워보려고 유학을 결심한다. 요즘으로 치자면 최신 학문을 배우고자 미국 유학을 가는 셈이다.

원효와 의상은 애초에 요동을 경유하여 중국으로 가는 육로를 선택한다. 원효 나이 34세, 의상의 나이는 28세였던 650년(진덕여왕 4년)의 일로 추정된다. 그러나 고구려 수비대에 의해 정탐자로 오인되어 수십 일 동안 구금되어 있다가 간신히 풀려난다. 그로부터 10년 후, 원효는 다시 의상과 함께 당나라로 구도의 길을 나선다. 그의 나이 45세인 661년(문무왕 1년)의 일이다. 지난번 육로에서 실패했기에 이번에는 해로를 선택한다. 당시 당나라로 가는 신라의 해로 기점인 남양만 당항성으로 가는 도중, 지금의 성환과 천안 사이에 있는 직산에서 폭우를 피해 무덤을 토굴로 알고 하룻밤을 보내게 된다.

이 일을 전하는 기록들(『송고승전』/『임간록』/『종경록』)의 내용은 문헌에 따라 약간의 편차가 있다. '토굴로 알고 잘 때는 편안하다가 무덤인 줄 알고는 귀신이 나타나 놀랐다'고도 하고(『송고승전』), '자다가 갈증이 나 달게 마신 물이, 깨고 나서 보니 해골 물 혹은 시체 썩은 물이었다'고도 한다(『임간록』/『종경록』).

이때 원효는 '모든 존재와 일이 결국 마음의 구성이다'(三界唯心
萬法唯識)라는 도리를 직접 확연하게 깨쳤다고 전한다.

그 이전까지 원효는 마음의 철학에 관한 불교의 이론들을 섭렵
하고 있었다. 그러나 아직 머리로 이해하는 사변적 이해에 머물
렀기에 내심 답답했을 것이다. 자신이 터득한 이론이 과연 맞는
지를 확신할 수 없었기에 유학까지 생각했을 것이다. 그러나 당
나라 입국 직전에 그 답답함을 확 뚫어내는 드라마틱한 전기를
맞이한 것이다. 더 이상 밖으로 구할 필요가 없었기에 원효는 발
길을 돌렸고, 의상은 원효와 헤어져 홀로 유학길에 오른다. 의상
은 중국 화엄종 이조(二祖) 지엄(智儼, 602~668) 문하에서 화엄
학을 닦고, 672년(문무왕 12년)에 신라로 돌아와 한국 화엄종의
첫 장을 연다.

한반도를 벗어나지 않은 토종 사상가였지만, 원효가 중국에서
출간되는 신간 서적들을 거의 시차 없이 두루 섭렵하며 동아시아
사상계의 전위로 나설 수 있었던 데에는 의상의 역할이 있었을
것으로 추정된다. 당시 당나라와 신라의 문헌 교류는 매우 신속
했다. 예컨대 현장이 『유가사지론』 100권을 번역하자 1년 만에
신라에 보급될 정도였다. 당나라에서 수학하던 의상은 그곳 사상
계의 동향에 밝았을 것이고, 그는 원효를 위해 신간 서적들을 입
수하여 신라로 보냈을 것이다. 그를 통해 원효는 당나라를 중심
으로 전개되는 대륙의 사상 동향과 수준 들을 확인하며 자신의
체득을 그 시대 최고 수준의 언어로 펼칠 수 있었다.

원효와 의상의 체취는 매우 대조적이다. 원효는 야성적 매력을 거칠 정도로 뿜어낸다. 요즘 말로 '터프 가이'다. 전통과 관행, 규격과 틀을 마구 휘젓고 깨뜨리는 파격과 격외의 행보에 머뭇거림이 없다. 전통과 제도의 기득권을 누리던 서라벌 원로 승려들에게는 불편하고 위험한 기피 인물 1호였다. 원효를 향한 대중들의 뜨거운 환호, 넘보기 어려운 사상 수준과 체득의 심도, 제도권의 관행을 조소하는 듯한 파격적 행보를 한 몸에 안은 원효는, 제도권으로서는 삼키기도 내뱉기도 어려운 뜨거운 감자였다.

  반면 의상에게서는 정련된 절제와 섬세함, 구도자로서 흐트러짐 없이 반듯한 모범적 행보가 매력으로 빛난다. 의상은 화엄의 그 정교한 언어들을 최고 수준으로 습득한 인물이다. 동문수학한 후배이자 방대한 저술을 통해 화엄사상사의 이론적 최고봉을 점유하게 된 당나라 법장(法藏, 643~712)이, 그의 저술들을 사전에 의상에게 보내어 검토를 부탁할 정도로 의상의 화엄 지성은 최고봉에 이르렀다. 그런 그에게는 제어되고 세련된 지성과 반듯한 실천의 빈틈없는 매력이 전 생애에 넘쳐난다.

  두 사람의 이 대조적 개성은 러브 스토리(?)에도 고스란히 투영된다. 원효는 스스로 이성(異性)의 연(緣)을 구했다. 인연을 만나면 나라의 기둥감을 만들어내겠노라 공언했다. 그러고는 요석공주를 만나 신라 십현(十賢)의 한 분인 설총을 낳아 자신의 공약을 실천했다.

  의상에게도 그를 사모한 여인이 있었다. 당나라 유학길 첫 기

원효와 의상이 당나라 유학길에서 헤어지는 장면.
더 이상 밖으로 구할 필요가 없다는 원효의 자신감과 진솔한 의상의
구도 의지가 서로를 격려하고 있다. 『화엄연기』.

착지인 등주에서 며칠 동안 유숙했던 신도 유지인(劉至仁)의 딸이 의상을 보고는 한눈에 반했다. 그러나 오직 구도의 열정에만 몰입해 있는 반듯한 출가자 의상은, 선묘의 간절한 연모의 정에 눈길 한번 돌리지 않았다. 속세의 부부연이 될 수 없다는 것을 운명으로 받아들인 선묘는, 세세생생 의상에게 귀의하여 불교 공부를 하고 의상의 불사(佛事)를 돕겠노라고 서원한다.

10년 동안의 유학을 마치고 귀국길에 다시 들른 등주에서, 의상은 선묘에게 한 마디 안부도 묻지 않은 채 무심히 배에 오른다. 의상이 배에 올랐다는 소식을 듣고 버선발로 쫓아 나온 선묘는, 멀어져 가는 배를 애타게 보다가 그 자리에서 바다에 몸을 던진다. 용이 된 선묘는 의상의 뒤를 따라 신라로 와서 의상의 불사를 도왔다고 한다. 영주 부석사 창건 설화에 용이 된 선묘의 역할이 등장한다.

일본 가마쿠라(鎌倉) 시대의 묘에(明惠, 1173~1232)는 고잔지(高山寺)를 창건하여 일본 화엄종을 재건시켰던 고승이다. 원효와 의상을 무척이나 흠모했던 그는 원효의 저술을 직접 강의하기도 했다. 묘에가 조닌(成忍)에게 청하여 만든 『화엄연기』라는 전 6권 화집의 내용은 원효와 의상의 생애를 전부 그림으로 그린 것이며, 현재 일본의 국보다. 이 화집에는 의상을 향한 선묘의 애절한 사랑 이야기도 고스란히 그림으로 형상화되어 있다.

원효와 의상은 모두 불덩이 같은 구도의 열정으로 무장한 진리의 투사였다. 그리고 각자의 길에서 최고 수준의 성취를 구현해

선묘가 의상에게 연정을 고백하고 있다.
"애틋한 선묘의 마음을 의상은 무슨 말로 달래는가." 『화엄연기』.

바다에 투신하여 용이 된 선묘가 의상이 탄 배를 싣고 신라를 향해 가고 있다.
선묘의 뜻은 영주 부석사에 서려 있다.
"세속 남녀인연이 아닐 바에야 세세생생 그대의 구도행각을 보살피리."『화엄연기』.

낸 영웅들이다. 반듯한 수행인의 모범을 보여주는 의상은 세상을 섬세하게 다루며 자신의 성취를 구현해낸다. 반면 원효에서는 천성적으로 어디에도 갇히기를 거부하는 야성적 기개가 하늘을 찌른다. 팽팽한 자부심과 모험심, 관행과 범주에 갇히지 않으려는 파격의 실험 정신, 그러면서도 잃지 않는 정직한 자기 점검과 성찰이 원효에게서 빛난다.

원효의 저술과 행적을 음미하노라면, 흡사 가시덤불에 상처 입어가면서도 거친 황야를 호쾌하게 질주하는 용맹한 야생마를 떠올리게 된다. 원대한 포부와 탁월한 역량, 그러나 대조적 개성을 지닌 이 두 영웅이, 흥미롭게도 같은 시대 같은 공간에서 아름다운 우정을 나누며 인류의 영성을 고양시키는 신화를 만들어간다. 원효와 의상―이 두 지음의 도반은 가히 동북아시아의 사상적 영웅이요 종교적 한류 스타였다.

1

존재의 고향

하나가 된 마음/ 하나로 보는 마음자리(一心)

"대승의 진리에는 오직 '하나가 된 마음'이 있을 뿐이며, '하나가 된 마음' 이외에 다른 진리는 없다. 단지 무명이 '하나가 된 마음'을 미혹시켜 파도를 일으키어 온갖 세상에 흘러 다니게 한다. 하지만 윤회하는 세상의 파도를 일으킬지라도 '하나가 된 마음'의 바다를 벗어나는 것이 아니다."

존재나 현상의 사실 그대로의 참모습을 '존재 고향', 무지와 오해, 착각으로 인해 은폐되거나 뒤틀려버린 가짜 모습을 '존재 타향'이라고 일컬어보자. 불교에서는 삶의 근원적 불안과 불만, 고통은 무지로 인해 존재 고향에서 일탈했기 때문이라 본다. 따라서 삶의 근원적 평안을 회복하려면 떠나온 존재 고향으로 복귀해야 한다. 스스로 떠나온, 그러기에 스스로 다시 돌아가야 할 그 생명의 고향을, 원효는 '하나가 된 마음'(一心)[1]이라 부른다.

그런데 타향살이 힘겨움을 초래한 무지의 내용은 무엇일까? 존재하지 않는 실체(實體)를 존재한다고 생각하는 착각이 그 핵심이다. '실체'(substance)라는 말은 '그 어떤 것을 그것이게끔 하는 불변의 존재' '변하는 현상 이면에서 그 현상들을 가능케 하는 불변의 존재' 또는 '변치 않고 독자적인 단일한 개체'를 가리킨다. 상식은 '나'라고 지칭하는 존재를 '나이게끔 만드는 불변의 존재'가 있을 것이라 믿는다. 비록 몸은 하루하루 변해가지만, 그 이면에는 나의 생각과 행동을 가능하게 하는 '변치 않는 것'이 있으며, 그것이 '나의 실체'라고 생각한다. 그 실체를 정신주의자는 '정신' '영혼' '마음' 등으로 부르고, 유물론자는 '물질' '원자' 등 물질적 존재를 지칭하는 이름으로 부른다.

변하는 현상 이면에 존재하면서 그 현상을 가능하게 하는 불변의 존재이며, 변치 않기 때문에 동일한 내용을 불변의 본질로서 간직하고 있고, 자신의 존재를 위해 그 어느 것도 필요로 하지 않는 자족적 존재이며, 타자들과 본질적으로 구분되고 분리되는 단

독자—이런 존재가 실제로 있다고 생각하는 것을 '실체 관념'이라고 한다.

부처 이래 불교의 통찰에 따르면, 이러한 실체 관념은 무지의 산물이며 환각이고 실재하지 않는 허구다. 어떤 존재나 현상도 끊임없이 변화하는 것이며 상호 의존적으로 성립한다. 변화와 관계의 연속 과정 자체가 존재나 현상의 참모습이지, 그 이면에 존재하는 불변의 실체는 없다. 그 변화와 관계를 불변의 독자적 개체로 보는 것은 명백한 착각이고, 그 변화와 관계 이면에 불변의 실체가 따로 있을 것이라는 상상은 근거 없는 망상이다. 이 착각과 망상이 생명으로 하여금 '고향을 망각한 타향살이 힘든 존재(중생)'로 전락케 한다.

한 사람이 대중 앞에서 강의하고 있다. 그는 '내'가 강의한다고 생각한다. '내'가 '나의 생각'을 밖으로 드러내고 있다고 여긴다. 여기저기서 '강의하는 나', 이런저런 내용의 '나의 강의'를 있게끔 하는 '항상 변치 않는 그 무엇'이 있으며, 그것이 '나의 실체'라고 믿는다. 그러나 '나'라고 불리는 심신 현상 그 어디서도 '변치 않는 독자적 실체'는 발견되지 않는다. 아무리 쪼개고 어떻게 헤집어봐도 그런 존재는 없다. 이것은 과학적 진실이다.

'나' '나의 생각'은 끊임없이 변할 뿐 아니라, 관계 속에서 형성되고 유지되며 사라진다. '나의 강의'는 수강하는 타인들이 없다면 성립하지 않는다. 듣고자 하는 청중, 그들의 이해 능력, 청중들의 듣고 싶은 내용을 조건으로 비로소 '나의 강의 내용'이 형성된다. 청중이 떠나면 나의 강의도 사라진다. '나의 강의'는 '내'가 '나만의 의욕'으로 펼쳐놓는 '나만의 행위'가 아니다. '나의 강의'를 만드는 것은 단일한 나의 실체가 아니라, '나와 남' 그리고 그밖의 무수한 '나' 아닌 조건들의 상호 연관이다. '나의 강의'는 '나'의 강의가 아니다.

참됨과 거짓됨, 좋음과 나쁨, 아름다움과 추함은, 각기 '그것이 지닌 불변의 본질' 때문에 그렇게 판단/평가되는 것이 아니다. 그런 독자적 본질은 없다. 참됨/좋음/아름다움은 각자가 지닌 실체 때문이 아니라 거짓됨/나쁨/추함으로 인해 성립한다. '착한 나'는 착한 본질, 착하게 만드는 실체가 아니다. 선한 본질과 양립할 수 없는 것으로 보이는 악이 없다면, 선도 없다. 상호 의존적 관계에서 주어진 특정한 조건을 편의상 '착한 나'라고 부르는 것이지, '불변의 착한 본질' '착하게 만드는 독자적 실체' 때문에 '착한 나'라고 하는 것이 아니다.

'착한 나'는 이처럼 상호 의존 관계의 산물이며 변하는 것이다. '나'를 '나'로 만드는 불변의 본질이나 절대적 실체는 없다. '나'는 '내'가 아니기 때문에 '나'일 수 있다. 물질적인 것이든 정신적인 것이든 간에, 모든 존재는 관계와 변화로 읽어야 한다. 본질/실체의 불변과 절대는 근거 없는 환각이다. '무아'(無我), '공'(空)은 존재의 이러한 실정을 드러내려는 언어다.

실체 관념으로 존재를 읽으면, '나' '나의 것'이라는 자아의식과 소유 관념이 뿌리내린다. 남하고 본질적으로 분리된 '나', 변치 않고 동일한 내용을 독자적으로 유지하는 불변의 영혼이나 정신 또는 물질적 요소인 '나'가, 또 다른 불변의 본질을 독자적으로 유지하는 '타자들'에 맞서면서 배타적 공간을 점유한다. 아울러 그 배타적 주거지인 '나'는 불변의 '나의 것들'로 채워져 있으며 소유할 수 있다고 여긴다.

실체 관념으로 본 존재는, 배타적 주소지를 점유한 항상 '있는 것'(有/生)이거나 아니면 아예 '없는 것'(無/滅)이다. '있음'과 '없음', '생겨남'과 '사라짐'은 서로 공존할 수 없는 상호 배타적 관계다. 또한 존재는 불변의 선한 본질을 지닌 '선한 것'(善)이거나, 변치 않는 악한 본질을 지닌 '악한 것'(惡)이다. 마찬가지로 절대적이고 변치 않는 본질을 지닌 '아름다운 것'(美)과 '추한 것'(醜), '성스러운 것'(聖)과 '속된 것'(俗), '참된 것'(眞)과 '거짓인 것'(假)이 상호 배타적으로 분리되어 맞선다.

실체 관념은 세상을 이처럼 불변의 거주지를 차지한 것처럼 보이는 배타적 대립자들로 꾸며놓은 후, 어떤 거주자는 부둥켜안고 어떤 거주자는 밀쳐낸다. 선함과 악함, 아름다움과 추함, 옳음과 그름, 성스러움과 속됨 등의 판단과 평가는 불변의 본질에 따른 절대적 구분이 아니다. 가변적 조건들에 따라 만들어진 인위적 기준과 자의적 잣대의 산물일 뿐이다. 그러나 무지의 환각적 산물인 실체 관념은, 이 '상대적/주관적/가변적' 판단과 평가를 '절대적/객관적/고정적'인 것으로 착각한 후, 우열과 승패의 차별적 위계를 구성하고 고착시켜간다. 우월한 자의 독점적 승리와 지배를 정당한 것으로 합리화시키는 논리들을 개발하면서.

환각적 무지를 토대로 마련된 우열과 승패의 차별적 위계체계에서 우월한 지위를 차지한 기득권자들은, 다시 자신들의 이익 기반을 탄탄히 다지기 위해 선/악, 미/추, 시비, 성/속의 차별과 위계를 더욱 불변/절대의 것으로 굳혀 실체 관념의 수혜자로서 영주하려고 한다. 선과 정의의 기준을 행사하는 강자들은 악과 불의로 규정된 이들을 정복의 대상으로 설정하여 공격하고, 아름다움과 성스러움의 수혜자들은 추함과 속됨으로 평가된 이들을 경멸과 지배, 교정의 대상으로 천대한다.

이미 구축된 부당한 차별과 독점, 억압과 배제의 질서를 마치 불변의 숙명인 것으로 수용하게 하는 세상.——이 거대한 절망의 벽을 뚫고 나가기 위해서는 기본적으로 두 가지 전략 중 하나를 선택할 수 있다. 하나는 자신이 '선악/미추/시비/성속'이라는 판단과 평가 잣대의 수혜자 지위가 되는 것이다. 악하고 정의롭지 못하며 못나고 저속하다고 평가받아 피해를 받던 자들이라면, 선하고 정의롭고 잘나고 성스럽다고 평가받는 진영에 편입하거나, 아예 판단과 평가의 기준을 바꾸어 자신들이 오히려 선/정의/아름다움/옳음/성스러움의 점유자라고 주장하면서 잣대를 달리하는 사람들과 맞서 싸우거나 설득시켜가는 방식이다. 전향적 편입이든지, 새로운 자기 규정의 관철이든지 간에, 그 과정과 성패는 결국 힘과 이익의 논리에 의해 주도될 것이다.

또 하나의 전략은, 부당한 차별의 우열체계를 형성/유지/강화시키는 토대 자체를 제거하려는 것이다. 상대적이고 가변적인 조건들에 의해 형성된 판단과 평가의 잣대들을 절대적이고 불변의 것으로 착각하게 만드는, 인간 마음의 무지 및 환각과 대결하려고 하는 근원적 해결 방식이다. 실체 관념이라는 무지와 환각을, 해체하고 제거해야 할 핵심 목표물로 설정하여 몰입하는 것이다.

두 전략은 각기 나름대로의 장단점을 지니고 있다. 그리고 그 장단점은 상호 교차된다. 전자의 전략은 현실적 호소력이 강하고 비교적 단기간에 가시적 성과를 확보하기가 쉽다는 것이 강점이다. 그러나 문제의 뿌리를 제거하지 못하여 그 성과는 불완전하고 불안하다. 반면 후자의 전략은 문제를 원천에서 해결한다는 점에서 근원적이고 궁극적이라는 강점이 돋보인다. 그러나 현실적으로 대중적 호소력을 확보하기가 어렵고, 단기간에 가시적 성과를 얻기 힘들다는 약점이 있다. 전자가 시장적/정치적 전략이라면, 후자는 철학적/종교적 전략이다. 비록 이 두 전략이 공존 불가능한 배타적 관계에 있는 것은 아니지만, 그 내용은 매우 이질적이라서 하나로 융합되기는 사실상 어렵다. 절충이나 양자택일 등, 다양한 형태의 결합 관계를 선택할 수는 있을 것이다.

원효는 후자의 전략을 선택한 인물이다. 골품제라는 혈통에 의한 신분차별제, 강자들의 땅따먹기 전쟁에 동원되어 귀한 생명 잃어가는 민초들, 이런저런 명분과 잣대로 갈라서서 적개심을 불태우는 세상 속에서, 원효는 시급해 보이는 정치/시장적 접근이 아니라 요원해 보이는 철학/종교적 문제풀이에 시선을 두었다.

그가 품은 원대하고 고귀한 꿈은 인간 내면의 근본 어리석음의 극복 없이는 구현될 수 없다는 점을 통찰했기 때문이다. 그의 안목은 깊고 원대했다. 일시적 미봉책이 아니라 근원적이고 보편적인 해법을 겨냥했다.

불변의 본질을 배타적으로 소유한 '실체'라는 것이 실제로 있다면, 언어로 지칭하는 상반되거나 차이나는 모든 존재들은 본질적으로 '상호 배제적'이다. 그러한 실체들로 이루어진 세상이라면, '있는 것(有/生)과 없는 것(無/滅)' '선(善)과 악(惡)' '성스러움(聖)과 속됨(俗)'은 변화할 수 없는 본질이 되어, 다르거나 반대되는 상대방을 밀어내고 부정한다. 이럴 때 세상의 불화와 다툼은 필연이다.

그러나 불변의 본질을 배타적으로 소유한 실체는 본래 없다. 실체 관념은 마음이라는 인지 작용에서 생겨난 착각이요 환상이다. 존재하는 모든 것은 상호 관계의 인연 복합체가 쉼 없이 변화하며 연속해가는 흐름 자체일 뿐이다. 불변의 배타적 본질들이 서로 만날 수 없는 벽을 쌓고 분리되어 맞서고 있는 듯 보이는 것은 인지적 환각이다. 존재들을 상호 배타적으로 폐쇄시키는 개별적/고정적 본질의 벽은 본래 없다. 모든 존재들은 실체로서 닫혀 있는 것이 아니라, 각자 모두를 향해 무한히 열려 있다. 불변의 실체가 없기 때문에, 세상의 모든 것들은 타자를 향해 열려 있고 변화한다. 세상은, 끊임없이 유동하는 다층 다양한 상호 의존적 관계가 한 몸처럼 얽힌 열린 시스템이다.

원효가 겨냥하여 성취하고 실천한 일심(一心)의 지평은, 실체 관념이라는 무지가 제거되어 실체 관념이 구축했던 허구들이 해체된 세상이다. 그 지평에서는 모든 실체적 분리와 분별, 가공과 왜곡이 뿌리째 뽑혀 사라진다. 있던 실체가 없어진 것이 아니라 본래 없다는 진실이 드러난 것이다. 이 지평에서는, '있음(有/生)'과 '없음(無/滅)' '선(善)과 악(惡)' '성스러움(聖)과 속됨(俗)'이 서로 밀어내면서 승리와 패배를 다투던 세상이, 그 분리와 배제의 벽이 허물어지면서 서로를 안으며 한 몸처럼 통섭되는 화해와 평화의 고향으로 바뀐다.

이 일심의 지평에서는 실체의 벽이 무너져 모든 존재가 서로를 향해 열리면서, '한 몸'과도 같은 전일적(全一的) 통섭의 면모가 드러난다. 원효는 이 지평에 대해, 모든 차이가 '본질의 다름'으로 분리되지 않기에 '하나'(一)라 불러보고, 그 실체 없이 존재하는 세상을 참모습 그대로 '아는' 작용이 존재하기에 '마음'(心)이라는 말을 붙여본다고 한다. 무지로 인해 망각했던 존재 고향을 가리키는 '하나가 된 마음'(일심)은, 부처님이 열어 보인 무아(無我) 지평을 담아내는 새로운 버전의 기호다.

그런데 원효는 '하나가 된 마음'(一心)이라는 언어 표현을 다시 문제 삼는다. '하나'(一) 또는 '다른 것 아님'(不二)이라는 말은 '다른 것/하나가 아닌 것'을 전제로 성립되는 표현이다. '다르다'는 말은 통상적으로 '배타적 본질을 지닌 상이한 실체적 존재'를 전제로 사용하는데, 실체 자체가 근거를 상실한다면 '다르다'는 말도 기반을 잃게 된다. 그리고 '다름'을 전제로 성립한 '하나'라는 말도 동시에 토대를 상실케 된다. 또한 '하나'라는 말을 쓸 수도 없다면, '하나'가 지시하는 '마음'이라는 말도 설 자리를 잃는다. 그렇다면 실체라는 환상이 사라진 세상을 언어로 담아내는 일은 애초에 불가능한 일인가?

언어 사용에서 이러한 난관에 봉착하는 것은 세속의 일상 언어들이 실체 관념을 토대로 통용되기 때문이다. 세속의 언어 관행은 실체 관념을 조건으로 한 사유 범주 안에서 의미 있게 통용된다. 그런데 실체라는 허상이 걷힌 지평에서 드러나는 존재와 세상에서는, 그러한 실체적 언어 용법들이 더 이상 유효하지 않게 된다. 실체 범주 내에서의 언어 용법을 가지고 무실체의 지평을 담아내려고 한다면, 원효가 토로하는 것과 같은 난관에 봉착하게 된다. 그러나 언어가 아무리 실체 관념에 오염되었을지라도, 언어 자체를 포기하거나 폐기할 수는 없다. 언어를 활용하여 언어의 덫에서 풀려나야 한다.

언어는 환각 형성과 유지, 증식의 통로만은 아니다. 언어를 통해 세계는 유용하게 지칭되고 분류되며, 정확하고 정밀한 사유와 이해 및 판단이 가능하기도 하다. 더 나아가 언어는 언어적 환각과 허구에서 탈출하는 통로이기도 하다. 그런 점에서 불교의 언어관은 양면적이기도 하고 중도적이기도 하다. 원효는 언어의 그늘을 직시하는 동시에, 언어의 빛을 놓치지 않는다. 그래서 말한다. "이와 같은 도리는 언어적 규정을 벗어나고 분별하는 생각을 끊은 것이니, 무엇으로써 지칭해야 할지 알 수가 없지만 억지로 나마 '하나로 보는 마음자리'(一心)라 부른다"고.[2]

　"모든 것에는 근본무지에 따른 분별로 인한 생겨남이나 사라짐이 〔본래〕 없고 본래부터 근본무지에 따른 분별로 인한 왜곡과 동요가 없이 고요하여(寂靜) 오직 '하나로 보는 마음자리'(一心)일 뿐이니, 이와 같은 것을 "참 그대로인 마음측면"(心眞如門)이라 부르기 때문에 〔『능가경』에서〕 "근본무지에 따른 분별로 인한 왜곡과 동요가 그쳐진 것(寂滅)을 '하나로 보는 마음자리'라 부른다."라고 하였다. 또 이 '하나로 보는 마음자리의 본연'(一心體)은 '본연적 깨달음'(本覺)이지만 근본무지(無明)에 따라 움직이면서 〔착각의〕 생멸하는 사태를 짓는다. 그러므로 생멸하는 측면에서는 여래의 성품이 숨겨져 드러나지 않으니, 생멸하는 측면에서는 '하나로 보는 마음자리'를 "여래장"이라 부른다. (……) 이와 같은 뜻이 근본무지에 따른 분별을 조건으로 '생멸하는 측면'(生滅門)에 있기 때문에 〔『능가경』에서〕 "'하나로 보는 마음자리'를 여래장(如來藏)이라 부른다"라고 하였으니, 이것은 '하나로 보는 마음자리'의 생멸하는 측면을 나타낸다. (……) '두 측면'(二門)이 나뉘는 것이 이와 같은데, 어째서 '하나로 보는 마음자리'라 하는가? 말하자면, 오염되었거나 청정하거나 그 모든 것의 '본연적 면모'(性)는 별개의 것이 아니기에(無二), 참됨(眞)과 허구(妄)의 두 국면은 차이가 있을 수 없으니, 그러므로 '하나(一)'라 부른다. 이 '둘 아님'(無二)의 자리에서 모든 것을 실재대로이게 하는 것은 이해하는 작용이 없는 허공과는 같지 않아 '본연적 면모'(性)가 스스로 신묘하게 이해하니, 그러므로 '마음자리'(心)라 부른다. 그런데 이미 '둘'(二)이 있지 않다면 어떻게 '하나'(一)라는 것이 있을 수 있으며, '하나'(一)가 있지 않다면 무엇에 입각하여 '마음자리'(心)라 하겠는가? 이와 같은 도리는 언어적 규정을 벗어나고 분별하는 생각을 끊은 것이니, 무엇으로써 지칭해야 할지 알 수가 없지만 억지로나마 '하나로 보는 마음자리'라 부른다.[3]

以一切法無生無滅, 本來寂靜, 唯是一心. 如是名爲心眞如門, 故言 "寂滅者名爲一心". 又此一心體是本覺, 而隨無明動作生滅. 故於此門, 如來之性隱而不顯名如來藏. (……) 如是等義在生滅門, 故言 "一心者名如來藏", 是顯一心之生滅門. (……) 二門如是, 何爲一心? 謂染淨諸法其性無二, 眞妄二門不得異有, 故名爲一. 此無二處, 諸法中實, 不同虛空, 性自神解, 故名爲心. 然旣無有二, 何得有一? 一無所有, 就誰曰心? 如是道理, 離言絶慮, 不知何以目之, 强號爲一心也.

원효와 『대승기신론』(大乘起信論) 그리고 일심이문(一心二門)

능력과 노력, 성취와 행위에 의해 평가받지 않고 타고난 혈통으로 평가받는 부당한 세상. 강자들의 땅따먹기 전쟁에 동원되어 죽어가는 사람들의 피가 강물이 되어 흐르는 잔혹한 세상. 이익에 따라 멋대로 그어놓은 정의와 불의, 선과 악, 아군과 적군의 경계선에 따라 갈라서서 적대감 가득한 살기 어린 눈으로 대치하는 무지와 분노의 세상. 아무리 차지해도 만족할 줄 모르고 굶는 사람 손에서 밥그릇마저 빼앗아가는 탐욕스런 세상.——이 어처구니없는 세상을 마주한 원효는 그 거센 탁류에 떠밀려가지 않으려는 의지를 세운다. 탁류에서 빠져나올 뿐 아니라 탁수를 맑혀 감로수가 흐르는 생명의 물길로 바꾸려는 원(願)을 세운다.

원효는 아수라장에 끼어들어 승자가 되는 것으로는 문제 해결이 되지 않는다는 것을 일찍이 간파한다. 문제를 뿌리에서부터 보고 풀어가는 길을 모색했다. 탁류의 원천을 거슬러가던 원효는 마침내 인간의 마음을 주목한다. 인간사 모든 해악과 오염의 원천이 인간 마음에서 비롯되고 있다고 진단했다. 그리하여 마음의 비밀을 풀어주는 부처의 지혜를 치열하게 탐구했고, 마침내 문제를 해결했다. 마음이라는 수수께끼를 풀자 오염되지 않은 생명의 본래 모습, 존재의 안락한 고향 품에 안길 수 있었다. 억지로나마 '하나가 된 마음'(一心)이라 불러보는 새로운 세상이었다. 『대승기신론』이 설하는 일심의 경지가 그것이었다.

원효 사상의 모든 언어가 들어오고 나가는 관문이 있다. 일심(一心)과 이문(二門/심진여문과 심생멸문)이 그것이다. 원효는 자신의 깨달음과 불교 이해, 경전 해석과 저술의 전 과정에서 일

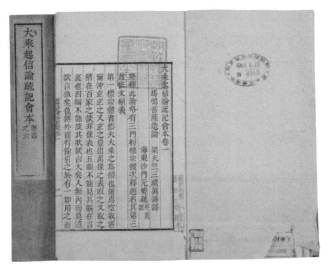

원효의 『대승기신론소』와 『대승기신론별기』(大乘起信論別記)를 합본한
『대승기신론소기회본』(大乘起信論疏記會本). 1899년(광서〔光緒〕25년) 중국에서 간행.
한국 강원(講院)에서 표준본처럼 널리 사용된다.

심이문(一心二門) 체계를 축으로 삼고 있다. 원효는 마명(馬鳴) 보살이 저술한 것으로 되어 있는『대승기신론』이라는 짧은 불교 논서에 매료되어 극찬을 아끼지 않았다. 원효가 연구하여 주석한『대승기신론소』(大乘起信論疏)는『대승기신론』이 유포된 동북아시아 지역에서 산출된 주석서들 가운데 단연 으뜸이다.

『대승기신론』이해의 기본토대를 형성했다고 평가되는 고주석가(古註釋家)들로서 흔히 혜원(慧遠, 523~592), 원효(617~686), 법장(643~712)의 3인을 꼽는다. 그 가운데 혜원의 주석은 원효에 비해 그 체계나 내용이 현저하게 뒤처지고, 법장의 저술은 원효의 주석을 거의 그대로 옮겨가며 자신의 의도에 따라 편집하고 있는 정도다.『대승기신론』의 핵심을 꿰뚫어 정교하고도 장쾌하게 풀어가는 원효의 주석은 가히 압도적 명품이다.

『대승기신론』에 대한 원효의 총평을 보면, 그의 사상에서『대승기신론』이 차지하는 위상과 무게가 어떤 것인지 어렵지 않게 확인할 수 있다. "마명보살이 학문을 하는 사람에게는 이『대승기신론』한 권으로 대장경의 뜻을 두루 밝혀내게 하고, 도 닦는 사람에게는 온갖 분별 경계를 영원히 그치어 일심의 근원에 들어가게 하려고 한 것이다. 그 내용을 요약한다면 일심에서 이문을 연 것인데,『능가경』『승만경』『열반경』『법화경』『화엄경』『반야경』등 여러 경전의 핵심을 하나로 관통한 것은 오직 이『대승기신론』뿐"이라고 하면서, 원효는『대승기신론』생명력의 핵심을 다음과 같이 압축한다.

"이론을 펼칠 때는 '제한 없고 끝이 없다는'(無量無邊) 뜻을 근본으로 삼고, 이론을 합할 때는 '두 가지 측면/맥락/계열/방식'[4](二門)과 '하나로 보는 마음자리'(一心)라는 도리를 요점으로 삼는다. '두 가지 측면/맥락/계열/방식'(二門) 안에서는 온갖 뜻을 받아들여도 혼란스럽지 않고, 본질이나 실체에 의한 막힘이 없어 한계가 없는 도리는 '하나로 보는 마음자리'(一心)에서 섞여 융합된다. 이리하여 펼침(開)과 합함(合)이 자유롭고 수립(立)과 해체(破)가 걸림이 없다. 펼쳐도 어지럽지 않고 합해도 좁지 않으며, 수립해도 얻음이 없고 해체해도 잃음이 없다. 이것이 마명(馬鳴)의 뛰어난 솜씨이고 『대승기신론』의 본연(宗體)이다."[5]

開則無量無邊之義爲宗, 合則二門一心之法爲要. 二門之內, 容萬義而不亂, 無邊之義, 同一心而混融, 是以開合自在, 立破無礙. 開而不繁, 合而不狹, 立而無得, 破而無失, 是爲馬鳴之妙術, 起信之宗體也.

생명의 특징으로서 '작용'을 빼놓을 수 없다. 생명체는 움직이고 느끼고 원하며 작용한다. 특히 인간이라는 생명체의 작용은 복잡하고 고도화된 사유 작용이 두드러진다. 인간 생명체에서 나타나는 사유 작용은 느낌이나 욕구, 행동 작용마저 복잡하고 중층적으로 만든다. 판단하고 추리하며 기억/예측/반성/평가하는 등의 사유 능력과 작용을 설명하거나 기술하는 방식은 일정하지 않다.

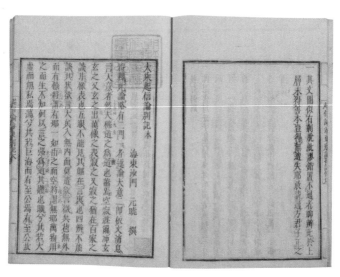

1781년 일본에서 간행된 원효의 『대승기신론별기』.
『별기』는 『대승기신론소』를 저술하는 토대가 된다.

인간 생명체의 모든 작용을 물질적 현상으로 환원시켜 설명하는 입장은, 사유 작용도 물리/화학적 언어로 기술한다. 예컨대 정신 작용을 뇌의 전기/화학적 현상으로 설명한다. 반면 사유 작용이, 가시적이고 측정 가능한 물리 작용과는 본질적으로 다른 현상이라는 점을 주목하여, 인간 생명체의 작용을 정신적인 것(영혼/마음/정신/사유 등)과 물질적인 것(육체/감관)으로 나누어 기술하는 입장도 있다. 전자는 전통적인 유물론자의 관점이고, 후자는 심신이원론(心身二元論)의 입장이다. 그리고 유물론과는 정반대로 모든 작용을 정신 현상으로 환원시켜 설명하려는 유심론(唯心論)도 있다.

생명체에서 나타나는 가시적 현상과 불가시적 현상은 둘 다 명백히 존재하는 작용들이다. 우리는 이 대조적 작용을 구별하여 지칭하고 적절히 설명하기 위해 '물질'이니 '정신/마음/영혼'이니 하는 언어를 사용한다. 이 두 현상이 본질적으로 같은 것인지 다른 것인지, 또 상호 관계는 어떤 것인지에 대해서는 지금도 다채로운 주장들이 전개되고 있는 중이다.

부처 이래 불교 전통에서는, 인간 생명체 현상을 어떻게 설명할 것인가에 대한 관심이 아니라, 인간은 어떻게 진정한 행복을 구현할 수 있는가에 집중한다. 그것을 탐구한 결과, 불교는 인간 생명체가 선택할 수 있는 두 유형의 길에 관한 통찰을 밝힌다. 초기불교의 12연기설(緣起說)이 그러한 통찰의 체계적 표현이다. 12연기설에 따르면 인간 생명체는 크게 두 계열의 맥락으로 자신을 전개시킬 수 있다. 하나는 근원적 존재 환각(無明)에 의거한 인과적 전개(무명연기/無明緣起)이고, 다른 하나는 그 존재 환각을 제거하여 존재의 진실과 하나가 되는 삶을 구현해가는 맥락(환멸연기/還滅緣起)이다. 초기불전(『니까야』)이 전하는 부처의 설법은 이 두 맥락의 구체적 내용을 다양한 수준과 내용으로 펼쳐내는 것이라 할 수 있다.

그런데 생명의 상반된 두 계열의 분기점이 무명(無明)과 명(明)이라는 점에서, 두 계열의 갈림길에서는 결국 생명의 인지적 면모가 결정적 역할을 하게 된다. 생명의 인지적 면모를 '마음'이라 하건 '정신'이라 부르건 '기'(氣)라고 하건, 아니면 그 어떤 물질적 용어로써 일컫건 간에, 근원적으로는 이해 능력과 연관된 인지적 작용에서 삶의 절망과 희망이 갈라진다고 보는 것이 12연기설의 생명관이다.

불교 전통은 이 12연기의 통찰을 계승하는 다양한 방식을 전하고 있는데, 『대승기신론』은 이전까지의 12연기론적 통찰들을 '일심이문'(一心二門)으로 종합하여 체계화시킨다. 생명의 인지적 면모를 '마음'(心)이라는 부호로 지칭하는 동시에, 그 인지적 작용이 존재 환각(무지/무명)을 조건으로 하는 인과 관계로 전개되는 계열을 심생멸문(心生滅門)이라 하고, 사실대로 보는 지혜(明/如實知)에 의해 구현되는 삶의 측면을 심진여문(心眞如門)이라 하는 것이다. 그리고 존재 환각(무지/무명)에 의해 왜곡되거나 오염되지 않은 인지적 면모를 '하나가 된 마음/하나로 보는 마음자리'(一心)라 부른다. 『대승기신론』은 이 일심과 이문의 체계를 가지고 모든 불교 경론의 연기론적 지혜를 탁월하게 총괄하고 있다. 원효는 『대승기신론』의 이러한 장점을 정확하게 포착하여 극찬한다. 그리고 『대승기신론』의 일심이문 체계를, 다양한 불교 이론들을 한 맛으로 포섭하는 틀로 삼는 동시에, 자신의 불교 이해를 펼쳐내는 중심축으로 활용하고 있다. 원효는 『대승기신론』의 일심이문에 대해 다음과 같이 해설한다.

"'대승의 진리'(大乘法)는 오직 '하나로 보는 마음자리'(一心)밖에 없으며, '하나로 보는 마음자리' 이외의 또 다른 진리란 없다. 다만 근본무지(無明)가 자신의 '하나로 보는 마음자리'를 미혹케 하여 온갖 파도를 일으켜 '여섯 가지 미혹의 세계'(六道)에 떠돌아다니게 하지만, 비록 '육도'(六道)의 파도를 일으키더라도 '하나로 보는 마음자리'의 바다를 벗어나지 않는다. 실로 '하나로 보는 마음자리'로 말미암아 '육도'의 파도를 움직여 생겨나게 하는 것이므로 '중생을 널리 구제하겠다는 서원'을 일으킬 수 있는 것이며, 또한 '여섯 가지 미혹의 세계'(六道)가 '하나로 보는 마음자리'를 벗어나지 않기 때문에 '한 몸으로 여기는 크나큰 연민'(同體大悲)을 일으킬 수 있게 된다. 이와 같이 의혹을 제거하면 깨달음을 구하려는 '크나큰 마음'을 일으킬 수 있는 것이다.

두 가지 '맥락'(門)을 펼쳐 놓은(開) 것은〔'여래께서 세운 가르침의 맥락(敎門)은 많고도 다양한데 어떤 맥락에 의하여 처음으로 수행을 시작할 것인가´ 하는] 두 번째 의혹을 제거하는 것이니, '가르침의 맥락´ (敎門)들이 비록 많이 있지만 처음 수행에 들어갈 때는 두 가지 맥락을 벗어나지 않음을 밝힌 것이다. '참 그대로인 맥락´ (眞如門)[6]에 의하여 '멈춤´ (止)의 수행을 닦고, '근본무지에 따른 분별을 조건으로 생멸하는 맥락´ (生滅門)[7]에 의거하여 '살펴봄´ (觀)의 수행을 일으켜, '멈춤´ 과 '살펴봄´ 을 함께 운용하면 '온갖 실천수행´ (萬行)이 여기서 갖추어지니, 이 '두 가지 맥락´ (眞如門/生滅門)으로 들어가면 어떤 가르침의 맥락과도 다 통한다. 이렇게 의혹을 제거하면 수행을 일으킬 수 있는 것이다."[8]

大乘法唯有一心, 一心之外, 更無別法. 但有無明迷自一心, 起諸波浪流轉六道, 雖起六道之浪, 不出一心之海. 良由一心動作六道, 故得發弘濟之願, 六道不出一心, 故能起同體大悲, 如是遣疑, 得發大心也. 開二種門者, 遣第二疑. 明諸敎門雖有衆多, 初入修行不出二門. 依眞如門修止行, 依生滅門而起觀行, 止觀雙運, 萬行斯備, 入此二門, 諸門皆達. 如是遣疑, 能起修行也.

자기 구원과 완성을 전제로 하지 않는 타자 구원, 진정성 있는 자기 성찰과 향상의 의지가 선행되지 않는 이타행의 염원은 사실상 공허하거나 기만적이다. 따라서 구도자들이 통상 자기 성찰과 향상, 완성에 우선 집중하는 것은 자연스럽고 정당하다. 그러나 타자와 무관하게 격리되고 독자적으로 존재하는 개체는 사실상 없다. 원자와 같은 개별적 실체는 존재와 현상을 분석하고 이해하기 위해 요청된 가설(假設)이고 필요한 허구일 뿐, 실제로 있는 것은 아니다. 모든 존재는 '서로가 서로에게 열려 있는' 상호 연루이고 상호 의존이다. 따라서 구도자의 자기 구원은 존재론적으로 타자와 무관할 수가 없다. '자기'로 지칭되는 존재는 무한한 '타자'들의 관여와 상호 침투에 의존하기 때문이다.

불교의 무아(無我)와 연기(緣起)의 통찰에 따라 존재 완성의 길을 걷는 사람에게는, 자기 구원과 완성이 항상 타자 구원과 연관되어 있다. 자기 이익과 타자 이익의 '한 몸 관계'에 눈뜨는 정도와 수준이 곧 자기 향상과 완성의 근거가 되기 때문이다. 이 자기 이익과 타자 이익의 존재론적 결합 관계를 현실에서 이상적으로 구현해보려는 의지와 노력이 대승불교 운동이다. 그러기에 대승불교의 모든 구도행은 자기를 안는 동시에 항상 타자와 세계를 향하고 있다.

원효는 대승의 안목과 의지를 치열하게 실천했던 구도자다. 그런 그였기에 『대승기신론』의 일심과 이문에 대한 해설도 철저히 대승적이다. 모든 생명은 '하나가 된 마음'(一心)이라 일컫는 존재의 본래 면목을 지니고 있다. 그런데 무지가 이 '하나가 된 마음'의 본래 면목을 망각하게 만들어, 무지의 존재 왜곡에 기인한 여러 형태의 오염된 삶들(六道)로 전락하고 있다. 그러나 아무리 왜곡되고 오염되어 있더라도, 그 삶들은 모두 '하나가 된 마음'이라 부르는 본래 면목과 본질적으로 격리된 것은 아니다. 언제라도 '하나가 된 마음'의 장(場)으로 귀환할 수 있는 가능성은 열려 있다. 따라서 존재의 고향으로 귀향하려는 구도자는 오염된 삶들을 모두 구제하겠다는 다짐(顯)을 세울 수 있다. 또한 모든 삶들이 예외 없이 '하나가 된 마음'이라는 본래 모습을 지니고 있다는 관점에 선다면, 모두를 '한 몸'처럼 여겨 우호적 공감(同體大悲)을 일으킬 수 있다. 모든 생명들의 '하나가 된 마음'의 면모로 인해, 구도자는 널리 '타자 구제의 다짐(顯)'과 '한 몸으로 여기는 우호의 공감'(同體大悲)을 일으켜 구도의 길에 오르는 마음을 낼 수 있다는 것이다(發心).

그렇다면 구도자에게 이문(二門)은 어떤 의미를 지니는가? 원효는 이문을 참선의 핵심 개념인 지(止)과 관(觀)을 가지고 그 의미를 포착한다. 지(止)는 사물의 본래 모습을 볼 수 있는 마음상태(마음자리)를, 관(觀)은 그런 마음상태에서 사물을 보는 성찰과 이해의 국면을 지칭하는 용어다. 원효에 따르면, 실재와 상응하는 인지적 맥락인 심진여문에 의해, 무지(무명)을 조건으로 하는 삶의 오염에 휘말려들지 않는 '그치는 마음국면'(止)이 이룩된다. 그리고 그렇게 마련된 그치는 마음국면에서, 무지(무명)를 조건으로 전개하는 삶인 심생멸문을 대하면, 사물들을 제대로 이해하는 통찰력이 밝아진다. 이렇게 '그치는 마음'(止)과 '보는 마음'(觀)을 함께 갖추게 되면, 모든 노력이 '존재의 고향(一心)으로 향하는 발걸음(萬行)'이 된다. 이러할 때 불교의 모든 가르침을 제대로 수용하면서 구도의 길을 걷게 된다(修行).

원효에 따르면, 삶의 진실과 구제를 위한 구도의 길에 오르려면 두 가지 조건을 갖추어야 한다. 하나는 발심(發心), 다른 하나는 수행(修行)이다. 그래서 원효는 아예 『발심수행장』(發心修行章)이라는 책도 썼다. 발심은 구도자를 진리로 향하는 길에 올려놓는 역할을 하는 마음이다. 그리고 수행은 구도자로 하여금 그 길을 걸어가게 하는 역할을 하는 행위다. 구도자는 '모든 중생을 구제하겠다는 다짐(願)'과 '그들을 한 몸으로 여김으로써 생겨나는 자비심'(同體大悲)으로써 발심하여 구도의 길에 올라야 하는데, 그것은 모든 생명의 본래 모습이 '하나가 된 마음'(一心)이기 때문에 가능해진다. 또한 '그치는 마음'(止)과 '성찰과 이해'(觀)를 함께 갖추어야 존재의 고향으로 다가가는 행보가 이루어지는데, 이것은 이문으로 인해 구현된다. 일심과 이문에 의해 구도의 두 축인 발심과 수행이 확보된다는 것이다.

자기는 물론 타자와 세상을 향한 숭고하고도 원대한 다짐(願)과 '일체감으로 생겨난 열린 자비심'(同體大悲)으로 발심하여 귀향길에 오르고, '그치는 마음'(止)과 '성찰과 이해'(觀)를 함께 갖추어 그 길을 걸어감으로써, 마침내 다시 찾은 존재의 고향.──그것이 바로 '하나가 된 마음'이다.

2

인간은 양면적 존재

깨닫지 못함(不覺)과 깨달음(本覺/始覺)의 동거

"분별하는 마음이 일어나기에 온갖 차별 현상들이 생겨나고, 분별하는 마음이 사라지니 토감과 고분이 별개의 것이 아니구나. 모든 세계가 오직 분별하는 마음에서 비롯된 것이요, 모든 차별 현상들이 오직 마음 헤아림의 산물이로다. 마음의 분별과 무관하게 존재하는 것은 없는 것이니, 어찌 마음 밖에서 따로 구하리."

인성론(人性論)이 중요한 까닭

'인간의 본성은 무엇인가?'—인간 탐구의 지성사에서 해묵은, 그러나 여전히 생명력 왕성한 주제. 왜 이 질문이 중요한가? '인간의 본성'(본래 모습/본래적 성품/근본적 면모/타고난 핵심 성품)을 어떻게 보느냐에 따라 개인의 인생관은 물론 사회 운영의 원리와 방식이 결정되기 때문이다. '어떻게 살아야 하는가?' '무엇을 추구해야 하는가?' '인생의 성공이나 행복은 무엇인가?' '안전한 사회를 유지하려면 어떤 원리와 방식이 필요한가?' 등의 물음에 답하려면, '인간의 본성은 무엇인가?'라는 질문에 답하는 데서 출발할 수밖에 없다.

인간 본성에 관한 관점들을 인성론(人性論)이라 부른다. 명시적이든 묵시적이든 간에, 인류는 지속적으로 인성론적 견해를 축적해왔다. 특히 동아시아 전통사상은 인성론에 대한 강렬하고도 지속적인 관심과 탐구의 역사를 안고 있다. 동아시아 정신적 전통의 세 축(三敎)이라 할 유교/불교/도가 사상은 하나같이 인간의 본성에 관한 나름의 관점을 세우고 있다.

그런데 동아시아 사상전통의 인성론적 탐구는, '불변의 내용으로 규정된 실체적 본성'을 겨냥하는 것이 아니다. 성악설의 성(性)은 '타고난 지배적인 경향성'을, 불교/유교/도가에서의 인성(人性)은, '잠재되어 있는 긍정적 가능성의 면모'를 가리킨다. 그리고 양자 모두 그 품성을 '가변적'인 것으로 본다. 성악설은 '타고난 이기적 성향에 압도적으로 지배받고 있는 현실'을 주목하지만 그 이기심의 변화 가능성을 전제하고 있고, 성선설은 '아직 충분히 드러나지 못하고 있는 긍정적 잠재력'을 주목하는 동시에 그 긍정적 면모의 내용을 형성해가며 현실에서 발현시켜가는 가변적 구현가능성을 전제로 한다. 동양 사상에서의 '인성'(人性)은, '동일한 내용으로 확정/규정된 불변의 실체적 본성'을 말하는 것이 아니라, 무실체의 '가변적 면모'를 의미하는 것이다.

인성에 관한 관점은 크게 긍정과 부정의 두 시선으로 나뉜다. 이 두 시선을 우리는 통상 각각 성선설(性善說)과 성악설(性惡說)이라 부르곤 한다. 유교의 성선설이나 불교의 불성설(佛性說), 노장 사상의 성인이나 진인(眞人)의 이상은, 기본적으로 인성에 대한 근원적 긍정의 시선을 깔고 있다. 반면 중국의 법가(法家) 사상은 전형적인 성악적 시선이다. 서양에서는 근대의 홉스가 성악적 인간관을 이론적으로 수립하고 그에 의거하여 사회계약론을 펼치는 것으로 유명하다.

성선설처럼 인성을 긍정적으로 보는 사람들은 성악설을 지지하는 사람들보다 인간에 대한 애정이 각별한 것일까? 성악설처럼 인간 본성을 부정적으로 보는 사람들은 인간에 대해 냉소적이고 무관심한 것일까? 그렇지 않다. 사상가들이 탐구하는 성선적 인간관이나 성악적 인간관의 이면에는 하나같이 인간과 사회에 대한 남다른 관심과 애정이 자리하고 있다. 두 인간관 모두, 살기 좋은 인간 사회를 만들기 위한 고심의 산물이라는 점에서는 차이가 없다. 차이라면 각자 자신의 인간관이 살기 좋은 세상을 만들기 위한 토대라고 판단하는 점에 있다.

성악설, 특히 홉스의 관점과 같은 서양의 성악설은, 인간의 본성을 위험한 배타적 이기성에서 찾는다. 인간은 태어날 때부터 본성적으로 어쩔 수 없는 배타적 이기심의 주체라는 것이다. 인간은 자기 이익을 위해 얼마든지 타인을 공격하거나 희생시킬 수 있는 존재이므로, 방치된 자연 상태의 인간은 서로 위험한 적대 관계에 놓이게 된다. 그리고 이러한 정글과도 같은 적대 관계 속에서는 아무도 안전할 수가 없으므로, 개인과 사회의 안전, 그리고 평화를 위해 인간들은 위험한 이기심을 합리적으로 조정하는 계약을 맺고 그 계약을 강제하기 위한 법을 마련해야 한다는 것이 성악설자들의 제안이다.

그들은 양심과 같은 개인의 도덕적 능력에 의거하여 개인과 사회의 안전과 평화가 구현될 수 있을 것이라는 생각을 공허한 환상일 뿐이라고 일축한다. 그들은 사회 구성원들의 이기심이 서로 충돌하여 모두가 손해 보는 상황을 피할 수 있을 정도의 이기심 조절 규칙을 만들어, 그 규칙을 예외 없이 지키게 하는 법적 강제를 실행하는 것이야말로 안전과 평화의 길이라고 믿는다. 이기심의 합리적 강제와 타율적 조절이 그들의 해법이다.

성선적 인간관 역시 현실의 인간과 사회가 위험한 이기심들로 넘쳐난다는 점은 인정한다. 일상의 현실에서 사람들이 양심과 같은 각자의 도덕 능력에 따라 충분히 이기심들을 절제하고 이타적 행위를 실천할 수 있으리라고는 생각하지 않는다. 그들 역시 법적 강제에 의한 이기심의 조절이 신속하고 효과적이며 또한 어느 정도 필요하다는 점을 부인하지는 않는다. 그러나 동시에 그들은, 법적 강제에 의한 이기심의 조절, 힘에 의한 균형을 바람직하거나 근원적 방법으로 보지 않는다. 사회 구성원 모두가 법을 잘 지키면 평화로울 수 있다는 발상도 미덥지 못하거니와, 설혹 그런 사회가 구현된다고 해도 그것이 과연 인류가 추구해야 할 목표가 될 수 있느냐고 되묻는다. 서로를 잠재적 적수로 간주하고 경계하는 적대감과 경계심에 의해 이룩된 안정과 질서는 사실상 공허할 뿐이라고 비판한다. 게다가 법적 강제로 이룩된 질서 속에서는 항상 일탈의 이익을 넘보는 간교한 마음이 기회를 엿보게 되니, 그런 사회가 어떻게 살 만한 세상이라 할 수 있겠냐고 반문한다.

성선적 인간관은 현실의 이기심을 인정하면서도, 아직 충분히 계발되지 않은, 그러나 분명 존재하는 인간의 긍정적 면모를 주목한다. 이 긍정적 면모는, 비록 아직은 거칠고 강렬한 이기심을 제어할 정도의 힘은 없지만, 계발하고 힘을 실어주기만 한다면, 이기심을 제어하고 자발적이며 순수한 이타심을 발휘할 수 있는 잠재적 가능성이다. 인간들이 각자 이 잠재적 가능성을 계발하여 충분히 발휘할 수 있게 되면, 그러한 인간들로 이루어진 사회는 안전과 평화가 근원적이고도 이상적으로 구현된 것이라 믿는다. 위험한 이기심의 자율적 극복이 성선적 인간관이 추구하는 해법이다. 이 잠재적 긍정의 면모를 유교는 인(仁), 불교는 불성(佛

性) 등으로 부르며 궁극적 관심을 기울이고 있다.

　이렇듯 성선적 인간관에서는 아직 구현되지 않은 잠재적 가능성을 주목하기 때문에, 그들의 관심은 그 존재 희망의 잠재력을 어떻게 효과적으로 계발하여 현실에서 충분히 힘을 쓸 수 있게 하느냐에 쏠리게 된다. 잠재적 가능성을 현실에 구현할 수 있는 존재 변혁의 방법론 확보에 전력을 기울인다. 그 결과 인성 교육이나 수양, 수행 이론이 발달하게 된다. 성선적 인간관이 중심 전통이 되어온 동양 문화권에서, 서구와는 대조적으로 풍요로운 수행(수양)론이 발달되어 축적된 것은 이러한 배경에서다.

　성선적 인간관으로 삶을 일구어가는 사람에게, 성공이나 행복은 '성선적 면모의 계발과 실천 정도'에 따라 결정된다. 어짊(仁)이라는 우호적 공감 능력, 불성(佛性)이라는 지혜와 자비의 힘, 기준과 질서와 체제의 작위적 허구성을 간파하여 해체하고 그로부터 탈출하는 무위(無爲)의 능력을, 어느 정도 어떤 수준으로 계발하여 몸에 익히고 관계 속에서 실천했는가에 따라 인생의 의미와 성공과 행복 여하가 정해진다.

　성선/성악으로 대별되는 전통적 인성론과는 그 맥락을 달리하는 인간관도 있다. 생물학적 인간관이 그것이다. 이 인간관은, 생명체 일반의 본성은 생존과 번식의 욕구이며, 인간 본성 역시 이 두 욕구로 채워져 있다고 본다. 그리하여 생물학적 인간관은, 인간의 사고와 욕망, 행위, 문화와 문명의 모든 것을 생존과 번식 본능의 원리로써 일관되게 해석하고자 시도한다. 만약 인간 본성을 생존과 번식 본능으로 환원시켜 파악하는 생물학적 인간관을 지지한다면, 인생의 목표, 성공과 행복의 기준, 사회 운영의 원리는 생물학적 생존과 번식을 위한 손익 계산을 중심으로 마련하게 된다. 생물학적 인성론을 채택한다면, 배타적 경쟁이나 공생적 협동, 이기심과 이타심의 문제는 윤리적 품성의 문제가 아니고, 생존과 번식의 손익 여하에 따른 전략적 선택의 문제가 된다.

성악적 인간관이 제시하는 기획은 그 효력을 단기간 내에 확인할 수 있다. 당근과 채찍의 상벌(賞罰) 체제를 마련하여 강력하게 가동하면, 인간의 위험한 이기심들은 단기간에 쉽사리 제어된다. 그러나 타율적 방법의 한계는 피할 수 없는 약점으로 남는다.

반면 성선적 인간관이 제시하는 길은 장기적 기획일 수밖에 없다. 인간 각자가 교육과 수양/수행으로 내면의 성선적 잠재력을 충분히 계발시켜 자율적으로 이기심을 극복하려면, 장기간에 걸친 지속적 자각과 노력이 요청된다. 성공하기만 하면 가장 근원적이고 이상적인 평화의 길이지만, 개인의 도덕적 완성이 사회적 평화로 이어지는 것은 사실상 극히 어려운 길이다.

또한 도덕적 개인들로 이루어진 사회라 해서 반드시 도덕적 사회가 구현되는 것은 아니다. 성악적 인간관의 눈으로 보면, 이러한 성선적 신념과 기획은 순진하고 낭만적인, 성공할 수 없는 발상처럼 보일 것이다. 반면 성선적 인간관의 시선에서 볼 때, 성악적 인간관은 깊이가 없는 피상적 인간 이해이며 인간 존재의 위대한 가능성과 능력을 놓쳐버리는 무지다.

인간의 본성을 어떻게 볼 것인가의 문제는 이처럼 인생의 목표, 인간과 사회의 안전과 평화를 향한 기획과 맞물려 있다. 어떤 인간관을 선택하느냐에 따라 매우 대조적인 기획들이 실천에 옮겨져 왔다. 이 상반된 인간관과 그들의 대조적인 기획들을 어떻게 상생적으로 결합시킬 것인가 하는 문제는 미완의 과제로 남아 있다. 어느 한편의 인간관과 기획만으로는 불충분하다는 것을 역사가 증언하기 때문이다. 성악적 인간관이 추구하는 '세속적/사회적 합리성'과 성선적 인간관이 몰두해온 '영성적 합리성'이 상생적으로 만나는 길을 넓혀가는 일은 현재와 미래의 긴요한 과제다.

원효의 인간관—불각(不覺) · 본각(本覺) · 시각(始覺)

원효는 인간의 본성을 어떻게 보았을까? 원효는 불교에서 삶의 해답을 확보한 인물이므로 불교적 인성론에 동의하고 있다. 지혜와 자비 능력을 계발하여 완벽하게 구현할 수 있는 잠재적 능력과 가능성(부처/여래가 될 수 있는 능력, 佛性/如來藏)의 존재를 긍정하는 불성설(佛性說)의 맥락에서 인간관을 수립하고 있다. 유교의 성선설이 인간에게 내재된 윤리적 잠재력을 주목하는 윤리적 성선설인 데 비해, 불교의 불성설은, 윤리적 능력의 향상을 추구하는 동시에, 윤리의 범주마저 뛰어넘는 깨달음의 잠재력을 겨냥하고 있다. 존재의 참모습을 사실대로 꿰뚫어보는 지혜를 정점으로 하는, 일종의 존재론적 성선설이다.

원효는 불교 전통의 존재론적 성선설을 배경으로 하면서, 『대승기신론』에 등장하는 불각(不覺)·본각(本覺)·시각(始覺) 사상에 의거하여 '깨달음(覺)의 인간관'을 펼친다. 인간에게서 가장 주목해야 할 본성적 면모는 깨달음의 능력인데, 인간은 깨달음과 관련하여 상반된 두 가지 선택(覺과 不覺)에 모두 열려 있는 존재라는 것, 그리고 시각과 본각으로 구현되는 깨달음(覺)의 길을 선택하는 것이 인간 존재의 당위라는 것이, 원효 인간관의 핵심이다.

　『대승기신론』은 인간 마음이 지닌 두 가지 가능성을 이론적으로 체계화시키고 있는데, '진리와 같아지는 측면(眞如)'과 '진리 이탈의 측면(生滅)'이라는 두 가능성을 각각 본각·시각 및 불각에 의해 해명하고 있다. 인식의 이해 결핍(無明)과 그로 인한 왜곡 과정(分別/心生滅)을 밝히는 것이 불각이고, 마음이 지닌 심진여(心眞如/마음이 진리와 같아진 경지)로서의 측면, 그 일심(一心) 구현의 측면을 밝히는 것이 본각과 시각이다. 원효는 이와 같은 『대승기신론』의 깨달음 사상에 의거해 일심 구현의 구체적 통로를 확보하고 있다. 그런데 깨달음 사상에 대한 그의 관심은 말기 저술인 『금강삼매경론』(金剛三昧經論)에 이르러 더욱 완숙한 형태로 전개되고 있다. 깨달음 사상에 관한 원효의 탐구는, 『대승기신론』의 본각/시각 사상에서 출발하여 『금강삼매경』(金剛三昧經)의 본각/시각 사상에 이르러 완결된 것으로 보인다. 찬녕(贊寧, 918~999)의 『송고승전』(宋高僧傳)이 전하는 원효의 전기는, 원효의 깨달음 사상이 『금강삼매경』의 등장과 그에 관한 원효의 해설서인 『금강삼매경론』에 이르러 완숙되었음을 강하게 시사하고 있다.

『대승기신론』은 인간이 전개할 수 있는 두 가지 마음 계열을 각각 심진여문(心眞如門)과 심생멸문(心生滅門)으로 구분한 후, 심생멸문 안에서 마음의 심진여적(心眞如的/마음이 진리와 같아지는) 가능성과 심생멸적(心生滅的/마음이 진리를 등지는) 가능성을 동시에 논하고 있다. 이때 심생멸문 안에서 두 가지 가능성이 구체화되는 통로가 바로 시각·본각 및 불각이다. 인간의 마음 활동은, 시각과 본각을 내용으로 하는 '깨달음의 면모'(覺義)와, 불각을 내용으로 하는 '깨닫지 못하는 면모'(不覺義)를 모두 지니고 있다. 이 두 상반된 잠재력의 구현 과정을 모두 밝혀, 인간으로 하여금 자신의 마음 능력을 깨달음의 길로 향하게 하려는 것이, 『대승기신론』 심생멸문의 구성 취지다. 원효는 인간의 마음 능력에 대한 이와 같은 『대승기신론』의 관점에 서서 각(覺)의 인간관을 전개해간다.

원효가 깨달음(覺)을 축으로 삼아 인간과 세상을 보았고 만났던 것은, 그에게 삶의 해법을 제공한 것이 불교였다는 점에서 자연스럽다. 불교가 인간에게 제시하는 희망을 구현하는 통로의 중심부에는 깨달음이 자리 잡고 있다. 무지/탐욕/분노의 그늘과 날카로움은, 깨달음이라는 관문을 지나면서 지혜와 자비의 밝음과 따사로움으로 바뀐다. 선종(禪宗)에서 쟁점이 된 '돈오돈수(頓悟頓修)적 깨달음'이건 '돈오점수(頓悟漸修)적 깨달음'이건 간에, 모든 불교적 존재 변혁과 성숙은 깨달음을 관문으로 삼아 그 질적 전환을 성취해간다. 불교의 관점에서 볼 때, 이 깨달음의 가능성과 능력이야말로 인간 존재가 간직한 희망의 원천이다.

원효는 존재 희망의 빛을 이 깨달음에서 확보한 인물이다. 그의 개인사(個人史)의 획기적 전환 역시 이 깨달음의 체득에서 이루어졌다. 의상과 함께 당나라 유학길에 올랐던 원효는, 도중에 매우 중요한 체득을 한다. 무덤에서 보낸 체험이 계기가 되어, 그는 이전까지 이론과 지식의 차원에 머물러 있던 마음의 도리를 온몸으로 직접 확인한 것이다. 『송고승전』은 그 깨달음의 상황에서 터져 나온 원효의 말을 이렇게 전하고 있다.

"분별하는 마음이 일어나기에 온갖 차별 현상들이 생겨나고, 분별하는 마음이 사라지니 토감과 고분이 별개의 것이 아니구나. 모든 세계(三界)가 오직 분별하는 마음에서 비롯된 것이요, 모든 차별 현상이 오직 마음 헤아림의 산물이로다. 마음의 분별과 무관하게 존재하는 것은 없는 것이니, 어찌 마음 밖에서 따로 구하리."[1]

心生故種種法生, 心滅故龕墳不二. 三界唯心, 萬法唯識. 心外無法, 胡用別求.

원효의 오도(悟道) 설화를 전하는 『송고승전』『임간록』『종경록』 등은 각각의 내용에서 약간씩 차이는 있지만, 하나같이 원효가 무덤에서 지낸 하룻밤을 통해 깨달음이라는 특별한 체득을 했

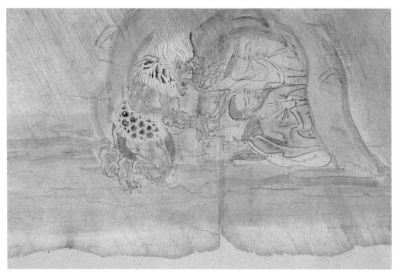

의상과 당나라로 가다가 토굴에서 귀신 꿈을 꾸는 원효.
"전날 모르고 잘 때는 편했는데, 무덤인 줄 알고 나니 꿈자리가 사납도다.
이 무슨 도리인고."『화엄연기』.

던 것으로 전하고 있다. 그리고 더 이상 당나라로 유학 갈 필요성을 느끼지 못해 발길을 돌려 귀국했다고 한다. 원효는 무덤에서 얻은 깨달음을 통해 그가 추구하던 인간 희망의 도리를 직접 파지(把持)했다. 그리하여 그 이전까지 행했던 지적(知的) 모색 단계를 벗어나 체험을 통해 확신과 자신감을 확보한 것으로 보인다.

인간은 누구나 스스로의 노력과 힘으로 깨달을 수 있는 존재라는 것, 그리고 그 깨달음을 통해 삶의 근원적 불안과 속박에서 해방될 수 있다는 불교적 희망의 메시지를 직접지(直接知)를 통해 확인한 원효였기에, 이후 불교의 깨달음 사상을 언어와 몸으로 밝히는 일에 몰두했을 것이다. 그가 깨달음(覺) 사상을 본격적으로 거론하고 있는 『대승기신론』과 『금강삼매경』의 해설에 역량을 집중하고 있는 듯이 보이는 것도 그런 맥락에서 음미할 수 있다.

깨닫지 못함(不覺) · 본래적 깨달음(本覺) · 비로소 깨달아감(始覺)

길에 둥글게 말아놓은 새끼줄이 놓여 있다. 달빛도 어두운 밤에 길을 걷던 사람이 그 새끼줄을 본다. 그는 어두움 때문에 새끼줄을 뱀으로 오인한다. 뱀으로 착각한 순간 공포감에 소름이 돋으면서 뒤돌아 줄행랑친다. 넘어지고 구르고 하면서 숨이 목에 차게 도망치다가, 문득 멈추어 생각한다. '내가 본 것이 과연 뱀일까? 둥글게 말려 있는 것이 뱀 같기는 하지만, 어두워서 확실히 확인한 것은 아니지 않은가? 만약 잘못 본 것이라면 이렇게 무서워하며 도망칠 필요가 없지 않은가?' 그는 횃불에 불을 밝혀 새끼줄로 다가간다. 불빛에 환히 드러난 것은 뱀이 아니라 새끼줄이었다. 그렇게 본래 새끼줄임을 안 순간, 사실을 본래대로 본 순간, 자신을 괴롭혔던 공포와 불안은 단박에 사라지고 올바른 이해로 인한 평안이 찾아온다. 새끼줄을 본래대로 새끼줄임을 알고 있는 상태가 '본래적 깨달음'(本覺)이다. 새끼줄을 뱀으로 착각하여 본래 없어도 되는 공포와 불안이 펼쳐지는 과정이 '깨닫지 못함'(不覺)이다. 그리고 뱀으로 착각하다가 문득 반성적 성찰이 생겨, 횃불을 준비하고 불을 밝혀 뱀이 맞는지 살펴보아, 뱀이 아니라 본래 새끼줄임을 알아가는 과정이 '비로소 깨달아감'(始覺)이다.

원효 사상에서 『대승기신론』은 가히 사상적 모태라 할 수 있다. 그가 불교의 다양한 이론들을 한 맛(一味)으로 회통시킬 때 의거하는 일심(一心) 사상의 체계와 내용을 제공하는 것이 바로 『대승기신론』이기 때문이다. 인간의 궁극적 희망인 깨달음의 문제 역시 그 이론 체계의 기본은 『대승기신론』이다. 『대승기신론』이 설하는 본각(本覺)·시각(始覺)·불각(不覺) 사상을 통해, 인간과 깨달음의 문제에 관한 자신의 종합적이고 정리된 견해를 수립하고 있는 것이다. 불교 사상과 원효의 일생에서 깨달음의 문제가 차지하는 위상이나 비중을 고려할 때, 원효가 깨달음에 관한 체계적 견해를 『대승기신론』을 통해 마련하고 있다는 것은, 원효 사상과 『대승기신론』의 각별한 관계를 다시금 확인시켜준다.

원효 사상의 완숙한 경지를 드러내는『금강삼매경론』에서는 특히 본각(本覺) 사상이 일관된 초점으로 거론되는데, 원효는『대승기신론』에서 마련한 각(覺) 사상에 의거하여『금강삼매경』이 설하는 본각의 도리를 종횡무진 밝혀낸다. 그 등장에서부터 원효와 특별한 관계를 보이고 있는『금강삼매경』과 그에 대한 원효의 해설인『금강삼매경론』을 읽다보면, 원효 사상은 결국 본각 사상을 중심으로 하는 깨달음 사상으로 귀결되고 있다고 말할 수 있을 정도다.

'깨닫지 못함'(不覺)은 인간 존재의 미혹과 오염의 상황 전반(**새끼줄을 뱀으로 착각하여 괴로움에 빠져드는 과정**)을, '본래적 깨달음'(本覺)은 인간 존재의 본래적 완전성(**새끼줄이 본래 새끼줄인 줄 아는 상태**)을, '비로소 깨달아감'(始覺)은 그 본래적 완전성을 회복해가는 현실적 과정(**뱀이 아니고 새끼줄이라는 사실을 본래대로 알아가는 과정**)을 통틀어 일컫는 말이다. 현실의 인간은 '깨닫지 못한 상태'에 놓여 있다. 생명에 내재하는 이해 결핍(無明)과 그에 따른 삶의 왜곡과 오염의 구조, 내용을 해명하는 것이 『대승기신론』에서 말하는 불각(不覺)의 체계다. 그런데 인간은 또한 그 이해 결핍으로 인한 자기 왜곡 이전의 본래적 완전성도 동시에 간직한 존재다. 그 본래적 완전성을『대승기신론』은 본각(本覺)이라 부른다. 이와 같은 불각과 본각의 상반된 면모가 동시에 동거하고 있는 것이, 중생이라 일컬어지는 존재 양태다.

이와 더불어 인간에게는 또 하나의 면모가 가능성으로서 주어져 있다. '불각'이라는 오염과 왜곡으로부터 '본각'이라는 본래적 완전성으로 귀환할 수 있는 가능성이 그것이다. 이 귀환의 잠재력은 다름 아닌 본각에서 비롯된다. 중생이 지닌 '본래적 완전성'(본각)의 면모는 '깨닫지 못한 상태'(불각)을 반성하고 혐오하며 극복하고자 하는 의지를 일깨운다. 본래적 완전성(본각)에서 솟구치는 이 불가사의한 성찰적 자극과 향상의 계기를, 원효는 '본각의 불가사의한 훈습(熏習)'[2]이라 일컫는다.

　본각에서 올라오는 이 본각 귀환의 의지가 현실화되는 것이 '비로소 깨달아감'(始覺)이다. 따라서 '비로소 깨달아감'이라 부르는 이 본각 귀환의 여정이야말로, 인생의 희망이요 당위이며 목적이 된다. 생명의 본래적 완전성으로 돌아가려는 이 본각 귀환의 여정을 성공적으로 진행하여 완성시킬 때, "시각이 곧 본각"(뱀이라는 착각에서 깨어나는 과정이 완료되면 그것이 곧 본래부터 새끼줄임을 아는 상태)이라는 경지가 펼쳐진다. 타향인 줄 알았던 곳이 바로 고향이었음을, 고향과 타향이 별개의 것이 아니라 고향을 타향으로 착각하고 있었음을 사무쳐 아는 국면이다.

　본각과 시각, 불각은 독자적 개념이나 존재가 아니다. 모든 것을 상호 조건적 관계 속에서 파악하는 불교적 관점은 여기서도 예외 없이 관철된다. 시각의 의미를 설하면서 『대승기신론』은 이렇게 말한다.

　"'비로소 깨달아감의 면모'(始覺義)란 것은, '본래적 깨달음'(本覺)을 조건으로 하여 '깨닫지 못함'(不覺)이 있고 다시 이 '깨닫지 못함'(不覺)을 조건으로 하여 '비로소 깨달아감'(始

覺)이 있다고 말한다."[3]

始覺義者, 依本覺故而有不覺, 依不覺故說有始覺.

'깨닫지 못하고 있음'(不覺: 뱀이라는 착각)을 말할 수 있는 것은 '본래적 깨달음'(本覺: 새끼줄)을 조건으로 하는 것이고, '비로소 깨달아감'(始覺: 뱀이라는 착각에서 벗어나는 과정)은 '깨닫지 못하고 있음'(뱀이라는 착각)을 조건으로 한다는 것이다. 원효는 『대승기신론』이 설하는 본각(本覺)·시각(始覺)·불각(不覺)의 이러한 상호 조건성의 의미를 다음과 같이 해설한다.

"여기에서 말하는 요지(大意)는, '비로소 깨달아감'(始覺)은 '깨닫지 못함'(不覺)이라는 조건에 기대어 있고 '깨닫지 못함'(不覺)은 '본래적 깨달음'(本覺)이라는 조건에 기대어 있으며 '본래적 깨달음'(本覺)은 '비로소 깨달아감'(始覺)이라는 조건에 기대어 있다는 것을 밝히려고 하는 것이다. 이미 서로에게 조건으로 기대어 있기에 곧 불변의 독자적 본질/실체(自性)가 없으니, 불변의 독자적 본질/실체(自性)가 없다는 것은 곧 불변의 독자적 본질/실체로서의 깨달음(覺)이 있지 않다는 것이다. 불변의 독자적 본질/실체로서의 깨달음(覺)이 있지 않다는 것은 서로가 조건으로 기대어 있기 때문인데, 서로가 조건으로 기대어 이루어지니 곧 깨달음(覺)이 없지도 않다. 깨달음이 없지 않기 때문에 '깨달음'이라 말하는 것이지, 불변의 독자적 본질/실체(自性)가 있어서 '깨달음'이라 하는 것은 아니다."[4]

此中大意, 欲明始覺待於不覺, 不覺待於本覺, 本覺待於始覺.
旣互相待, 則無自性, 無自性者, 則非有覺. 非有覺者, 由互相待,
相待而成, 則非無覺. 非無覺故說名爲覺, 非有自性名爲覺也.

"본래부터 번뇌가 끊어져 있는 '본래적 깨달음'(本覺)이 있
기 때문에 '깨닫지 못함'(不覺)은 본래부터 없고, '깨닫지 못
함'(不覺)이 없으므로 끝내 깨달아 비추는 작용으로 번뇌를 끊
는 '비로소 깨달아감'(始覺)이 없을 것이며, '비로소 깨달아감'
(始覺)이 없으므로 비로소 깨달아감으로 회복해야 할 '본래적
깨달음'(本覺)이 본래부터 없다고 말하는 것임을 알아야 한다.
그러나 '본래적 깨달음이 없다'는 말에 이른 것은 그 연원이
'본래적 깨달음이 있다'는 것에서 비롯하는 것이니, '본래적
깨달음이 있다'는 것은 '비로소 깨달음이 있다'는 것에서 비롯
하고, '비로소 깨달아감이 있다'는 것은 '깨닫지 못함이 있다'
는 것에서 비롯하며, '깨닫지 못함이 있다'는 것은 '본래적 깨
달음'(本覺)을 조건으로 삼기 때문이다. (……) 이와 같이 거듭
하여 바뀌어가면서 서로 조건으로 삼음을 알아야 하니, 이것은
바로 모든 것은 독자적으로 없는 것도 아니고 독자적으로 있는
것도 아니며, 독자적으로 있는 것도 아니고 독자적으로 없는
것도 아니라는 것을 드러낸 것이다."[5]

當知由有本覺故, 本無不覺, 無不覺故, 終無始覺, 無始覺故, 本

無本覺. 至於無本覺者, 源由有本覺, 有本覺者, 由有始覺, 有始覺者, 由有不覺, 有不覺者, 由依本覺. (……) 當知如是展轉相依, 卽顯諸法非無而非有, 非有而非無也.

언어로 지칭되고 인지되는 모든 개념은 상호 조건적이다. '맞다'는 것은 '틀리다'를 밑그림으로 해야 비로소 수립되며, '착하다/아름답다'는 '악하다/추하다'는 반대항목을 조건으로 비로소 성립한다. 인간의 경험은 개념으로 구성되며, 그 개념적 경험은 차이와 반대를 조건으로 동반할 때 비로소 인지할 수 있다. 상대적 조건을 요구하지 않는 절대 존재는 인지 불가능하며 따라서 성립하지 않는다. 절대선, 절대미는 사실상 경험할 수도 존재할 수도 없다. 무지의 일체 분별에서 벗어났다는 일심의 지평은, 선/악, 시/비, 미/추, 성/속의 개념들이 실체적으로 대립하는 분별 범주에 빠져들지 않는 자리에서 서서, 그 개념들의 상호 의존적 관계를 특정 개념에 대한 배타적 소유의 집착 없이 사실대로 인지/이해/경험하는 국면이지, 개념들의 상호 의존성과 상대성이 부정되거나 폐기되는 자리가 아니다.

'시각·본각·불각'이라는 깨달음의 개념 역시 절대적/독자적으로 성립하거나 존재하는 것이 아니다. 그들은 모두 상호 조건적으로 성립/존재한다. '깨닫지 못함'이라는 개념은 '(본래적) 깨달음'이라는 개념을 조건으로 성립한다. 또 '비로소 깨달아감'은 '깨닫지 못함'을 조건으로 성립한다. 그런데 원효는, 시각과 본각과 불각이 이처럼 서로를 조건으로 성립하는 상대적(相待的) 관계에 놓여 있다는 것을, '깨달음을 성취할 수 있는 존재론적 근거'로 풀이하고 있어 눈길을 끈다.

시각·본각·불각은 독자적인 불변의 실체적 본질(자성)이 아니다. 그런데 바로 이 점 때문에 불각이 시각과 본각으로 전환될 수 있음을, 원효는 강조한다. 불각이나 시각 및 본각이 각기 실체라면, 그들은 각자 불변의 상태를 유지하며 독자적으로 존재할 것이다. 이들이 각각 불변의 실체적 본질(자성)을 지닌 것이라면, 불각으로부터 시각/본각으로의 질적 변환은 불가능하다. 그렇다면 불각의 상태에 처한 인간은 깨달음이라는 존재 해방의 꿈을 접어야 한다.

그러나 불각과 시각과 본각은 상호 조건적으로 성립하는, 실체가 아닌 연기적(緣起的) 개념이다. '깨닫지 못함'(不覺)이 성립하기 위해서는 '본래적 깨달음'(本覺)이 전제되어야 하고, '깨닫지 못함'(不覺)을 조건으로 '비로소 깨달아감'(始覺)이 성립한다. 본각은 불각, 불각은 시각의 연기적(緣起的) 조건이다. 불각과 시각과 본각은 상호 조건적으로 성립한다는 사실, 그들은 독자적 실체가 아닌 공성(空性)의 존재라는 사실로 인하여, 불각 상태는 시각과 본각으로 전환될 수 있다. 그러므로 인간은 시각과 본각의 구현을 통한 존재 해방의 비전을 확보하게 된다. 원효는 『대승기신론』이 설하는 시각·본각·불각의 상대적(相待的) 관계를 '깨달음의 철학적 토대'로 읽고 있으며, 이는 『대승기신론』의 의중을 정확히 파악한 것이기도 하다.

인간의 실존은 양면적이다—깨닫지 못함(不覺)과 깨달음(本覺/始覺)의 동거

인간의 실존이 이중적이고 양면적이라는 통찰은, 인류 지성의 역사에서 일찍부터 여러 행태로 등장하여 줄기차게 지속되어왔다. 합리적 이성과 충동적 욕망(본능), 선과 악, 이기심과 이타심의 상반된 면모가 한 인간에게 동시에 목격된다. 이 이중성과 양면성은 모든 인간의 보편적 면모이다.

삶이란 것은 일종의 문제 상황이다. 다양하고 다층적인 문제들로 구성된 것이 삶이고, 인생은 선택한 문제들을 풀어가는 과정이기도 하다. 공학자라면 공학적 문제를, 의학자라면 의학적 문제를, 경제인이라면 경제적 문제를 선택하여 풀어간다. 그리고 이 모든 문제의 뿌리는 결국 인간이다. 따라서 어떤 유형의 문제 풀이 과정이라 할지라도 그것이 성공적이려면, 인간의 실존을 가급적 있는 그대로 이해해야 한다. 인간이 지닌 상반된 이중성과 양면성을 가감 없이 사실대로 보고 접근할수록, 더 좋은 해법을 얻어 문제를 더 잘 풀 수 있다.

인간 실존을 긍정 혹은 부정 일변도로 파악하는 것은 비합리적 극단이다. 인간 본성의 긍정적 면모를 주목하는 성선적 인간관도, 현실의 인간 실존이 덕보다는 악덕에 의해 끌려가고 있다는 것을 부인하지 않는다. 또한 인간에게 양심이나 순수한 이타심 같은 윤리적 본성은 존재하지 않으며 위험한 배타적 이기심이 인간 본성이라고 주장하는 성악적 인간관은, 계산 능력으로서의 이성(理性)을 인정하여 그것에서 사회 안정의 근거를 확보하고 있다. 이기심을 조절할 수 있는 사회적 계약과 규칙을 만들어 합의할 수 있는 능력을 인정하여, 그로부터 희망을 끌어내고 있는 것이다. 비록 타율적 방식이긴 해도, 인간은 이기심을 합리적으로 조정할 수 있는 긍정적 면모를 지니고 있다고 보는 관점이다. 그런 점에서 성악적 인간관도 인간 실존을 양면적으로 보고 있는 셈이다.

인간 실존을 양면적으로 파악하는 관점이 일반적이기는 해도, 그 양면성의 구체적 내용을 무엇으로 보느냐에 따라 인간과 세계의 전망이 갈라진다. 원효는 그 양면성의 내용을 '깨달음'(覺)과 '깨닫지 못함'(不覺)으로 파악한다. 현실의 인간과 세상은 '깨닫지 못함'의 위세가 주도하고 있지만, 그럼에도 불구하고 생명의 내면에는 '깨달음'의 면모가 그 찬란한 꽃을 피워낼 수 있는 조건의 도래를 기다리고 있다고 본다. 인간 실존은 '깨닫지 못함'과 '깨달음'이 동시에 동거하고 있는 것이며, 이 상반된 동거자들 중에 어느 쪽으로 힘을 실어갈 것인가 하는 선택의 문제에 직면하고 있는 것이 인생이라는 것이다.

원효에 따르면, 인간의 삶에는 상반된 두 면모가 기묘하게 동거하면서 힘겨루기를 한다. 존재 환각을 불러일으키는 이해 능력의 결핍(無明)으로 인해 전개되는 미혹한 모습(不覺)과, 본래적 원진심(本覺)과 그 완전성을 구현해가는 모습(始覺)이, 자리다툼을 한다. 그런데 이 상반된 두 면모는 각자 불변의 본질을 지닌 별개의 실체가 아니다. 가변적인 마음작용의 상반되는 두 모습을 '깨달음'(覺/本覺과 始覺)과 '깨닫지 못함'(不覺)이라는 언어로 나타내는 것일 뿐이다. 따라서 '깨달음'과 '깨닫지 못함'은 언제든지 반대 면모로 변환할 수 있다. 『대승기신론』은 이 양면성의 인식적 기반을 아리야식(阿梨耶識)이라 부르면서, 인간 존재의 이와 같은 양면적 구조를 다음과 같이 말한다.

"'무지에 따른 분별을 조건으로 마음이 생멸한다.'(心生滅)는 것은, '여래의 면모가 간직된 창고'(如來藏)를 조건으로 삼아 '무지에 따른 분별을 조건으로 생멸하는 마음지평'(生滅心)이 있게 되는 것이니, 이른바 '무지에 따른 분별을 조건으로 생멸하지 않는 지평'(不生不滅)이 '무지에 따른 분별을 조건으로 생멸하는 지평'(生滅)과 동거(和合)하여 두 지평이 같은 것도 아니고 다른 것도 아닌 마음국면을 '아리야식'(阿梨耶識, ālaya vijñāna)이라 부른다. 이 식(아리야식)에는 '깨달음'(覺)과 '깨닫지 못함'(不覺)의 두 가지 면모가 있어서 모든 것을 포섭할 수 있고 모든 것을 생겨나게 할 수 있다. 두 가지란 무엇을 말하는가? 첫째는 '깨달음의 면모'(覺義)이고, 둘째는 '깨닫지 못함의 면모'(不覺義)이다."[6]

心生滅者, 依如來藏故有生滅心, 所謂不生不滅與生滅和合, 非一非異, 名爲阿梨耶識. 此識有二種義, 能攝一切法, 生一切法, 云何爲二? 一者覺義, 二者不覺義.

아직 본래적 완전성을 구현하지 못한 인간의 마음(아리야식)에는 본래적 완전성(不生不滅)과 결핍(生滅)이 '같은 것(一)도 아니고 다른 것(異)도 아닌' 관계로 동거한다. 이때 본래적 완전성과 존재 결핍을 가리키는 '불생불멸'과 '생멸'이라는 표현은 물리적 기멸(起滅)을 뜻하는 말이 아니다. 『대승기신론』이나 원효가 '진리다움'이나 '본래적 완전성'을 지칭할 때 사용하는 '불생불멸'이라는 언어를 물리적 동작의 부재로 해석할 때는, '불생불멸'이라는 말을 애용하는 대승불교나 원효 사상을 '아트만적 실체를 상정하는 비불교적 사상'으로 오해하기 쉽다. 『대승기신론』이나 원효 사상에서 등장하는 '불생불멸'은 어디까지나 불교 인식론적 맥락에서 구사되는 것임을 간과하지 말아야 한다.

이해 결핍으로 인한 인식의 왜곡 과정과 그 후유증, 다시 말해 근본 무지가 초래하는 인식 왜곡(존재의 미혹과 오염)의 과정과 그로 인한 삶의 동요와 불안을 총칭하는 말이 '생멸'이다. 그리고 근본 무지(無明)로 인한 마음의 왜곡된 전개가 그쳐진 경지, 그리하여 본래적 완전성으로 귀환한 마음의 온전함과 안정을 나타내는 말이 '불생불멸'이다. 다시 말해 '생멸'은, 불변의 독자적 실체가 있다는 무지에 의거하여 전개되는 마음이, 존재와 세계를 사실과 다르게 왜곡시켜가는 전 과정을 가리키는 용어다. 생멸은 '깨닫지 못하는 마음(不覺)의 전개'이고, 불생불멸은 '깨닫는 마음(覺/本覺과 始覺)의 국면'이다.

인간의 마음에는 이 '생멸/불각'과 '불생불멸/각'의 상반된 두 국면이 항상 동거한다. 그런데 이 둘은 '같은 것(一)도 아니고 다른 것(異)도 아닌' 관계로 동거한다. 만약 이 둘이 각각 불변의 본질을 지닌 독자적 실체라면, 서로 무관한 다른 것이 분리된 채 동거하거나(다름의 관계), 똑같은 것이 두 개 동거하는 것이다(같음의 관계). 그러나 '생멸/불각'과 '불생불멸/각'은 불변의 실체가 아니라, 그 내용이 상호 교차될 수 있는 가변적 국면의 두 유형이다. 인간의 실존은 이 두 상반된 국면이 동거하는 것인데, 마음의 결단과 노력에 의해 상호 전환된다.

『대승기신론』은 이처럼 양면적 구조가 유지되는 삶의 맥락을 심생멸문(心生滅門: 마음이 무지에 의거하여 왜곡되게 전개되는 체계)이라 부른다. 심생멸문은 존재의 본래적 완전성을 등지고 오로지 미혹의 오염과 왜곡에만 갇혀 있는 것이 아니다. 심생멸문이라 일컬어지는 인간의 실존, 그 범부의 일상은, 언제나 본래적 완전성 구현의 희망(覺)과 일탈의 위험(不覺)을 동시에 간직한다. 원효는 인간의 실존인 심생멸문의 양면적 구조를 다음과 같이 말한다.

"이는 여래장(如來藏: 부처의 면모가 숨어있는 상태)을 버리고 '무지로 동요하는 마음'(生滅心)만을 생멸문으로 삼은 것이 아니다. 이것은 아래 글에서 '이 식(識/阿梨耶識)에 두 가지 면모가 있다'고 한 것과 같으니, 따라서 두 가지 면모(깨달음의 면모와 깨닫지 못함의 면모/覺義와 不覺義)가 모두 생멸문에 있음을 알아야 한다."[7]

非棄如來藏, 而取生滅心爲生滅門也. 如下文云"此識有二種義", 故知二義皆在生滅門也.

"근본무지에 따른 분별을 조건으로 '생멸하는 측면'(生滅門)에서 포섭되는 '진리'(理)는, 비록 '진리 본연'(理體)의 차원에서는 생멸하는 모습을 벗어나 있지만 또한 '늘 그대로인 면모'(常住之性)를 지키지 않아 근본무지(無明)에 매여 생사의 세계를 떠돌아다니니, 비록 '생멸하는 측면'(生滅門)에서 포섭되는 '진리'(理)가 현실적으로는 오염되었지만 '본연적 면모'(自性)는 온전하다. 이 근본무지에 따른 분별을 조건으로 '생멸하는 측면'(生滅門)에서는 '부처님의 본연적 면모'(佛性)나 '본연적 깨달음'(本覺) 등의 명칭을 방편으로 세우니,『열반경』이나『화엄경』등에서 설한 것과 같다."**8**

生滅門內所攝理者, 雖復理體離生滅相, 而亦不守常住之性, 隨無明緣流轉生死. 雖實爲所染, 而自性淸淨, 於此門中, 假立佛性本覺等名, 如涅槃華嚴經等所說.

한편『대승기신론』이 설정하는 심진여문(心眞如門)은 진실(진리)과 하나가 된 마음의 경지를 설할 뿐이다. '깨닫지 못함'과 '깨달음'의 양면 구조 가운데 '깨달음'의 면모를 발달시켜 완전하게 된 지평을 말하는 것이 심진여문이다. 따라서 심진여문은 인간의 현실인 불각의 생멸과 실제로는 관계없다. 원효는 이 뜻을 이렇게 말한다.

"또 앞에서 말한 '마음지평의 두 측면'(二門)에서는 단지 '포섭하는 면모'(攝義)만 말했으니, '참 그대로인 측면'(眞如門)에는 '생겨나게 하는 면모'(能生義)가 없기 때문이다. 지금 이식(아리야식)에 대해서는 '생겨나게 하는 면모'(生義)도 말하니, 근본무지에 따른 분별을 조건으로 '생멸하는 측면'(生滅門)에는 '생겨나게 하는 면모'(能生義)가 있기 때문이다."[9]

又上二門但說攝義, 以眞如門無能生義故. 今於此識亦說生義, 生滅門中有能生義故.

심진여문에서는 '깨닫지 못하여 벌어지는 일탈과 동요'(不覺의 생멸)를 설정하지 않기 때문에, '깨닫지 못함'을 극복하는 '비로소 깨달아감(시각)'이나 '본래적 깨달음'(본각)이 의미가 없다. '깨닫지 못함'(불각)이나 '깨달음'(시각/본각)을 거론하는 것은 어디까지나 심생멸문에서 일어나는 일이다. 본각·시각·불각의 상호 의존적 성립 관계는 심생멸문에서 유효하다.

인간의 현실적 삶, 그 실존의 현장은, '깨닫지 못해서 생겨난 오염과 고통'(불각의 생멸)인 동시에, 그 오염과 고통을 거두어버리는 '깨달음'(시각/본각)으로 회귀할 수 있는 기반이다. '깨닫지 못함'과 '깨달음'이 선택적으로 상호 교차하며 동거하는 삶의 현장.―이것을 원효는 『대승기신론』이 설정하는 심생멸문이라고 보았다. 이 양면적인 심생멸문의 지평에서 매순간 '깨달음'과 '깨닫지 못함'의 선택의 갈림길을 대면하고 있는 자.―그것이 인간이고 실존이라 본 것이다. 심생멸문은 인간이 대면한 현실의 세상이다. 따라서 원효로서는 '깨닫지 못함'과 '깨달음'이 상호 교차하며 동거하는 심생멸문에 그의 사상적·실천적 비중을 두게 된다. 아직 깨닫지 못한 인간의 실존적 상황이야말로 그의 관심사요 과제이기 때문이다. 본래적 완전성에서 이탈하여 존재 오염의 길을 걷는 것이나, 망각했던 본래적 완전성을 회복해가는 존재 성숙과 완성의 길을 걷는 것은, 모두 심생멸문에서 일어나는 일이다. 생명 정화(淨法)의 희망과 생명 오염(染法)의 절망이 갈라지는 지점에 서서, 인간으로 하여금 '깨달아감'(始覺)의 길에 오르도록 길라잡이 역할을 하려는 것이 원효 사상의 일관된 초점이다.

  "'깨닫지 못함'(不覺)의 면모가 그 세력을 '본래적 깨달음' (本覺)에 끼치기 때문에 모든 오염된 것을 생겨나게 하고, 또 '본래적 깨달음'이 그 세력을 '깨닫지 못함'에 끼치기 때문에 모든 온전한 것을 생겨나게 한다. '본래적 깨달음'과 '깨닫지 못함'의 두 가지 면모를 조건으로 삼아 아리야식이 모든 것을 통틀어 생겨나게 하므로 "식(아리야식)에 두 가지 면모가 있어서 모든 것을 생겨나게 할 수 있다"라고 한 것이다."[10]

  由不覺義熏本覺, 故生諸染法, 又由本覺熏不覺, 故生諸淨法. 依此二義, 通生一切, 故言 "識有二義, 生一切法".

3

존재 희망의 근거

본래적 깨달음(本覺)

"'본래적 깨달음'이란 것은 마음의 온전한 상태가 '깨닫지 못한 모습'을 여읜 것을 말한다. 이렇게 '깨달아 아는' 성질을 본각이라 하니, 이는 아래 글에서 '이른바 스스로의 바탕에 큰 지혜 광명의 면모가 있다'고 한 것과 같다."

고향을 망각한 나그네의 행보 —
깨닫지 못함의 면모(不覺義)

인간은 어떻게 존재의 고향(本覺)을 망각하게 되었을까? 안락한 고향의 품에서 떨어져 나온 과정은 어떤 것일까? 이 물음에 대한 해답을 원효는 『대승기신론』의 심생멸문에서 찾았다. 『대승기신론』은 이 문제를 이렇게 해명한다.

"'깨닫지 못함'(不覺)의 면모라고 말하는 것은, '참 그대로인 진리'(眞如法)는 '하나로 됨'(一)임을 실제 그대로 알지 못하기 때문에 '깨닫지 못함(不覺)에 수반하는 마음'이 일어나 '분별하는 생각'(念)이 있게 되는 것을 일컫는다. (……) 다시 '깨닫지 못함'(不覺)에 의존하기 때문에 세 가지 양상을 생겨나게 하여 저 '깨닫지 못함'(不覺)과 상응하며 깨닫지 못함을 떠나지 않으니, 어떤 것이 세 가지인가? 첫째는 '근본무지에 의해 본래적 깨달음을 동요시키는 움직이는 양상'(無明業相)이다. 깨닫지 못함에 의존하기 때문에 마음이 동요하는 것을 '움직임'(業)이라고 부른다. 깨달으면 곧 마음이 동요하지 않지만, 마음이 동요하면 곧 괴로움이 있으니, 결과(果)는 원인(因)을 떠나지 않기 때문이다. 둘째는 '주관이 자리 잡는 양상'(能見相)이다. 마음의 동요에 의거하기 때문에 능히 보는 주관(能見)이 되니, 마음이 동요하지 않으면 곧 보는 주관이 없다. 셋째는

'객관 대상이 자리 잡는 양상'(境界相)이다. 주관(能見)에 의거하기 때문에 객관 대상(境界)이 허깨비처럼 나타나니, 주관을 떠나면 곧 객관 대상이 없다. 객관 대상이라는 조건이 있기 때문에 다시 여섯 가지 양상을 일으키니, 어떤 것이 그 여섯이 되는가? 첫째는 '분별하는 양상'(智相)이니, 객관 대상에 의존하여 제7말나식의 마음이 좋아함(愛)과 좋아하지 않음(不愛)을 분별하는 것을 일으키기 때문이다. 둘째는 '여섯 가지 식(六識)이 서로 이어지는 양상'(相續相)이니, 분별(智)에 의존하기 때문에 좋아하지 않는 것과 좋아하는 것을 괴로워하고 즐거워하는 마음을 내고, 그에 대해 다시 '분별하는 생각'(念)을 일으켜 서로 응하면서 끊이지 않기 때문이다. 셋째는 '괴로움과 즐거움에 집착하는 양상'(執取相)이니, '서로 이어짐'(相續)에 의존하여 객관 대상을 반연하여 분별하면서 괴로움과 즐거움에 머물고 붙들어 마음이 괴로움과 즐거움에 집착을 일으키기 때문이다. 넷째는 '언어문자를 헤아리는 양상'(計名字相)이니, 허망한 집착에 의존하여 '실체 없는 언어문자의 개념'(假名言相)들을 실체인 것처럼 분별하기 때문이다. 다섯째는 '갖가지 행위를 일으키는 양상'(起業相)이니, 언어문자에 의존하여 언어적 분별을 좇아 그 언어적 분별에 집착하여 갖가지 행위를 짓기 때문이다. 여섯째는 '행위로 인해 괴로움에 묶이는 양상'(業繫苦相)이니, 행위에 의존하여 과보를 받아서 자유롭지 못하기 때문이다. '근본무지'(無明)가 모든 '오염된 것들'(染法)

을 만들어냄을 알아야 하니, 왜냐하면 모든 '오염된 것들'(染法)은 다 '깨닫지 못함의 양상'(不覺相)이기 때문이다."[1]

所言不覺義者, 謂不如實知眞如法一故, 不覺心起而有其念. (……) 復次依不覺故生三種相, 與彼不覺相應不離, 云何爲三? 一者無明業相. 以依不覺故心動, 說名爲業. 覺則不動, 動則有苦, 果不離因故. 二者能見相. 以依動故能見, 不動則無見. 三者境界相. 以依能見故境界妄現, 離見則無境界. 以有境界緣故, 復生六種相, 云何爲六? 一者智相, 依於境界, 心起分別愛與不愛故. 二者相續相, 依於智故生其苦樂覺心, 起念相應不斷故. 三者執取相, 依於相續, 緣念境界, 住持苦樂, 心起著故. 四者計名字相, 依於妄執, 分別假名言相故. 五者起業相, 依於名字, 尋名取著, 造種種業故. 六者業繫苦相, 以依業受果, 不自在故. 當知無明能生一切染法, 以一切染法皆是不覺相故.

『대승기신론』은 존재의 참다운 모습을 '하나 됨의 상태'라고 표현한다. 이 표현은 존재의 무실체성(無實體性/無我 · 空)을 전제로 구사되는 언어라는 점을 유념해야 한다. 개아적(個我的) 실체와 우주적 실체의 합일을 설정하는 '범아일여(梵我一如)적 하나 됨'과는 그 철학적 토대가 완전히 다른 것이다.『대승기신론』이나 원효가 깨달음의 궁극 경지를 표현할 때 빈번하게 사용하고 있는 '하나/하나 됨(一)' '하나로 같아짐'(一如) '하나가 된 마음'(一心) '하나로 된 맛'(一味) '둘로 갈라지지 않음'(不二) 등의 철학적 토대는, 언제나 무아(無我)·공(空)의 통찰이라는 점을 간과 해서는 안 된다. 초기불교의 지혜를 계승하면서도 개성을 가미하고 있는 후기불교의 용어들은, 그 전후 맥락을 충분히 고려하면서 음미해야 한다.

변치 않는 본질을 소유한 독자적 개체가 실제로 있다면, 세상은 본질적으로 격리된 존재들이 난립하는 곳이 된다. 독자적이고 배타적인 본질을 소유한 개체들이 모래알처럼 분리된 세상이 된다. '나'와 '너'는 통할 수 없는 벽으로 둘러싸인 각자의 집안에 거주하는 고립자가 된다. 이것이 실체 관념에 물든 상식인의 눈에 비친 세상의 모습이다.

그러나 이러한 불변의 배타적 실체는 존재하지 않는다. 비록 인간의 몸과 마음에 마치 본능처럼 깊이 각인되어 있기는 하지만, 근거 없는 착각이요 환영이다. 부처가 '무아'라는 말로 지적한 이래 모든 불교 전통의 생명력으로 간수된 이 '실체 없음/실체 아님'의 통찰은, 부인할 수 없는 과학적 진실이기도 하다. 본능적 경향성으로 자리 잡은 '실체'라는 존재 환각을 털어버리고, '실체적 존재'로 착각하여 잘못 번역해내던 세상을, '실체 아닌(실체 없는) 존재'로 제대로 읽고 올바로 풀어내는 과제가 남아 있을 뿐이다.

세상을 배타적으로 분리시키던 실체의 벽이 원래 없어, 세상의 모든 존재들이 서로를 향해 열려 있는 것이 '진실과 같아진 모습'(眞如法)이다. 그리고 존재의 진실이 그대로 드러난 풍경을, 원효와 『대승기신론』은 '하나 됨'이라는 언어에 담는다. 실체를 담고 있는 '하나'가 아니라, 실체의 벽이 무너졌을 때 드러나는 존재들의 관계와 세상의 모습을 담아보려는 언어적 시도다.

그런데 마음이라 부르는 인간의 인지 능력은, 존재와 세상의 이러한 참모습을 놓치고 있다. 그저 놓치고 있는 것이 아니라, 환각적 무지로써 잘못 읽고 있다. 이 존재 오독(誤讀)이 언제부터 비롯된 것인지를 따지는 일은 형이상학적 미로에 빠져드는 일이다. 진화의 어느 단계에서 인지능력이 고도화되고 현저해진 그때부터 이미 내재한 이해 결핍인지, 아니면 그보다 더 소급해가는 어떤 시점을 말할 수 있는 것인지 등을 따지는 것은, 문제 해결에 집중하는 실용주의 태도를 견지하는 불교의 안목에서는 부질없는 사변 놀음에 불과해 보일 것이다.

정작 중요한 점은, 확인할 수 있고 검증할 수 있는 인간의 인지 범주와 현상에서, 이 실체라는 존재 환각이 작동하고 있다는 것이다. 또한 이 존재 환각을 성찰해내고 극복해가는 능력과 가능성이 인간에게 존재한다는 것, 그리고 그 능력을 계발하고 향상시켜 환각적 무지를 떨쳐버리는 것.——그것이야말로 인생에서 가장 긴요하고 근원적인 과제다.

인지 능력의 이해력 결핍 또는 착각으로 인해, 인간(중생)은 존재와 세상을 분열적으로 파악하여 '존재의 참모습'(眞如法)을 놓치고 왜곡시킨다. 있지도 않은 '실체'라는 환영을 떠올리며 '참모습을 왜곡하는 인식'을 펼치는, 일련의 진실 일탈 과정의 첫발을 내딛는다.("**진실과 같아진 모습이 '하나 됨'〔一〕임을 사실대로 알**

지 못하기 때문에, 깨닫지 못함으로 인해 마음이 일어나, 왜곡하는 생각〔念〕이 있게 된다.") 인지 능력의 원초적 결핍으로 빚어지는 존재 오염의 초기 단계다(근본불각〔根本不覺〕의 단계).

이렇게 시작된 존재 오염은 다시 더욱 악화되어간다. '하나 됨'이라 일컫는 존재의 참모습을 이해 능력의 불완전성(不覺)으로 인해 놓치면, 존재를 왜곡시켜가는 생각(念)이 가동되기 시작한다. 애초의 '깨닫지 못함'(근본불각)에서 생겨난 이 왜곡하는 생각은, '세 가지 미세한 오염 과정'(三細)과 '여섯 가지 뚜렷한 오염 과정'(六麤)이라 불리는 과정을 통해 더욱 악화된다(지말불각〔支末不覺〕의 단계).

존재의 '하나 된 국면'을 놓쳐버리는 무지로 인해, 마음이 망각과 왜곡의 첫 출렁거림을 일으켜, 온갖 존재오염 행위의 토대를 구축한다. 이것이 '무지로 인한 행위가 출발하는 모습'(無明業相)이다. 이 단계에서 일단 '실체' 관념이 자리 잡으면, 이어서 '불변의 독자적 자아'를 확신하는 자의식이 선명해진다. 이것이 '주관이 자리 잡는 모습(能見相)'이다. 불변의 자아의식이 자리 잡으면, 그 자아의식은 '자기와 자기 아닌 것의 본질적 격리'를 전제로 하고 있으므로 자기의 경험을 '자아(주관)와 타자(객관대상)'로 분리한다. 이것이 '객관 대상이 자리 잡는 모습'(境界相)이다.

이리하여 인간 인식의 보편적 구조인 주객(主客) 이분법이 확고해진다. 경험을 주관과 객관으로 분리시켜 대립시키는 주객 이분법적 인식은, 불변의 배타적 본질을 지닌 독자적 개체를 설정하는 '실체 관념'을 묵시적이거나 명시적으로 전제하고 있는 것이다. 존재 착각의 무지로 인한 이 세 가지 존재 오염의 형성을, '세 가지 미세한 오염 과정'(三細)이라 부른다.

실체 관념에 의거한 주객이분의 인식 구조가 정립되면, 객관 대상을 조건으로 삼은 인식 과정이 전개되는데, 각 단계의 특징을 기준으로 여섯 유형으로 분류된다. 먼저 객관 대상에 대한 주관적 평가가 착수된다. 이미 내면화되어 있는 여러 형태의 잣대와 방식에 의해 가치 평가가 진행되는데, 모든 평가의 기층은 '좋아함'과 '좋아하지 않음'의 구별이다. 이것이 '분별의 모습'(智相)이다.

이어 '좋아함'에 대해서는 즐거움을, '좋지 않음'에 대해서는 괴로움을 느낀다. 이때 즐거움을 주는 '좋아하는 대상'에 대해서는, 좋은 평가를 유지 또는 강화시키는 요인이나 기준들을 편향적으로 선택하여 즐거움을 증가시키려 하기 때문에, 사실에 대한 과장이나 왜곡이 심해진다. 마찬가지로 괴로움을 주는 '좋아하지 않는 대상'에 대해서는, 좋지 않은 평가를 가중시켜가는 요인과 기준들에 편향되기 때문에, 역시 사실에 대한 왜곡이 강화된다.

이렇게 '좋아함'과 '즐거움', '좋아하지 않음'과 '괴로움', 그리고 사실을 왜곡시키는 마음이, 상호적으로 작용하면서 이어진다. 마치 몇 겹의 실이 꼬이어 서로 힘을 보태서 길고 튼튼한 줄을 늘려가는 것과도 같다. 이것이 '서로 이어지는 모습'(相續相)이다.

객관 대상에 대한 주관적 평가는 호오(好惡)와 고락(苦樂)과 왜곡하는 생각(念)이 주거니 받거니 하면서 상호 작용을 하다가,

즐거움과 괴로움에 따라 대상에 집착하는 단계로 발전한다. 이때 즐거움을 주는 대상은 끌어당기고 괴로움을 주는 대상은 밀쳐내는 마음의 태도가 확고히 자리 잡는데, 이것이 '달라붙는 모습'(執取相)이다. 이 단계에서 탐욕과 성냄의 성향이 선명하게 자리 잡게 된다. 즐거움을 주는 대상을 끌어당기는 것이 탐욕으로, 괴로움을 주는 대상을 밀쳐내는 것이 성냄으로 표현되기 때문이다.

즐거움과 괴로움에 따라 대상에 집착하게 되면, 그 대상을 가리키는 언어에 의거하여 자신의 평가와 집착을 지지하거나 강화시켜간다. 예컨대 '백인/흑인'이라는 명칭에 간직된 인종적 잣대에 의거하여 '좋고 즐겁다'든가 '싫고 괴롭다'는 생각을 발전시키고, '남자/여자' '한국인/일본인'이라는 호칭에 부여된 평가 기준에 따라 '좋음과 싫음' '즐거움과 괴로움'의 평가를 강화시켜간다. 이것이 '언어문자를 헤아리는 모습'(計名字相)이다.

언어문자에 담긴 관점과 잣대에 따라 '좋음과 싫음' '즐거움과 괴로움'의 분별을 강화시킬 때, '분별의 확산에 의한 왜곡 심화' 현상이 발생한다. 언어에 의거하여 분별이 증폭되고 확산되면서, 사실에 대한 주관의 왜곡은 극심해진다. '저 사람은 이슬람 신자다'에서 '이슬람 신자는 타 종교에 대해 적대적인 원리주의자다'로, 다시 '저 이슬람 신자는 테러리스트일 것이다'라는 식으로, 언어 분별에 의한 사실 왜곡의 평가와 판단이 심화된다. 이 언어 분별에 달라붙게 되면, 급기야 자신의 평가와 판단을 행동으로 표현한다. 사실은 지성과 관용을 지닌 평화주의자인 어느 이슬람

교도를, 야만적인 테러리스트로 착각하여 욕설을 퍼붓거나 주먹을 휘두르게 된다. 이것이 '행위(업)를 짓는 모습'(起業相)이다.

불변의 자아라는 환각적 관념이 주관이 되어 객관 대상을 분별 왜곡하고, 그에 따라 행동하게 되면, 그 인과적 과보에 지배받는다. '나의 것'을 무한히 차지하려는 소유 행위, '나/나의 것'이 아닌 것들에 대한 정복과 배제는, 자신과 세상을 오염과 고통으로 몰아간다. 공격과 반격, 증오와 반항, 억압과 저항의 악순환 고리에 걸려든다. 오해와 불신, 폭력의 행동은 같은 유형의 반응을 유발하고, 다시 그것에 같은 방식으로 재반응하면서, 상호 작용을 통해 악화되어간다. 이것이 '행위로 인해 괴로움에 묶이는 모습'(業繫苦相)이다.

이상의 여섯 가지 존재 오염을 '여섯 가지 뚜렷한 오염 과정'(六麤)이라 부른다. 앞서의 '세 가지 미세한 오염 과정'(三細)과 이 '여섯 가지 뚜렷한 오염 과정'(六麤)은 모두 존재 환각(無明)의 인과적 전개다. 역사가 적나라하게 증언하는 모든 인위적 오염은, 인간이 스스로 선택하여 발전시킨 '깨닫지 못하는' 면모의 과보다.

'깨닫지 못하는' 면모에서 비롯되는 이와 같은 존재 오염의 행로는, 초기경전이 전하는 12연기(緣起) 설법의 깊은 뜻을 새로운 언어 체계로써 계승하고 있는 것이기도 하다. 12연기의 생멸연기를, 『대승기신론』은 불각(不覺) 연기로써 재구성하여 계승하고 있는 셈이다. 원효는 이 삼세육추(三細六麤)의 불각 연기를 유식 철학에 의거하여 파악하고 있다. '근본불각은 아라야식 내의 근본무명이고, 지말불각은 이 근본무명으로 인해 생겨난 모든 존재 오염'이라 하고,[2] 아울러 삼세(三細)인 무명업상(無明業相)·능견상(能見相)·경계상(境界相)을 모두 유식학의 제8식에, 육추(六麤)의 지상(智相)은 제7식에, 나머지는 6식에 배속시켜 해설하고 있다.[3]

『대승기신론』이 밝히는 존재 오염의 과정을 유식학적 관점에서 파악하는 원효의 관점은, 『대승기신론』의 뜻을 정확히 포착한 것이다. 방대한 불교 언어 체계에서 적합한 언어 계열을 간별(揀別)해 종횡무진으로 활용하고 있는 원효의 탁월한 역량을 다시금 확인케 되는 대목이기도 하다.

귀향(歸鄕)의 실마리—깨달음의 면모(覺義)

깊게 뿌리내린 환각을 품은 채 인간은 세상을 만난다. 정교하고 풍부하게 생각하는 탁월한 사고 능력은 분명 경이로운 생명현상이지만, 그 고도의 사유 능력에는 치명적인 환각이 스며 있다. 불변의 배타적 본질을 지닌 독자적 개체가 존재한다는 환각이 그것이다. 그 자신만은 결코 변하거나 퇴색하지 않는 본질, 내용을 달리하는 것들과는 동거할 수 없는 배타적 본질을 간직하고, 그 어떤 상호 의존적 관계도 필요 없이 자기만의 거주지에서 자기 자족적으로 존재하는 개별자.— '실체'라고 부르는 이런 존재가 실제로 있다고 생각하는 환각이 마치 본능처럼 마음에 배어 있다.

그러나 '실체'는 발견되지 않는다. 애초에 존재하지 않기 때문이다. 원래 없는 것을 있다고 착각하는 이 근거 없는 무지로 인해 인간은 존재와 세상의 참모습을 놓쳐버렸다. 존재의 고향을 등지고 힘겹고 불안하게 객지를 떠돌게 되었다. 더 정확히 말해, 고향에 살면서도 고향임을 망각하여, 고향에서 타향살이 괴로움을 겪는, 나그네 아닌 나그네가 되었다. 인생과 세상사를 유심히 살펴볼 때, 무엇인가 근본적으로 잘못되었다는 회의, 애초에 길을 잘못 들었다는 의심은 든다. 그러나 과연 잘못을 바로잡을 수는 있을지, 가던 발길 돌려 제 길 찾아 걸을 수 있을지, 확신하기 어려워 머뭇거린다. 가던 길 그대로 걸으려고 해도 불안하고, 새 길 찾아 떠나려 해도 불안하다. 어찌해야 하나. 타향살이 외로움과 고통은 그 누가 내린 천벌인가? 체념해야 할 숙명인가?

원효는 희망의 실마리를 인간 자신에게서 포착했다. 힘겨운 타향살이는 절대 권력을 쥔 그 어떤 신적 존재의 심판에 따른 형벌도 아니고, 아무 원인 없이 불쑥 떠안은 불운도 아니며, 체념하고 그대로 받아들여야 할 결정된 운명의 산물도 아니라고 보았다. 마음이라 부르는 인간의 인지와 사고 능력 자체의 근본 결핍이 타향살이의 원인이라 진단했고, 동시에 바로 그 마음 안에서 희망의 단서를 잡을 수 있었다. 절망과 희망의 두 길이 마음에서 갈라진다는 것, 그리고 마음의 행로를 바로잡아 객지로 떠돌던 발길을 돌려 고향 가는 길에 오를 수 있다는 것을 알고는, 삶의 경이로움에 환호했다. 고향과 타향의 길이 갈리는 마음, 삶의 희망과 절망이 엇갈리고 또 동거하는 마음을, 『대승기신론』은 '아리야식'이라 부르면서 이렇게 말한다.

"이 식(이리야식)에는 '깨달음'(覺)과 '깨닫지 못함'(不覺)의 두 가지 면모가 있어서 모든 것을 포섭할 수 있고 모든 것을 생겨나게 할 수 있다. 두 가지란 무엇을 말하는가? 첫째는 '깨달음의 면모'(覺義)이고, 둘째는 '깨닫지 못함의 면모'(不覺義)이다. 이른바 '깨달음의 면모'(覺義)란 '마음의 본연'(心體)이 '근본무지에 따라 분별하는 생각'(念)을 벗어난 것을 말한다. '근본무지에 따라 분별하는 생각(念)을 떠난 지평'(離念相)은 허공세계처럼 모든 곳에 두루하여 '모든 존재가 하나로 만나는 지평'(法界一相)이니, 이것이 바로 '진리와 같아진 분'(如來)의 '평등해진 진리 그 자체인 몸'(平等法身)이다. 이 '진리 그 자체인 몸'(法身)을 조건으로 '본래적 깨달음'(本覺)이라 부르니, 어째서인가? '본래적 깨달음의 면모'(本覺義)란 것은 '비로소 깨달아 가는 면모'(始覺義)에 대응하여 설하는 것이니, '비로소 깨달아감'(始覺)이란 것은 바로 '본래적 깨달음'(本覺)과 같기 때문이다. '비로소 깨달아감의 면모'(始覺義)란 것은, '본래적 깨달음'(本覺)을 조건으로 하여 '깨닫지 못함'(不覺)이 있고 다시 이 '깨닫지 못함'(不覺)을 조건으로 하여 '비로소 깨달아감'(始覺)이 있다고 말하는 것이다."[4]

此識有兩種義, 能攝一切法, 生一切法, 云何爲二? 一者覺義, 二

110

者不覺義. 所言覺義者, 謂心體離念. 離念相者, 等虛空界, 無所不遍, 法界一相, 即是如來平等法身. 依此法身說名本覺. 何以故? 本覺義者, 對始覺義說, 以始覺者, 即同本覺. 始覺義者, 依本覺故而有不覺, 依不覺故說有始覺.

그 형성과 진화의 과정이 어떠했든 간에, '마음'이라는 말로 지칭하는 '아는 능력'은 인간의 자부심과 희망의 원천이자, 동시에 자괴와 절망의 근거이기도 하다. 마음의 '아는 능력'은 사물의 법칙성을 포착해내는 고도의 논리적 능력으로 발현되어 문명의 풍요를 선물했고, 추리/분석/종합/상상하는 고도의 사고력으로 펼쳐져서 현란한 문화세계를 구현했다. 자부심을 가질 만하고, 미래에 대해 희망을 품을 만하다.

그러나 이 '아는 능력'은, 인간으로 하여금 자기 파멸로 내닫게 하는 재앙의 샘이기도 하다. '아는 능력'의 논리적 면모는 대량 살상과 생태계 파괴의 효율적 도구들을 양산하여 인류 전체를 위협한다. 핵무기와 환경오염은 지구적 차원의 고통과 파멸을 예고한다. 또한 '아는 능력'의 복잡한 사유 능력은, 탐욕과 분노와 무지를 정교하게 발전/증폭/확산시키는 통로가 되기도 한다. 인간의 욕망은 단순하지도 않고 제한적이지도 않다. 몸이 실제로 필요로 하는 욕망거리들에 그쳐 만족할 줄을 모른다. 사유 능력으로 인해 탐욕과 분노는 무한히 증폭되고, 독선과 독단, 편견과 무지는 미화되며 정당화되어 뿌리가 깊어진다. 포스트모더니즘의 근대에 대한 비판적 성찰이, 이성(理性)의 발자취와 역할에 대한 근본적 회의에 집중되고 있는 것도 충분히 일리가 있다.

불교의 통찰에서 구원의 길을 확보한 원효는, 인간 마음의 두 면모를 있는 그대로 직시한다. 그리고 마음의 빛과 그늘, 그 희망과 절망의 분기점을 '깨달음'과 '깨닫지 못함'에서 발견한다. 『대승기신론』은 상반하는 면모가 동거하는 현실의 마음을 아리야식이라 부르면서, 축복과 재앙의 면모를 각각 '깨달음의 면모'와 '깨닫지 못함의 면모'라 분간하고 있는데, 원효는 이 방식을 전폭적으로 수용한다. 만약 마음(아리야식)의 '깨달음의 면모'를 발현시킨다면, 마음의 '아는 능력'은, 논리적 면모이건 고도의 사고력이건 간에, 그것은 인간과 세상의 빛이고 축복이다. 인간과 세상을 '널리 이롭게' 한다. 반면 '깨닫지 못함의 면모'를 발전시킨다면, '아는 능력'의 논리와 사고는 인간과 세상의 그늘이고 재앙이다. 두루 해롭게 한다.

'깨달음'의 핵심 내용은 '실체'라는 환각을 거두어내는 것이다. 존재하지도 않는 실체를 있다고 착각하는 무지를 붙들고 있는 한, 마음의 '아는 능력'은 사실을 왜곡하는 사유 행위가 되고 만다. 그런데 이 환각은 원래부터 있는 것이 아니다. 실체는 뿌리없는 환화(幻花)이며, 없는 것을 있다고 여기는 '앎의 질병'이다.

'앎의 질병'은 '질병 없는 앎'을 조건으로 성립한다. '실체 환각에 붙들린 마음'은 '실체 환각이 없는 마음'을 조건으로 한다. 마음이라는 '아는 능력'에는 이 '환각 없는 마음국면'이, 논리적 조건으로만이 아니라 실제로 존재한다는 것이, '본래적 깨달음'과 '비로소 깨달아감'을 그 내용으로 하는 '깨달음의 면모'에 관한 통찰이다.(이른바 **'깨달음의 면모'**(**覺義**)란 **'마음의 본연'**(**心體**)이 **'근본무지에 따라 분별하는 생각'**(**念**)을 벗어난 것을 말한다.)

실체라는 환각에 물들지 않은 마음에는, 실체의 벽에 의해 분리되어 있던 존재들이 한 몸처럼 만나는 지평이 펼쳐진다. 칸 질러 막는 것이 없는 허공처럼, 모든 존재들이 서로를 향해 열리고 걸림 없이 얽힌 모습이 드러난다. 마음이 지닌 '깨달음의 면모'를 '진리의 몸'(法身)이라 부른다.(**'근본무지에 따라 분별하는 생각**(**念**)을 떠난 지평**(**離念相**)은 허공세계처럼 모든 곳에 두루하여 '모든 존재가 하나로 만나는 지평'(**法界一相**)이니, 이것이 바로 '진리와 같아진 분'(**如來**)의 '평등해진 진리 그 자체인 몸'(**平等法身**)이다.)

인간은 '깨달음의 면모'를 '진리의 몸'으로 지닌다. 현실에서는 이 '진리의 몸'이 실체라는 환각적 무지에 의해 드러나지 못하고 있을 뿐이다. 이 '진리의 몸' 때문에 '본래적 깨달음'(본각)이라는 말을 쓸 수 있게 된다. 알아차리고, 생각하고, 말하고, 기억/상상/추리/분석/종합하면서 사유의 집을 지어가는 마음.—그 마음작용은 현실에서 대부분 실체라는 환각적 무지를 붙들고 펼쳐진다. 그러나 그 어느 때라도 마음은 실체 환각이 없는 온전한 면모를 어떤 방식으로든 간직한다. 실체를 설정하지 않고 사실대로 이해하려는 '깨달음의 면모'도 현실에서 제 모습을 드러내고 있지만, 환각적 무지의 힘에 밀려 제대로 힘쓰지 못하고 있을 수도 있다.

'깨달음의 면모'가 '깨닫지 못함의 면모'와 현실적으로 동거하면서 경합을 하는 구조로 볼 수 있다.

또는 '깨달음의 면모'가 무지의 압도적 위세에 눌려 잠복된 채, 무지의 먹구름을 뚫고 제 모습을 드러낼 수 있는 기회를 기다리고 있는 것일 수도 있다. '깨달음의 면모'가 잠재적 방식으로 '깨닫지 못함의 면모'와 동거하는 모습이다. 그 어떤 형태로 간직되건, '진리의 몸'(法身)이라 할 '깨달음의 면모'는 인간이 펼치는 현실의 마음(아리야식)에 자리 잡고 있다. 삶의 희망과 존재의 축복은, 이 '진리의 몸'에서 비롯된다.

이처럼 '본각'은 현상의 배후에 본래 존재하는 그 어떤 실체를 지시하는 것이 아니라, 존재에 대한 근본적 무지가 없는 국면을 지칭하는 언어다. 인간은 자기 마음의 무지로 인해 생겨난 세계의 왜곡과 그 후유증(苦)을 극복하여, 왜곡되기 이전의 세상의 참모습과 만날 수 있다는 소식을 전하는 용어가 바로 본각이다.

그런데 이러한 본각 사상은 사실상 부처 이래 불교 사상의 일관된 관점을 충실히 계승하는 것이기도 하다. 인간은 자기 마음의 투영과 무관한 세계를 만나는 것이 아니라는 것, 그리고 인간은 존재와 세계의 참모습을 곡해하는 근원적 무지를 지니고 있다는 것, 인간의 무지에 의해 가려져 있을 뿐 존재의 참모습(본래적 완전성)은 언제나 빛나고 있다는 것, 그 참모습을 가리고 있는 근원적 무지는 인간 자신의 자각과 의지와 노력과 힘에 의해 완전히 사라질 수 있다는 것, 그리하여 항상 빛나고 있던 존재와 세상의 참모습을 문득 만나게 될 때 인간은 완전한 존재 해방(해탈 · 열반)을 성취하게 된다는 것.——이것은 부처 이래 불교의 일관된 사상적 정체성이다. 『대승기신론』과 원효가 거론하는 본각과 시각은 이러한 전통적 관점을, '법계일상'(法界一相) '여래의 평등한 법신'과 같이 깨달음의 내용을 적극적으로 표현해보려는 언어들과 관련시켜, 충실히 재구성하고 있는 것이다. 『금강삼매경』 역시 '본각이 곧 열반'이라고 명시함으로써, 본각 사상의 불교적 정체성을 확인시키고 있다.[5]

『대승기신론』과 원효는 인간이 지닌 최고의 희망인 깨달음을 설하는 불교의 전통적 관점을, 본각과 시각이라는 용어로 계승하고 있다. 인간은 이미 현실화되어 있는 마음의 존재 환각을 거두어내어 존재의 본래적 완전성과 하나가 될 수 있는데, 그 본래적 완전성을 '사실 그대로 알고 있는 마음상태'를 본각이라 부른다. 마음에 의해 곡해되기 이전의 참모습이라는 의미에서 '본래적'(本)이고, 그 본래적 참모습을 '있는 그대로 알고 있다'는 의미에서 '깨달음'(覺)이다. 그리고 인간은 누구나 그 본래적 완전성을 회복할 수 있는 잠재력을 잉태하고 있다는 것을 강조하기 위한 용어가 또한 여래장(如來藏)이다.

인간의 마음(아리야식)에 이 '깨달음의 면모'가 없다면, 어디에서 삶의 희망을 찾을 수 있을까? 적어도 인간 자신에게서는 아니다. '진리의 몸', 그 '본래적 깨달음'이 인간에게 어떤 형태로든 존재하지 않는다면, 인간은 자기에게서 희망을 확보할 수 없다. 그저 성악설을 지지하는 사람들처럼 이성(理性)의 계산 능력에 기대어 사회적 안위를 추구할 수밖에 없다. 위험한 이기심의 사회적 충돌을 제어하는, 합리적인 제도나 법규에 희망을 걸 수밖에 없다. 아니면, 성악설의 종교적 표현이라 할 원죄설에 기대어, 법의 권력을 대신하는 유일신의 심판에 의해 삶의 오염을 제어하려는 시도도 있을 것이다. 천국의 영원한 행복과 지옥의 영원한 고통을 상과 벌로 벌려놓고, 사법 권력에 순응하듯 신의 권력에 복종케 하여 인간과 세상의 오염과 파국을 제어해보려 할 것이다. 두 방식 모두 인간의 이기적 계산 능력을 당근과 채찍의 상벌체계에 활용한다는 점에서 구조적으로 동일하다.

원효는 삶을 근원적으로 긍정했다. 존재 희망의 근거가 존재 안에 있다고 보았다. 인간이 희로애락하며 펼치는 바로 그 마음 안에, 보물 창고의 문을 여는 열쇠가 있다는 것을 알았다. 인간의 구원은 인간 내면에 있는 '깨달음의 면모'를 드러냄으로써 구현되는 것임을 확신했다. '본래적 깨달음'을 누리는 존재 축복의 향연에 한 중생이라도 더 참여할 수 있게 하기 위해, 원효는 실로 영웅적 기개로 치열하게 노력했다.

> "'본래적 깨달음'(本覺)이란 이 마음(아리야식)의 '본래면모'(性)가 '깨닫지 못함의 양상'(不覺相)을 벗어난 것을 말하니, 이 마음의 '깨달아 비추는 본래면모'(覺照性)를 '본래적 깨달음'(本覺)이라 부른다. 아래 『대승기신론』의 문장에서 "이른

바 〔'참 그대로임'(眞如)〕'스스로의 본연'(自體)에 위대한 지혜 광명의 면모가 있기 때문이다"고 한 것과 같다."[6]

言本覺者, 謂此心性離不覺相. 是覺照性名爲本覺, 如下文云
"所謂自體有大智慧光明義故."

본래적 깨달음에서 솟아오르는 불가사의한 훈습

'말하고 생각하는' 마음에는 두 가지 상반된 면모가 동거한다. 그 두 면모 가운데 장구한 세월 동안 위세를 부려온 것은 '깨닫지 못함의 면모'다. 워낙 압도적으로 군림해왔고 또 지금도 위력적으로 행세하고 있기에, 대부분의 사람들은 마음 깊숙이 자기 혐오와 자괴감에 빠져 있다. 얼핏 보아서는 승산이 없어 보인다. 깊이 뿌리내려온 존재 환각을 무슨 수로 걷어낼 것인가? '깨닫지 못함'의 짙은 어둠을 어떻게 '깨달음'의 빛으로 밝혀 사라지게 할 것인가? 정말로 존재하는지조차 미심쩍은 '깨달음의 면모'에 힘을 보태어 승기를 잡을 수 있는 계기는 무엇인가? 가물가물 꺼질 것 같아 보이는 '깨닫는 면모'의 불씨가 힘차게 불타오를 수 있게 하는 기름의 역할은 무엇이 할까?

'깨달음의 면모', 그 존재 희망의 길에 오르기 위해 무엇보다 먼저 요구되는 것이 있다. '깨닫지 못함의 면모', 그 존재 환각과 무지의 길을 달가워하지 않아야 한다. 순간순간의 마음이 직면하는 깨달음과 깨닫지 못함의 갈림길에서, '깨닫지 못함의 길'은 외면하고

'깨달음의 길'로 시선을 두어야 한다. 오랫동안 길들여져 익숙하기에 본능에 이끌리듯 자연스럽고 당연하게 끌어안았던 '깨닫지 못함의 면모'를, 이제는 달갑지 않게 여겨 결별하려는 마음이 강하게 솟아나야 한다. 익숙함과 관성으로부터 거리를 두려는 반성적 자각이 선명하고 강렬하게, 그리고 자발적으로 우러나야 한다.

인간 존재의 내재적 희망인 '본래적 깨달음'(본각)을 구현하자면, 근원적 무지가 오염시켜가는 중생 일상을 달가워하지 않는 반성적 자각이 필요하다. 본각 구현의 여정인 '비로소 깨달아감'(시각)은, 바로 이 '깨닫지 못하는 일상을 달가워하지 않아 거리 두려는' 전향적 자각에서 출발한다. 실제로 인간은 삶의 모든 유형, 기존의 모든 범주를 통째로 비판 대상으로 삼아 성찰하여 새 지평으로 옮아가는 모습을 보여주곤 한다. 비록 흔치는 않지만, 그러한 시도를 감행하여 나름대로 성공한 철학적·영성적 사례들을 목격한다.

중생적 삶을 근원적으로 반성하여 깨달음이라는 희망을 향해 발걸음을 옮기는 전향적 자각은 어디에서 연원하는가? 만약 인간의 면모가 성악적일 뿐이라면, 그 자각의 기원은 설명할 수가 없다. 성악적 본성이 성악적 현실을 비판하여 넘어서려고 하지는 않기 때문이다. 인간에게는 자신의 성악적 모습을 비판 대상으로 삼을 줄 아는 '성악적이지 않은 면모'가 있다고 보아야 한다. 그래야 근원적인 방향 바꿈, 그 전향적 반성력의 기원이 해명된다.

원효는 이 전향적 자각의 연원이 본각이라고 말한다. '깨닫지 못하는 길'에서 발길을 돌려 '깨달음의 길'로 옮겨가려는 각성은, 인간에게 내재되어 있는 본각의 면모 그 자체에서 우러나온다는 것이다. '본래적 완전성'(본각)의 면모는 '깨닫지 못한 상태'(불각)를 반성하고 혐오하는 동시에, 이를 극복하고자 하는 의지를 일깨운다. 인간이 지닌 본래적 완전성의 면모는 자기 구현에 필요한 향상의 자극과 계기를 일으키고 있다. 이 존재 완성의 계기와 동력을 원효는 **본각의 불가사의한 훈습(熏習)**이라 말한다.

  "'비로소 깨달아감'(始覺)이란, 곧 이 마음(아리야식)의 '본연'(體)인 '본래적 깨달음'(本覺)이 '근본 무지'(無明)라는 조건에 따라 움직여 '근본무지에 따라 잘못 분별하는 생각'(妄念)을 짓지만, '본래적 깨달음'(本覺)의 영향력(熏習力) 때문에 점점 '깨달음의 작용'(覺用)이 있게 되다가 궁극에 이르러서는 '본래적 깨달음'(本覺)과 다시 같아지니, 이것을 '비로소 깨달아감'(始覺)이라 부른다."[7]

  言始覺者, 卽此心體隨無明緣, 動作妄念, 而以本覺熏習力故, 稍有覺用, 乃至究竟還同本覺, 是名始覺.

  "이 '분별망상의 네 가지 양상'(四相)을 총괄하여 '분별하는 첫 생각'(一念)이라 부르니, 이 '분별하는 첫 생각'(一念)과 '분별망상의 네 가지 양상'(四相)에 의거하여 '네 가지 지위'(四位)에 차례로 나아감을 밝혔다. 이것은 다음과 같은 내용을

밝히려고 하는 것이다. 본래 '근본무지의 깨닫지 못하는 힘'(無
明不覺之力)에 의거하여 '생겨남의 양상'(生相) 등 갖가지 '허
망한 꿈과 같은 분별하는 생각'(夢念)을 일으켜 '마음의 본원'
(心源)을 동요시켜 바꾸어서 마침내 '사라짐의 양상'(滅相)에
까지 이르고, 오랫동안 '근본무지를 조건으로 삼는 모든 세계'
(三界) 속에 꿈꾸듯 빠져들어 '여섯 가지로 과보를 받는 세계'
(六趣)로 흘러 다니다가, 이제 '본래적인 깨달음의 불가사의한
영향'(本覺不思議熏)을 받아 분별에 이끌리는 것을 싫어하고
온전한 진리세계를 즐거워하는 마음을 일으켜, 차츰 '본래적
근원'(本源)으로 향하여 처음으로 '사라짐의 양상'(滅相)을 깨
달아 그치고, 나아가 '생겨남의 양상'(生相)을 깨달아 그치는
데에 이르러 환하게 크게 깨닫고, 자기 마음이 본래부터 동요
한 것이 없음을 확연하게 깨달아, 이제 고요한 것도 없고 본래
평등하여 '온전한 실재와 하나로 같아지는 자리'(一如床)에 머
무르게 된다."[8]

總此四相名爲一念, 約此一念四相, 以明四位階降. 欲明本依無明
不覺之力, 起生相等種種夢念, 動其心源, 轉至滅相, 長眠三界, 流
轉六趣, 今因本覺不思議熏, 起厭樂心, 漸向本源, 始息滅相乃至生
相, 朗然大悟, 覺了自心本無所動, 今無所靜, 本來平等, 住一如床.

본래 '실체'에 해당하는 존재는 없다. 그러나 인간의 마음은 환
영을 사실이라 착각하듯이, 실체가 있다고 여긴다. 밝지 않은 곳

에서는 어두움 때문에 식별력이 떨어져 새끼줄을 뱀으로 여기는 것과 같다. 무명이라는 말이 의미하듯이, '밝음이 없어서 제대로 알지 못했기에'(無明不覺) 생겨난 환각이다. 일단 새끼줄을 뱀이라 여긴 후에는, 뱀이라는 환각에 의거한 생각과 행동이 이어진다. 독사일 것이라는 생각, 나에게 덤벼들 것이라는 생각, 두려움에 도망치거나 돌을 집어 던지는 행동 등이 뒤따른다. 진실에서 일탈하여 사실을 왜곡하며 생각과 행동을 오염시켜가는 일련의 과정을, 『대승기신론』은 '망념의 네 가지 모습'(生·住·異·滅의 四相: 착각에 의거한 생각이 일어나는 모습/자리 잡는 모습/증폭하는 모습/악행으로 나타나는 모습)으로 총괄하고 있다.

뱀이라는 착각을 붙잡고 펼치는 일탈과 왜곡, 오염의 생각과 행동은, 실체라는 존재 환각을 붙들고 탐욕과 분노와 무지를 증식시켜가는 중생의 모습이다. 그런데 인간은 뱀이라는 착각에 갇혀 있지만은 않는다. 비록 소수일지 몰라도, 뱀이라고 여기는 생각에 의혹을 품는 사람들이 있다. 그들은 뱀이라고 여겨 무서워하고 도망치며 대응하는 일련의 과정 전체에 회의를 품고 달가워하지 않는다. 얼핏 보아서는 오직 뱀이라는 환각을 붙들고 살아갈 것 같은데, 세계를 읽어들이는 자신의 생각 자체를 문제 삼으려는 전향적 비판력을 일으키곤 한다. 워낙 오래 붙들고 있었기에 본능처럼 강하고 자연스러우며 익숙하여 달가운 기존의 삶을, 돌연 불편해하고 부자연스러워 하며 달가워하지 않는 마음을 일으킨다. 그리고 뱀으로 보는 착각이 사라진 지혜와 평안에 시선을 두면서, 사실대로 보려는 성찰과 탐구를 지속시켜간다.

경이로운 일이 아닌가. 기존의 자기를 통째로 괄호치고 거리 두면서 전혀 새로운 자기를 열어간다는 일은 존재의 신비다. 이 경이로운 신비가 다름 아닌 '본래적 깨달음'에서 비롯된다는 것이다. 인간에게 내재한 '본래적 깨달음', 그 참모습의 면모가, 자신을 드러내려는 불가사의한 작용을 한다는 것이다.

그 작용이 드러나는 계기나 방식, 정도는 워낙 다양하기에 '불가사의'하다. 어떤 사람에게는 가혹한 역경과 고통이 존재의 고향으로 눈 돌리는 계기가 되기도 하고, 어떤 사람에게는 넘치는 행복과 성취, 승리가 그 계기가 된다. 신랄한 비판에 의해 '깨달음의 면모'가 촉발되기도 하고, 인정과 수긍과 칭찬이 '깨달음의 길'에 올려놓기도 한다. 그리고 존재의 참모습, 그 '본래적 깨달음'에서 올라오는, '깨달음으로 향하게 하는 작용'들은, 일회적이거나 노골적이지 않다. 마치 향냄새가 배어들듯, 알게 모르게 꾸준히 지속적으로 작용한다. 그래서 본각의 자기 구현 작용들은 '불가사의한 훈습'이다.

'본래적 깨달음'의 면모에서 솟아나는 자기 구현의 '불가사의한 훈습'은 고향에서 보내오는 초청장과도 같다. 고향의 부모는 타향살이하는 자식들을 항상 고향의 안락한 품에 다시 품고자 한다. 공연히 헛것에 홀려 넉넉히 풍요로운 고향을 등지고 객지에서 생고생하는 자식들이 안쓰럽다. 그래서 수시로 귀향하라는 편지를 띄운다. 그 편지는 한 번으로 그치는 것도 아니고, 노골적으로 귀향을 강요하지도 않는다. 그저 알알이 맺힌 밤송이 벌어진 모습을 담아 보내기도 하고, 장대 끝에 앉아 조는 잠자리, 울타리 주변에 흐드러지게 핀 이름 모를 꽃들의 모습을 담아 보내기도 한다. 자식으로 하여금 자연스럽고 자발적으로 향수를 일으켜 귀향의 의지를 낼 수 있게 한다. 집 떠난 자식을 호통 치며 귀가를 명령하는 아버지의 자기 주장적 사랑보다는, 자식의 고된 객지 생활을 안쓰러워하며 그저 말없이 수확한 농작물을 부쳐주는 어머니의 수용적 사랑을 닮았다고 할까.

고향을 등지고 타향살이 생고생하는 나그네는, 고향 떠난 지 하도 오래되어 돌아갈 고향이 있는지조차 잊고 있다. 아니, 고향에 있으면서도 고향임을 망각한 지 오래되어, 고향에서 멀쩡히 객지 타향살이를 짓느라 분주하다. 고되고 불안하지만 객지 생활에 하도 익숙해져서, 객지 생활을 오히려 선호한다. 수시로 도착하는 고향 편지는 봉투도 뜯지 않고 쓰레기통에 버린다. '고향 타령할 시간이 있으면 영어 한 단어 더 외우겠다'면서, 그는 오늘도 행여 뒤쳐질세라 부지런히 걷던 길을 달려간다. '나는 치열하고 성실하게 살고 있다'는 자부심으로.

자식이 뜯어 보든 말든, 고향 부모님은 고향 소식을 담은 편지를 계속 보낸다. 그런데 버릇처럼 개봉하지도 않고 버리려던 고향 편지가, 어느 날 문득 시선을 붙잡는다. 편지를 꺼내어 읽는 순간, 갑자기 발목에 힘이 빠지며 그 자리에 주저앉는다. '아! 고향이 있었지. 언제나 나를 반길 부모님이 계신 고향이!!'

편지를 읽으며 가슴 저 깊은 곳이 뭉클해진다. 고향의 품과 타향살이가 주마등처럼 흐르며 비교된다. 허영에 찬 끝없는 탐욕, 잔혹하기 그지없는 적개심과 분노, 터무니없는 자만과 독선과 편견이 아무 소용없는 곳, 겉으로는 위세당당해도 속 깊이 불안하고 긴장하는 허세와 자기 기만이 필요 없는 곳, 자신과 타인을 향한 혐오와 긴장과 경계심이 눈 녹듯 사라지는 곳, 불안하고 초라한 내면을 감추기 위해 치장에 신경 쓰지 않아도 되는 곳, 따뜻한 눈길로 넉넉하게 서로를 품으며 함께 쉴 수 있는 곳.—잊었던 기억 되살아나듯, 그 고향 풍경이 떠오른다. 타향살이 생고생에 대한 회한과 고향에 대한 뜨거운 그리움이 교차하면서 울컥한 그는 다짐한다. '가야지. 고향으로!'

자기 이익과 타자 이익을 동시에 구현하는 능력— 본각의 공덕

타향살이를 정리하고 귀향하려는 것은, 고향에 안기는 것이 타향살이보다 더 좋기 때문이다. 고향을 등졌던 나그네는, 고향이 타향살이보다 훨씬 좋은 이익을 주기 때문에 귀향길에 오른다. 존재의 참모습, 그 본래적 완전성을 회복하면, 존재 환각의 길에서는 얻을 수 없는 고귀한 이익을 누릴 수 있기에, '본래적 깨달음'으로 시선을 돌리는 것이다.

'본래적 깨달음'을 구현한다는 것은, 구체적이고도 고귀한 삶의 이익을 성취하는 일이다. 본각은 고귀한 이익을 누리게 하는 능력을 지니고 있다. 그것을 '본각의 공덕'이라 부른다.

얼핏 보기에 본각의 자리로 돌아간다는 것은, 개인의 자기 구제이며 자기 완성이어서 개인 문제로 보일 수 있다. 따라서 본각의 공덕은 개인적 이익을 구현시키는 능력으로 간주될 수 있다. 그러나 본각이라는 존재의 참모습은 '개인'의 근거인 실체 관념이 더 이상 힘을 쓸 수 없는 지평이다. '본래적 깨달음'의 자리에서는, '불변의 독자적 본질을 소유한 실체적 개인'이란 것은 존재하지 않는 환각이다.

본각 지평에서는 배타적 주소지를 독점하고 있는 실체적 개인이 설 자리가 없다. '본래적 깨달음'의 자리에서 보는 존재들은 실체적 개인이 아니라, 서로를 향해 열려 있으면서 끊임없이 변화하는 '관계와 변화의 시스템적 현상'이다. 그렇다고 해서 식별할 수 없는 단일적 통합물은 아니다. 상호 식별이 가능한 일련의 인과적 연쇄계열들이 각자의 인과계열을 전개하면서, 동시에 서로를 향해 개방되어 서로 얽히며 상호 작용하고 있다. '사람/동물, 남자/여자, 한국인/중국인, 박씨/김씨' 등은 그 식별 가능한 각각의 인과 계열들을 분류하고 담아내기 위해 편의상 부여한 부호들이다. 그러나 그 언어 부호에 해당하는 실체적 개체는 어디에도 존재하지 않는다. 언어나 부호에 의해 '개인/개체'로서의 차별적인 현상 또는 통합적 정체성을 구분하고 식별하기는 하나, 그 언어나 부호에 상응하는 불변의 독자적 실체는 없다.

본각 지평에서 드러나는 존재들의 이러한 '실체 없이 열린 관계'를, 원효는 '하나 됨'(一)이라 부른다. 또한 그렇게 세상을 '하나 됨'으로 '아는' 것을, '하나가 된 마음'(一心)이라 이름한다. 실체라는 존재 환각을 걷어내어 '하나가 된' 세상을 보는 '하나가 된 마음'은, 자기 이익과 남의 이익을 다른 것으로 분리시켜 보지 않는다. '나'와 '남'을, 배타적인 실체적 개인으로 나누어 보지 않기 때문이다.

'본래적 깨달음'의 자리에서 '하나가 된 마음'은, '나'에서 '남'을 보고 '남'에서 '나'를 본다. '나'의 생성과 유지/변화에 참여하고 있는 타자들을 내 안에서 보는 동시에, '타자'들의 생성/변화에 동참하고 있는 '나'를 그 타자들 속에서 본다. 이렇게 실체라는 환각이 걷힌 지평에서 서로를 향해 활짝 열린 세상을 '있는 그대로 보는 마음'에서는, '나'와 '남'이 실체로 갈라서지 않기에, '나의 이익'과 '남의 이익'이 전혀 별개의 것으로 분리되지 않는다. 자기 이익과 타자 이익은 상호 침투되며 결합한다. 본각 자리에서 누리는 존재 이익은 '나'와 '남' 모두를 향해 열려 있다.

'본래적 깨달음'이 지닌 능력의 특징이 여기에 있다. 본각의 공덕이란 '자기 이익과 타자 이익의 동시적 구현 능력'(自利利他)이다. 원효는 『금강삼매경』이 설하는 '본각의 이익'이 바로 그런 것이라고 강조한다.

"【금강삼매경】 선남자여, 다섯 계위는 '하나가 된 깨달음'(一

126

覺)으로서 본각의 이익으로부터 들어가니, 만일 중생을 교화하려면 그 ('하나가 된 깨달음'의) 본래 자리(本處)를 따라야 한다.

【금강삼매경론】 다섯 계위의 모든 실천이 본각을 떠나지 아니하여, 모두 본각의 이익을 좇아 이루어지지 아니함이 없으며, 실천할 때에 앞으로부터 뒤로 들어가기 때문에 '들어간다'고 했다. '들어간다'는 것은 자신을 이롭게 하는 것이고(自利), '교화한다'는 것은 남을 이롭게 하는 것이니(利他), 이와 같은 두 가지 실천은 모두 ('하나가 된 깨달음'의) 본래 자리(本處)를 따른 것이다."⁹

『金剛三昧經』; 善男子, 五位一覺, 從本利入, 若化衆生, 從其本處.

『金剛三昧經論』; 五位諸行, 不離本覺, 莫不皆從本利而成, 成行之時, 從前入後, 故名 '爲入'. '入'者自利, '化'者利他, 如是二行, 皆從本處也.

본각의 자리로 돌아가면 자발적 이타행이 가능하다

존재 환각(무명)에 붙들리면 존재들을 독자적 실체로 오인하게 된다. 그 결과 '나'와 '남'이 하나 되는 본래적 관계에 대한 감수성(一體感)이 무뎌지고 막힌다. '나'와 본질적으로 무관한 '남'으로 여기기에, '나의 이익'을 위해서는 '남의 이익'을 얼마든지 빼앗고 공격하며 짓밟을 수 있다. 타자를 향한 인간의 그 매섭고 잔혹한 적개심과 폭력은, 존재 환각으로 인한 일체감 마비의 필연적 산물이다. 그러나 비록 아무리 두터운 존재 환각에 짓눌릴 때라도, 본각의 면모는 자기 표현의 기회를 엿본다. '나'와 '남'의 '하나 되는 관계'가 존재의 참모습이기에, 아무리 환각 망상에 빠져 망각하고 있을지라도, '하나 됨의 감수성(일체감)'은 기회 있을 때마다 솟아오른다. 직접적이든 간접적이든, 의식적이든 무의식/잠재의식적이든 불쑥불쑥 꿈틀거린다.

개인적이든 사회적이든, 인간은 항상 타인의 고통을 문제 삼는다. 때로는 공감하여 배려하고, 때로는 책임 공방을 하고, 때로는 타자의 고통을 합리화하거나 정당화시키는 논리를 펼친다. 공감/자애/정의의 접근일 수도 있고, 책임 전가와 자기 변호, 외면이나 경멸, 자기 안도를 위한 관심일 수도 있다. 그 동기가 어떤 것이건 간에 이 모든 경우는, 인간이 타자들의 고통을 외면하지 못한다는 것, 어떤 방식으로든 남들의 고통을 항상 예민하게 의식하고 있다는 것을 보여준다. 긍정적 방식으로 접근하든 부정적 태도로 처리하든 '남들을 돕는 일'은 인간 사회의 지속적 관심사다. 존재 환각에 짓눌린 범부들도 그러하건대, 하물며 존재 환각에 맞서 싸우며 존재 해방의 길을 걷는 수행인이라면 말해 무엇하랴. 실체라 여겨 배타적으로 분별하는 망상, 그 환각의 어둠을 밝히는 '깨달음의 면모'에 힘을 실어가는 사람에게 '남들을 돕는 일'(이타행)은 수행과 직결된 지속적 관심사가 된다.

'남들을 도우려는 의지와 행위'를 어디서 이끌어내야 할까? 이 문제는 모든 종교와 철학, 윤리의 중요한 탐구 과제이기도 하다.

유일신 권력에 의한 은총의 사면과 징벌을 설하는 종교들이라면 사면과 처벌이라는 보상과 응징, 신의 섭리 순응, 피조물들 사이의 연대감 등이 이타행의 원천일 수 있을 것이다. 인간 이성을 신뢰하는 철학이나 윤리라면, 이성의 명령이나 요청이 이타행의 근거가 될 것이다.

이타행의 원천이 타율적인가 자율적인가 하는 것도 중요한 문제다. 타자의 강압적 명령이나 보상의 유혹이나 처벌의 공포 때문이 아니라, 스스로 내켜 자발적으로 펼치는 이타행일수록 바람직할 것이다. 위선이나 자기 모순의 덫에 걸리지 않을 수 있기 때문이다.

원효는 인간이 지니고 있는 '본래적 깨달음'의 면모를 자발적 이타행의 원천이자 근거로 삼는다. 본각의 자리, 그 존재의 고향에 돌아가면, 이타심과 이타행은 자발적이고 자연스러우며 필연적이라고 한다. 바꾸어 말해, 이타행이 자율적이면서도 자발적이며 필연적일 수 있으려면, 본각의 자리에 서야 한다는 것이다. '자기 이익과 타자 이익이 하나로 맺어지는' 본각 자리야말로 자발적 이타행(보살행)의 원천이라고 원효는 말한다.

> "모든 생명들이 그 시초를 말할 수 없는 때로부터 존재 환각 (무명)의 긴 밤에 들어가 망상의 큰 꿈을 지으니, 보살이 관법 (觀)을 닦아 (환각에 의한 망상이 지어낸 것이) 본래 존재하는 것이 아니라는 통찰(無生)을 얻을 때에, 중생(의 참모습)이 본래 (환각 망상의 동요가 없기에) 고요(寂靜)하여 다만 '본래적

깨달음'(본각)일 뿐임을 통달해, (환각이 지어낸 실체의 벽이 무너져) 하나로 같아진(一如) 침상에 누워 이 본각의 이익으로써 중생을 이롭게 한다. 이 품은 이러한 도리를 나타내기 때문에 '본각의 이익을 설하는 품'(本覺利品)이라 한 것이다. (……) (환각에 의한 망상이 지어낸 것은) 본래 존재하는 것이 아니라는 통찰(無生)을 실천하여 본각과 만날 수 있어야 모든 존재들을 널리 교화하여 이롭게 할 수 있다. (……) 처음에 '머무름이 없는 보살'(無住菩薩)이라 한 것은, 이 사람이 비록 '본래적 깨달음'(본각)은 본래 (환각의 망상에 의한) 요동이 없음을 통달했으나 고요함에 머물지 않고 항상 널리 교화함을 일으키니, 그 공덕에 의하여 명칭을 세워 이름을 '머무름이 없음'(無住)이라고 했다. 머무름이 없는 공덕이 본각의 이익에 들어맞기 때문에, 이 사람으로 (본각의) 근본 뜻을 나타낸 것이다."[10]

一切有情, 無始已來入無明長夜, 作妄想大夢, 菩薩修觀, 獲無生時, 通達衆生本來寂靜直是本覺, 臥一如床, 以是本利, 利益衆生. 此品顯是道理, 故名本覺利品 (……) 依無生行, 能會本覺, 方得普化饒益一切. (……) 初中言無住菩薩者, 此人雖達本覺本無起動, 而不住寂靜, 恒起普化, 依德立號名曰無住. 無住之德, 契合本利, 故因此人, 以表其宗.

인간은, 환각적 무지를 걷어내어 존재의 참모습을 제대로 파악하려는 수행(觀)을 통해 '본래적 완전성'(本覺)을 구현할 수 있다. 이 본각의 자리에서는 '존재 환각에 의한 동요가 사라진 고요함(寂靜)'이 구현된다. 그러나 이 '고요함'은 물리적 동작의 부재가 아니다. 실체라는 환각에 붙들려 허깨비 같은 분별을 일삼던 마음의 헛된 동요가 그쳤다는 의미다. 그리고 이렇게 헛된 동요가 그쳐진 온전한 마음국면에서는, 세상의 하나 된 관계가 고스란히 드러난다. '나'라는 폐쇄적 집안에 웅크리고 앉아 '남'을 밀어내는 것이 아니라, '나'와 '남'이 서로를 향해 열린 채 관계 맺는 '하나 되는 세상'을 사실대로 보고, 또 그렇게 만난다.

존재들의 '하나 된 관계'가 드러나는 '본래적 깨달음'에서는 '나'와 '남'을, 세상을, 활짝 열린 관계의 시스템으로 보기 때문에, '한 몸으로 느끼는 감수성'(일체감)이 저절로 솟아오른다. 이 일체감은 또한 '한 몸처럼 여기는 우애와 동정(자비)'을 필연적으로 수반한다. 이때는 '나의 안정(고요함)'을 배타적으로 소유하려는 마음 자체가 환각의 산물임을 알기에, '환각적 동요가 그친 안정(고요함)'을 '나의 소유물'로 움켜쥐려는 마음을 일으키지 않는다. '하나로 보는 마음'으로 세상을 안고, 일체감에서 저절로 우러나오는 우애와 동정의 마음으로 세상을 만난다. 그 어떤 '자아의 배타적 공간'에도 머무르거나 집착하지 않으면서, '남을 이롭게 하는 실천'(중생 교화의 행)을 인연 따라 펼치게 된다. 이 이타행은 존재 내면에서 자연스럽게 솟아나는 자발적인 실천이다.

본각은 그 어떤 실체적 분리도 해소된 지평이다. 원효는 본각의 바로 이러한 성격 때문에 머무름 없는 이타행이 가능하다고

호랑이, 독수리, 매, 이리 등 산짐승들에 둘러싸인 채 산속에서
홀로 좌선하고 있는 원효. 존재의 희망을 내면에서 확보하기 위해
그는 목숨을 걸고 수행했다. 『화엄연기』.

말한다. '남을 이롭게 하는 실천'이 자연스럽고도 역동적으로 펼쳐질 수 있는 것은, 본각이 더러움(오염)과 깨끗함(청정)을 실체화시키지 않는 자리이기 때문이라고 한다.

"묻는다. 이 '본래적 깨달음의 면모'(本覺性)는 오염된 것들과 청정한 것 모두의 원인이 되는 면모여야 하는가, 단지 모든 청정한 것들만의 원인이 되는 면모여야 하는가? 만약 본래적 깨달음의 면모가 단지 청정한 것들만의 원인이라 말한다면, 무슨 까닭으로『능가아발다라보경』에서는 "'여래의 면모가 간직된 창고'(如來之藏)란 유익하거나 유익하지 않은 과보의 원인이어서〔'과보를 받아 생겨난 모든 것'(一切趣生)을 두루 일으켜 만들 수 있다. 비유하자면 '재주부리는 자'(伎兒)가 여러 모습들로 변하여 나타나는 것과 같다〕"라고 하고 나아가 자세히 설명하였는가? 또 만약 본래적 깨달음의 면모가 오염된 것들과 청정한 것들을 모두 짓는 것이라면, 무슨 까닭으로〔『대승기신론』에서는〕 "둘째는 '능력의 위대함'(相大)이니, '여래의 면모가 간직된 창고'(如來藏)가 제한 없는 '공덕의 면모'(性功德)를 모두 갖추고 있기 때문이다"고만 말하고, "'여래의 면모가 간직된 창고'(如來藏)가 제한 없는 '오염의 면모'(性染患)를 모두 갖추고 있다"고는 말하지 않는가?

답한다. 이 본래적 깨달음이 작용하는 이치는 오염된 것들과 청정한 것들 모두와 더불어 그 면모를 일으키므로 오로지 "제한 없는 공덕의 면모를 모두 갖추고 있다"고 말한다. 이 뜻은 무엇을 말하는가? 본래적 깨달음이 작용하는 이치는 청정한 면모를 벗어나기 때문에 조건에 따라 모든 오염된 것들을 지을 수 있고, 또 본래적 깨달음이 작용하는 이치는 오염된 면모를 벗어나기 때문에 조건에 따라 모든 청정한 것들을 지을 수 있는 것이다. 본래적 깨달음은 오염된 것들과 청정한 것들을 지을 수 있기 때문에 오염된 것과 청정한 것의 모두의 원인이 되는 면모이고, 본래적 깨달음은 오염된 것들과 청정한 것들에서 벗어나는 면모이기 때문에 오로지 제한 없는 공덕의 면모이다. 어떻게 본래적 깨달음이 오염된 것과 청정한 것 모두를 벗어나는 면모를 얻어 모든 공덕을 갖추는가? 오염된 것과 청정한 것의 원인이 되는 면모에 집착하는 것은 모두 망상이기 때문이다."[11]

問; 此本覺性, 爲當通爲染淨因性, 爲當但是諸淨法性? 若言但是淨法因者, 何故經云"如來藏者是善不善因"乃至廣說, 若通作染淨者, 何故唯說"具足性功德", 不說"其足性染患"耶?

答; 此理通與染淨作性, 是故唯說"具性功德". 是義云何? 以理離淨性故, 能隨緣作諸染法, 又離染性故, 能隨緣作諸淨法. 以能作染淨法故, 通爲染淨性, 由離染淨性故, 唯是性功德. 何以得離染淨性乃成諸功德? 取著染淨性, 皆是妄想故.

본각은 모든 실체 관념이 해체되는 지평이다. 만약 본각이 윤리적 선(淨)을 그 불변의 배타적 본질(性)로 지닌다면, 존재 오염의 현장과는 관계를 맺을 수 없기에 중생을 돕는 실천이 불가능하다. 또한 본각이 만약 윤리적 악(染)을 불변의 배타적 본질로 지닌다면, 존재 정화가 불가능해진다.

본각은 청정과 오염 그 어떤 것도 실체적 속성으로 삼는 자리가 아니기 때문에, 중생 이익과 존재 정화를 위한 걸림 없는 실천(無碍行)이 가능하다. 청정과 오염 모두를 여의었기 때문에 청정과 오염 모두를 통틀어 지녔다고도 말할 수 있는 것이고, 청정과 오염 양자를 모두 여의었기에 그 어느 일방에도 집착하지 않는 열린 실천력(性功德)이 갖추어진다는 것이다.

실체라는 존재 환각을 털어버려 그 어떤 '배타적 공간'도 점유하여 머물지 않을 수 있을 때 '남을 돕는 실천'을 역동적으로 펼칠 수 있다. 그리고 이 '남의 이익에 대한 기여'는 다름 아닌 '나의 이익 구현'이기도 하다. 본각 자리에서는 '나와 남의 하나 되는 관계'가 그대로 드러나기 때문이다. '머무름 없이 타자 이익에 기여할 수 있는 능력'이 다름 아닌 본각의 공덕이다. 그리고 본각 자리로 돌아가 이 본각의 공덕을 누릴 수 있어야, 자발적이고 걸림 없는 '남을 돕는 실천'(중생 교화의 보살행)이 온전하게 가능해진다. 원효의 일생에서 돋보이는 '걸림 없는 실천'(무애행)은 본각의 자리에서 펼친, '활짝 열려 자유로운 생명의 역동적인 춤사위'였다.

4

존재 희망의 구현

비로소 깨달아감(始覺)

"'존재의 참모습과 만나는 온전한 마음자리'를 깨달았기에 '궁극적 깨달음'이라 부른다. '존재의 참모습과 만나는 온전한 마음자리'를 깨닫지 못하면 '궁극적 깨달음'이 아니다."

인간은 분명 경이로운 면모를 지니고 있다. 인간 특유의 언어와 사유 능력, 섬세하게 발달된 감성들이 결합하여 전개하는 문화와 문명은 자부심 가질 만하다. 그러나 인간은 가장 위험한 생명체이기도 하다. 지구상의 생명체들 가운데 가장 파괴적일 수 있는 존재가 인간이다. 언제든지 가장 광폭한 괴물이 될 수 있는 위험한 생명체도 인간이다. 원효는 모순적인 이중성을 동시에 지니고 있는 인간을 근원적으로 긍정할 수 있는 길을 찾았다. 존재 환각에 붙들린 '깨닫지 못함'(불각)의 면모 속에서는 언제든지 가장 위험한 괴물일 수 있다는 점을 직시하면서도, 그 '깨닫지 못함'의 야만성과 동거하고 있는 '깨달음의 면모'를 주목하고 거기서 희망의 근거를 확보한다. 이 희망을 담보해주는 것이 '본래적 깨달음'(본각)이다. 존재의 고향인 본각은, 타향살이(불각)하는 집 나간 자식으로 하여금 귀향길에 오르려는 마음을 일으키게 하려고 수시로 고향 소식을 전한다. 원효는 이 고향에서 온 초대장을 '본각의 불가사의한 훈습'이라 부르며, 희망 여정의 출발점으로 삼는다.

때로는 고난에서 삶의 근원적 불안과 새로운 목표를 읽어내는 지혜로, 때로는 번영의 절정에서 헛됨을 감지해내는 통찰력으로, 때로는 비난에서 자기 성찰과 교정의 계기를 얻어내는 자기 반성력으로, '본래적 깨달음의 면모'는 실로 다양하게 자신을 드러낸다. 본각에서 솟아오르는 이 불가사의하고도 꾸준한 향상의 계기(훈습)를 놓치거나 외면하지 않을 때, 존재의 고향으로 돌아가는 길에 오르게 된다. '비로소 깨달아감'(始覺)이 시작된 것이다. 희망과 절망이 교차하는 갈림길에서 희망의 여정으로 접어든 것이다. 그리고 고향의 초대장에 이끌리어 귀향길을 재촉하다보면, 마침내 고향에 다다른다.

 "'비로소 깨달아감'(始覺)이란, 곧 이 마음(아리야식)의 '본연'(體)인 '본래적 깨달음'(本覺)이 '근본 무지'(無明)라는 조건에 따라 움직여 '근본무지에 따라 잘못 분별하는 생각'(妄念)을 짓지만, '본래적 깨달음'(本覺)의 영향력(熏習力) 때문에 점점 '깨달음의 작용'(覺用)이 있게 되다가 궁극에 이르러서는 '본래적 깨달음'(本覺)과 다시 같아지니, 이것을 '비로소 깨달아감'(始覺)이라 부른다."[1]

 言始覺者, 卽此心體隨無明緣, 動作妄念, 而以本覺熏習力故, 稍有覺用, 乃至究竟還同本覺, 是名始覺.

귀향의 여정—네 단계 망상과 네 단계 깨달음

 존재의 본래적 완전성에서 솟아오르는 불가사의한 훈습력(고향의 초대장)은, 중생 일상에 대한 근원적 반성과 성숙의 자각(귀향 의지)을 일깨워, 놓치고 외면하고 있었던 '존재의 참모습'(본각)을 대면하고자 발길을 옮긴다(귀향길에 오름). 그리하여 마침내 그 불가사의한 훈습력의 원천인 본래적 완전성과 하나가 되어가는 존재 귀향의 과정 전체를, '비로소 깨달아감'(시각)이라 한다. 귀향의 여정 끝에 고향에 이르렀을 때, 아니 본래부터 고향을 떠난 적이 없었음을 알게 될 때, '비로소 깨달아감'은 '본래적 깨달음'과 하나가 된다. 타향살이 헤매며 떠돌아다닐 때는 고향이 있는지조차 잊었었는데, 돌아와보니 타향이 바로 고향이었다. 『대승기신론』은 이 귀향의 여정을 다음과 같이 안내한다.

"또 마음의 본원을 깨닫기 때문에 '궁극적인 깨달음'(究竟覺)이라 부르고, 마음의 본원을 깨닫지 못하기 때문에 '궁극적인 깨달음'(究竟覺)이 아니다. 이 뜻이 무엇인가? 보통 사람(凡夫人)이라면 분별로 망상하는 앞의 생각이 악을 일으킨 것을 '깨달아 알기'(覺知)때문에 능히 뒤의 생각을 그쳐 일어나지 않게 하는데, 이것을 비록 '깨달음(覺)'이라 부르기는 하지만 '온전한 마음자리'(心源)에서 본다면 아직은 '깨닫지 못함(不覺)'인 것이다. '소승 수행자인 성문과 연각의 관찰하는 지혜'(二乘의 觀智)와 '처음 깨달음에 뜻을 일으킨 대승의 보살'(初發意菩薩) 등은, '분별하는 생각이 변이되는 단계'(念異)에서 그것을 깨달으니, 그리하여 '분별하는 생각'(念)에 '변이되는 양상'(異相)이 없어서 '거칠게 분별하여 집착하는 양상'(麤分別執着相)을 버리기 때문에 '온전한 마음자리'(心源)와 가까워진 '비슷한 깨달음'(相似覺)이라 부른다. 법신보살(法身菩薩) 등의 수행인은 '분별하는 생각이 머무르는 단계'(念住)에서 깨달으니, 그리하여 '분별하는 생각'(念)에 '머무르는 양상'(住相)이 없어서 '분별하여 망상을 수립하는 거친 생각의 양상 '(分別麤念相)을 떠나기 때문에 '온전한 마음자리'(心源)의 범주에 들어온 '동참한 깨달음(隨分覺)'이라 부른다. '보살의 수행단계'(菩薩地)를 모두 마친 사람은 수행 방편을 완전히 성취하여, '분별하는 첫 생각을 알아차려'(一念相應) '분별하는 마음이 처음 일어나는 것을 깨달으니'(覺心初起), 마음에 '분별하는 생각이 처음 일어나는 양상'(初相)이 없어서 '근본무지에 사로잡히는 미세한 생각'(微細念)을 멀리 떠나는 까닭에, '마음의 온전한 면모/지평'(心性)을 보게 되어 '마음이 곧 근본무지에 사로잡히지 않고 늘 참 그대로와 만나는 제자리를 지키니'(心卽常住), 이것을 '궁극적 깨달음'(究竟覺)이라 부른다. 그러므로 경전에서 "만일 어떤 중생이 근본무지에 따라 분별하는 생각이 '생겨나고 머무르며 변이되고 사라지는' 양상을 깨달아 '분별하는 생각이 없어짐'(無念)을 볼 수 있다면 곧 부처의 지혜로 나아가는 것이다"라고 하였다. 또 '마음이 일어난다'는 것에는 알 수 있는 첫 모습(初相)이 없지만〔알 수 있는 실체적 대상이 있는 것은 아니지만〕'첫 모습을 안다'는 것은, 곧 근본무지에 따라 분별하는 생각이 '생겨나고 머무르며 변이되고 사라지는' 양상을 깨달아 '분별하는 생각이 없어짐'(無念)을 일컫는 것이다. 이런 까닭에 모든 중생을 '깨달았다'고 부르지 못하니, 본래부터 '근본무지에 따라 분별하는 생각'(念)들이 서로 꼬리를 물고 이어져 아직 그 생각을 떠난 적이 없기 때문에 '시작을 말할 수 없는 때로부터의 근본무지'(無始無明)

라 말한다. 만일 '분별하는 생각이 없어짐'(無念)을 증득한 자라면, 곧 근본무지에 따라 분별하는 마음양상(心相)이 '생겨나고 머무르며 변이되고 사라지는 것'(生住異滅)을 안다. '분별하는 생각이 없는 경지'(無念)와 같아졌기 때문에 〔이럴 때〕 실제로는 '비로소 깨달아감'의 내용들이 차이가 없으니, '분별망상의 네 가지 양상'(四相)이 동시에 있어도 모두 스스로 존립할 수 없고 본래 평등하여 동일한 깨달음(覺)이기 때문이다."[2]

又以覺心源故, 名究竟覺. 不覺心源故, 非究竟覺. 此義云何? 如凡夫人覺知前念起惡故, 能止後念令其不起, 雖復名覺, 即是不覺故. 如二乘觀智初發意菩薩等, 覺於念異, 念無異相, 以捨麤分別執著相故, 名相似覺. 如法身菩薩等, 覺於念住, 念無住相, 以離分別麤念相故, 名隨分覺. 如菩薩地盡, 滿足方便, 一念相應, 覺心初起, 心無初相, 以遠離微細念故, 得見心性, 心即常住, 名究竟覺. 是故修多羅說: "若有衆生能觀無念者, 則爲向佛智故". 又心起者, 無有初相可知, 而言知初相者, 即謂無念. 是故一切衆生不名爲覺, 以從本來念念相續, 未曾離念, 故說無始無明. 若得無念者, 則知心相生住異滅, 以無念等故. 而實無有始覺之異, 以四相俱時而有, 皆無自立, 本來平等, 同一覺故.

고향에 도착해야 귀향의 여정은 완료된다. '비로소 깨달아감'(시각)의 종착지는 '존재의 참모습과 만나는 온전한 마음자리'(心源)다. 이 마음자리에 이르러야 '궁극적 깨달음'(구경각)을 성취했다고 부르며, 이때에라야 '깨달아가는 여정'이 완성된다. 『대승기신론』은 출발지에서부터 종착지까지 이 '비로소 깨달아감'의 여정을 네 단계로 나누어 안내하고 있다.

존재 환각에 사로잡힌 마음은, 실체라는 환각에 의거해 세상을 잘못 읽어내는 망상을 펼친다. 환각에 의해 오해하고 왜곡하는 '진실 일탈'이 진행되고, 급기야 그 오해와 왜곡의 망상을 행위로 표현한다. 이것이 '깨닫지 못하는 면모(불각)'의 전개 과정이다.

그런데 '깨닫지 못함'의 이러한 모습은 결국 이해/판단/추리/분석/종합/기억/예측 등의 작용을 하는 '아는 면모'가 펼치고 있다. '깨닫지 못함'이나 '깨달음'은 결국 '마음'의 문제인 것이다. 그리하여 『대승기신론』은 존재 환각(무명)에 의한 망상 전개를 네 단계(生住異滅의 四相)로 나누어 '깨닫지 못하는' 마음을 분석하는 동시에, 바로 이 네 단계 망상에 의거하여 '깨달아가는' 마음의 네 단계(不覺인 覺/相似覺/隨分覺/究竟覺)를 밝히고 있다.

존재 환각에 사로잡힌 마음은 먼저 사물과 세상을 오해하고 왜곡하는 망상을 일으킨다. 이 단계가 '존재 환각에 사로잡힌 생각이 망상을 일으키는 모습'(念의 生相)이다. 생겨난 망상은 곧이어 분명한 내용으로 자리를 잡게 되는데, 이것이 '존재 환각에 사로잡힌 생각이 망상을 수립하는 모습'(念의 住相)이다. 분명한 내용으로 자리 잡은 망상은 다시 그 내용을 증폭시켜가는데, 이것이 '존재 환각에 사로잡힌 생각이 망상을 증폭하는 모습'(念의 異相)이다. 이렇게 내용이 증폭된 망상은 급기야 행동으로 표출되기에 이른다. '존재 환각에 사로잡힌 생각이 망상을 행동으로 나타내는 모습'(念의 滅相)이다.

어두움 때문에 제대로 보지 못하여, 새끼줄을 '뱀인가?' 하고 착각한다. 존재 환각에 사로잡히는 국면이다(無明). 이어 '진짜 뱀이구나!' 하는 망상이 일어난다. 환각에 의거하여 사실을 오해하고 왜곡하는 망상이 처음 생겨나는 단계다(念의 生相). 다시 '맹독을 지닌 살모사구나!'라고 판단한다. 망상이 더욱 구체적 내용을 지니고 확연히 자리 잡는 단계다(念의 住相). 이어서 '저 살모사가 나에게 덤벼들려고 한다'고 추정한다. 망상이 사실에서 현저하게 일탈하여 증폭하는 단계다(念의 異相). 망상이 이에 미치면 뒤돌아 도망치거나 돌을 집어 던지게 된다. 망상이 행동으로 표출되는 단계다(念의 滅相).

기독교 근본주의에 사로잡힌 미국인이 있다. 그는 기독교적 세계관과 가치관만이 절대 진리라고 맹신한다.『구약』에 쓰인 대로 세상과 사물, 인간이 창조되었다고 믿고, 인류의 조상은 아담과 이브이고, 모든 인류는 원죄에 연루되어 있으며, 오직 자기가 이해하는 기독교 교리에 따라야 사면받을 수 있다고 확신한다. 기독교 교리와는 다른 가르침을 설하는 철학이나 종교는 모두 악마의 자손들이고 사탄의 유혹이라서, 그것들을 말살하는 것이 정의라고 믿어 의심치 않는다. 충분히 증명된 과학적 사실이나 역사적 진실, 철학적 통찰에 비추어볼 때, 그의 신념에는 교정되어야 할 무지와 편견, 선입견과 독선, 독단들이 엉켜 있다(無明).

미국에 입국한 한 아랍인이 있다. 이슬람교를 신봉하지만 남의 종교도 존중할 줄 알고, 모범적 윤리 의식과 타인에 대한 우애를 실천하며 살아가는 평화주의자인 그는, 사업차 미국을 방문했다. 기독교 근본주의자인 미국인이, 터번을 두르고 턱수염을 기른 그 아랍인을 보고 생각한다. '사탄에 지배받고 있는 이교도구나. 좋은 사람이 아니군!' 그가 지닌 무지의 편견과 독단으로 인해 사실을 오해/왜곡하는 망상이 일어난 것이다(念의 生相). 그는 생각을 이어간다. '이슬람교는 여성 얼굴을 가리게 하고 일부다처제를 허용한다고 하니, 이 사람 역시 여성을 차별하고 기독교에 대해 증오심을 품고 있을 것이다. 우상 숭배를 하는 미개한 야만인이다.' 망상이 더욱 분명한 내용을 지니고 자리 잡았다(念의 住相).

그의 망상은 더 나아간다. '이 이교도 야만인은 미국인을 공격하기 위해 입국했을 것이다. 저 가방에는 테러용 폭발물이 있을 것이다. 그대로 보내면 큰일 나겠구나. 진리와 정의를 수호하기 위해 가만두면 안 되겠다.' 망상의 오해와 왜곡이 사실에서 현저하게 일탈한 정도로 증폭되었다(念의 異相). 망상이 이에 미치자, 그는 처음 본 아랍인에게 달려들어 주먹으로 때려눕히고 가방을 빼앗는다. 망상이 행동으로 표현되었다(念의 滅相).

새끼줄을 뱀으로 착각하여 마침내 도망가고, 선량하고 지혜로운 아랍인을 미개한 야만인으로 간주하여 급기야 주먹을 휘두르는 것.—마음이 '깨닫지 못하여' 펼치는 모습들이다. 그런데 현실의 마음인 아리야식에는 상반된 두 면모가 동거한다. 마치 반대 방향의 두 길이 엇갈리는 분기점에 선 것처럼, '깨닫지 못함의 면모'와 '깨달음의 면모'의 엇갈림을, 매순간 대면하는 것이 현실의 마음이다. 압도적으로 많은 사람들은 '깨닫지 못하는 마음의 길'로 습관적으로 접어들지만, 다른 길에 눈길을 두어 발걸음을 돌리는 사람들도 있다. 우르르 몰려가는 길을 달가워하지 않으면서, 아직 발자국 흔치 않은 다른 길로 접어드는 이들이 있다. '깨달아가는 길'에 올라 고향으로 가는 사람들이다.

귀향길에 오른 사람들은, 고향에 다가설수록 달라지는 풍경을 목격한다. '비로소 깨달아감'의 여정이 '본래적 깨달음'에 근접할수록, 깨달음의 내용과 수준이 달라지는 것이다. 귀성열차는 고향에 이르기까지 네 군데 역을 지난다. '비로소 깨달아감'의 여정은, 존재 환각(무명)에 의한 네 단계의 망상(生住異滅의 四相)을 차례로 거두면서 '본래적 깨달음'으로 귀환하는 것이다.

귀성열차가 기착하는 첫 번째 역은 '악행을 멈추는 곳'이다. 자신의 행동이 터무니없는 망상 때문이라는 것을 '알아차리면', 더 이상의 악행은 멈춘다. 처음 본 아랍인을 향해 주먹을 날리다가 '아무래도 이건 아니다. 내가 뭔가 잘못 생각한 것 같다'라는 반성이 밝아지면, 더 이상 주먹을 휘두르지 않는다. 이렇게 악행으로 나타난 망상을 '깨달아' 더 이상 악행을 하지 않는 것은 '비로소 깨달아감'의 첫 성취다. 이 성취는 '깨달음의 길'에서 성취한 것이어서 일종의 깨달음이기는 하다. 하지만 비록 더 이상의 악행은 멈추었지만, 아직은 존재 환각에 의거한 망상의 덫에 단단히 걸려 있다. 그런 점에서는 여전히 '깨닫지 못함'이기도 하다. 깨달음의 길과 깨닫지 못함의 길이 출발점 근처에서 아직 선명하게 갈라지지는 않고 중첩되어 있는 지점이라 하겠다. 그런 점에서 '깨닫지 못함이면서도 깨달음'(不覺인 覺)이라 부를 수 있다.

귀성열차의 두 번째 역은 '망상의 증폭에서 빠져나오는 곳'이다. 자신의 생각이 사실에서 현저하게 벗어난 망상이라는 것을 '알아차리면', 증폭되던 망상은 힘을 잃고 사그라진다. '테러를 가하려는 위험한 야만적 이교도'라는 추정이 너무 지나친 억측이라는 것을 '깨달으면' 증폭하는 망상의 소용돌이에서 빠져나오게 된다. 이것을 '망상이 뚜렷하게 분별하며 집착하는 모습(麤分別執着相)을 버린 '비슷해진 깨달음'(相似覺)이라 부른다. 타향 길이 아닌 고향 가는 길 위에서 기착한 곳이기에 '고향 가는 역'이기는 하지만, 아직 종착역과는 거리가 있다. 그러나 고향에 가까워졌기에 고향 풍경을 제법 닮은 '고향 비슷한 역'이다. '깨달음'이기는 하지만 아직 '궁극적 깨달음'은 아니고, 그러나 '궁극적 깨달음'에 근접하여 '비슷해진 깨달음'이다.

귀성열차의 세 번째 역은 '망상의 수립에서 빠져나오는 곳'이다. 자신의 생각이 사실을 오해하여 왜곡하고 있는 망상이라는 것을 '알아차리면', 선명한 내용을 가지고 자리 잡은 망상의 덫에서 빠져나오게 된다. '사탄에 지배되어 우상을 숭배하고, 여성을 멸시하며, 지옥에 떨어질 이교도'라는 판단이, 그 아랍인의 실제 인품과 교양 수준을 오해하고 왜곡하는 망상임을 '깨달으면', 오해와 왜곡의 구체적 내용을 수립하는 망상에서 벗어나게 된다. 비록 종착역은 아니지만, 고향 바로 직전의 역이기에 고향 모습을 어느 정도 지니고 있다. 아직 '궁극적 깨달음'은 아니지만, '궁극적 깨달음'의 내용에 상당한 정도로 참여하고 있다. 그래서 '동참한 깨달음'(隨分覺)이라 부른다.

귀성열차의 종착역은 '환각에 의해 일어나는 애초의 망상에서 벗어나는 곳'이다. 자신의 망상이, 무지나 편견/선입견 또는 독선이나 독단 등의 형태로 나타나는 존재 환각에서 비롯되고 있다는 것을 '알아차리면', 망상이 애초에 일어나는 첫 단계에서 망상으로 빠져 들어가지 않게 된다. 이교도에 대한 배타적이고 부정적 판단의 원인이 되는 종교적 무지와 편협한 관점, 타 종교에 대한 잘못된 선입견, 근거 없는 독단이나 독선 등, 여러 형태로 나타나는 근원적 무지를 '깨달으면', 그 무지가 망상으로 되는 첫 단계에서 멈추어, 망상의 흐름에 빠져들지 않게 된다. 존재 환각에 사로잡히는 가장 미세한 단계에서 망상에 빠져들지 않는 것이다.

이때 마침내 '밝지 못함'(無明)의 환각이 거두어져, 존재의 참모습을 그대로 보는 '본래적 깨달음'이 드러난다. 온전한 마음상태(心性)가 드러난 것이요, '존재 환각에 사로잡히지 않는 마음상태'(無念)가 밝아진 것이다. 종착역에 이르러 고향의 품에 안긴 때다. 더 이상 앞으로 나아갈 곳이 없는 종착지이기에 '궁극적 깨달음'이라 부른다. 선종(禪宗)에서는 이 국면을 '견성'(見性: 존재의 참모습을 그대로 보는 온전한 마음상태가 드러남)이라 부른다.

망상이 바로 '본래적 깨달음'(本覺)이고
'하나가 된 마음'(一心)이다

'망상의 네 가지 단계'(心相의 生住異滅)는, 존재 환각(무명)에 붙들린 마음이 존재의 참모습을 왜곡해가는 전체 과정을 압축적으로 구분한 것이다. 『대승기신론』은 불교의 유식적(唯識的) 통찰을 토대로 하여, '깨닫지 못하는' 마음의 체계를 '망상의 네 가지 모습(四相)'으로 총괄한다. 아울러 깨달아가는 과정(시각)을 이 '망상의 네 가지 단계'에 맞추어 밝혀준다.

근본 무지(무명/존재 환각)에 의해 생겨나는 존재 왜곡의 마음이 '망상'(念)이고, 그 망상의 전개 과정이 '망상의 네 가지 단계'(心相의 生住異滅)다. 그리고 이 망상의 마음을 펼쳐가는 것이 바로 '깨닫지 못함'(불각)이다. 따라서 불각을 극복하여 '본래적 깨달음'(본각)으로 귀환하는 '비로소 깨달아감'(시각)은 바로 '망상의 극복 과정'(念을 여의어감)이며, 그것은 다름 아닌 '환각에 의거하여 망상으로 일어나고(生)/자리 잡고(住)/증폭하며(異)/악행으로 나타나는(滅) 마음에서 풀려나는 과정'이다. 그리하여 마침내 존재의 참모습을 왜곡하던 망상적 마음이 그치고 온전한 마음으로 바뀌는 것을 '무념'(無念)이라 한다.

무념은 진실을 왜곡하는 망상(念)이 그쳐진 마음, 다시 말해 존재의 참모습(實相)을 그대로 보는 온전한 마음이다. 이 무념의 마음은, 진실을 덮거나 비틀어버리는 망상이 아니라, 사실을 진실

148

대로 온전하게 보는, 지혜로운 마음(如實智)이다. 이 무념의 마음 자리에 서면 천지개벽하는 반전이 일어난다. '생겨나(生) 자리 잡고(住) 증폭하며(異) 행동으로 나타나던(滅)' 망상이, 사실을 진실대로 보는 지혜의 작용이 된다.

마음은 항상 그 '어떤' 작용이다. 알고 이해하고 생각하는 작용이다. 그 '알고 이해하고 생각하는 작용'이 환각에 붙들려 있는가 아닌가에 따라, 전혀 다른 내용의 '작용'이 된다. 망심(妄心)과 진심(眞心), 염(念)과 무념(無念), 불각(不覺)과 각(覺)으로 달라진다. 존재 환각을 붙들고 있는 마음은 '망심/념/불각'의 마음이고, 환각을 털어버린 마음은 '진심/무념/각'의 마음이다. 기능으로 보면 동일한 '알고 이해하고 생각하는 작용'이지만, 내용으로 보면 완전히 다른 마음이다.

무념은 마음작용이 사라진 것이 아니라, 마음내용이 환각에서 지혜로 바뀐 것이다. 이 무념의 마음자리에 서면 망상의 연원이던 존재 환각이 걷히기 때문에, 마음의 '알고 이해하고 생각하는 작용'이 망상에서 깨달음으로 바뀐다. 환각에 붙들린 망상으로 존재의 참모습을 은폐/왜곡하던 '깨닫지 못하는' 마음작용이, 환각에서 풀려나 진실대로 보고 아는 '깨닫는' 지혜 작용으로 바뀐다. 무념 자리에서는, 마음의 '일으킴(生)과 내용 확립(住)과 내용 확장(異)과 행동으로 나타남(滅)'이, 진실에서 일탈하는 망상의 전개가 아니라, 진실을 드러내는 지혜로운 작용이다. 마음의 모든 작용이 그대로 깨달음이다. 마음의 네 가지 전개(生住異滅)가 존재 왜곡의 망상이 아니라 존재의 참모습을 드러내는 깨달음이다.

마음작용을 망상에서 깨달음으로 전환시켜버리는 무념의 자리를 확보한 경지를 '궁극적 깨달음'(究竟覺)이라 부른다. 그리고 궁극적 깨달음인 무념의 자리에서는, '비로소 깨달아감'(시각)과 '본래적 깨달음'(본각)이 같은 것이 된다. 망상을 그 '처음 생겨나는 단계'(念의 生相)에서 '알아차리면/깨달으면', 망상의 원천인 존재 환각에서 풀려나 '무념'이라 부르는 마음국면(자리)이 열린다. 이 무념 자리에서 마음이 작용할 때, '번뇌 망상이 곧 깨달음'(煩惱卽菩提)이라는 말이 유효하게 되는 지평이 열린다. 이것이 시각과 본각이 같아진 구경각의 지평이며, 이때는 '깨닫지 못함'(불각)이 바로 '본래적 깨달음'(본각)이다. 인간의 마음이 지닌 '깨달음의 면모'는 여기에 이르러 완벽해진다.

원효는 '하나가 된 마음'(一心)으로써 이 무념의 깨달음을 노래한다. 원효에 따르면, 이 무념의 국면이 바로 '하나가 된 마음'이다. 깨달아가는 여정(시각)의 종착지인 이 무념 자리에서는, 망상이 깨달음으로 바뀌어버리는 존재의 축복이 펼쳐진다. 원효는 이 축복을, "**망상의 네 가지 모습**(四相)**이 오직 '하나가 된 마음'**(一心)**이며, '깨닫지 못함'**(불각)**이 바로 '본래적 깨달음'**(본각)**과 같다**"고 웅변한다. 그는 이 존재 개벽의 소식을, '하나가 된 마음'과 관련시켜 다음과 같이 풀어낸다.

"'분별하는 마음이 처음 일어나는 것'(心初起)이란, '근본무지'(無明)에 의해 '생겨남의 양상'(生相)이 일어나 '마음의 본연'(心體)을 미혹하여 '분별하는 생각'(念)을 동요시키다가, 이제 '본래적 깨달음'(本覺)을 떠나서는 '깨닫지 못함'(不覺)도 없으니 '분별로 동요하는 생각'(動念)이 바로 '분별로 동요하지 않는 고요한 마음'(靜心)임을 완전히 깨달아 알게 되었기에 "분별하는 마음이 처음 일어나는 것을 깨달으니"(覺心初起)라고 말하였다. 마치 방향을 잃었을 때에는 동쪽을 서쪽이라고 말하다가 잘못된 것인 줄 깨달았을 때는 곧 서쪽이 바로 동쪽임을 알게 되는 것과 같으니, 『『대승기신론』』 본문에서의 '깨달음의 면모'(覺義)도 이와 같음을 알아야 한다. (……) 앞의 세 가지 지위에서는 비록 벗어난 곳이 있기는 하나 그 '동요하는 분별하는 생각'(動念)은 여전히 일어나 없어지지 않기 때문에 "'분별하는 생각'(念)에 '머무르는 양상'(住相)이 없다"(念無住相) 등으로 말하였지만, 이제 '궁극적인 경지'(究竟位)에서는 '동요하는(분별하는) 생각'(動念)이 모두 사라지고 오직 '하나로 보는 마음자리'(一心)만이 있기 때문에 "마음에 '분별하는 생각이 처음 일어나는 양상'(初相)이 없어서"(心無初相)라고 말한 것이다. (……) '근본무지에 의해 본래적 깨달음이 동요하도록 움직이는 양상'(業相)이 움직인 '분별하는 생각'(念)은 분별하는 생각 중에서 가장 미세하므로 '근본무지에 사로잡히는 미세한 생각'(微細念)이라 하였다. 이 움직이는 양상이 모두 사라져서 조금도 남지 않기 때문에 "멀리 떠나는"(遠離)이라고 말하였고, 멀리 떠날 때 바로 '부처의 경지'(佛地)에 있는 것이다. 앞서의 세 지위에서는 아직 '마음의 본원'(心源)에 이르지 못하여 '생겨남의 양상'(生相)이 다 없어지지 않고 마음이 아직 '늘 참 그대로와 만나는 제자리를 지키지 못하다가'(無常), 이제 이 '궁극적인 경지'에 이르러서는 '근본무지'(無明)가 완전히 사라지고 '하나로 보는 마음자리'(一心)의 근원으로 돌아가서 다시는 분별을 일으켜 동요함이 없기 때문에 "'마음의 온전한 면모'(心性)를 보게 되어 마음이 곧 근본무지에 사로잡히지 않고 늘 참 그대로와 만나는 제자리를 지키니"(得見心性, 心卽常住)라고 말했으니, 다시 더는 나아갈 곳이 없는 것을 '궁극적인 깨달음'(究竟覺)이라고 부른다.

또한 아직 '마음의 본원'(心源)에 이르지는 못하여 '허망한 꿈과 같은 분별하는 생각'(夢念)이 여전히 사라지지 않아 이와 같은 동요를 없애 분별이 그친 피안의 세계에 이르기를 바라다가, 이제 '마음의 온전한 면모'(心性)를 보게 되어 '꿈과 같이 헛된 생각'(夢想)이 모두 사라지고 마음이 본래부터 '동요하며 바뀌어 감'(流轉)이 없음을 깨달아 알게 되니, 이제는 고요히 쉰다는 생각도 없이 항상 스스로 '하나로 보는 마음자리'(一心)이어서 '온전한 실재와 하나로 같아지는 지평'(一如床)에 자리 잡기 때문에 "'마음의 온전한 면모'(心性)를 보게 되어 마음이 곧 근본무지에 사로잡히지 않고 늘 참 그대로와 만나는 제자리를 지키니"(得見心性, 心卽常住)라고 말한 것이다. 이와 같이 '비로소 깨달아 감(始覺)은 '본래적 깨달음'(本覺)과 다르지 않은 것이니, 이러한 도리에 따라 '궁극적인 깨달음'(究竟覺)이라 부른다. 이것은 '깨달음의 범위'(覺分齊)를 바로 밝힌 것이다."[3]

'心初起'者, 依無明有生相, 迷心體令動念. 今乃證知離本覺無不覺, 卽動念是靜心, 故言 '覺心初起'. 如迷方時謂東爲西, 悟時乃知西卽是東, 當知此中覺義亦爾也. (……) 前三位中雖有所離, 而其動念猶起未盡, 故言 '念無住相等', 今究竟位, 動念都盡, 唯一心在, 故言 '心無初相也'. (……) 業相動念, 念中最細, 名微細念. 此相都盡, 永無所餘, 故言 "遠離", 遠離之時, 正在佛地, 前來三位未至心源, 生相未盡, 心猶無常, 今至此位, 無明永盡, 歸一心源, 更無起動, 故言 '得見心性 心卽常住'. 更無所進, 名究竟覺. 又復未至心源, 夢念未盡, 欲滅此動, 望到彼岸, 而今旣見心性, 夢想都盡, 覺知自心本無流轉, 今無靜息, 常自一心, 住一如床, 故言 '得見心性 心卽常住'. 如是始覺不異本覺, 由是道理, 名究竟覺, 此是正明覺分齊也.

"이와 같이 여래가 마음을 깨달을 때는 처음 움직인 마음의 모습이 본래 고요한 것임을 아는 것이니, 그러므로 "바로 '분별하는 생각이 없어짐'(無念)을 일컫는 것이다"(卽謂無念)라고 말하였다. (……) 비록 처음으로 '분별하는 생각이 없어짐'(無念)을 깨달았다고 하지만 내용으로 보면 '분별망상의 네 가지 양상'(四相)이 근본 무지를 일으키기 이전의 본래 지평에서는 일어난 바가 없음을 깨달은 것이니, 어떤 '깨닫지 못함'(不覺)을 조건으로 삼아 '비로소 깨달아감'(始覺)이 있겠는가? 그러므로 "실제로는 '비로소 깨달아감'의 내용들이 차이가 없다"(實無始覺之異)고 말하고, 아래에서는 이 뜻을 해석하였다."[4]

如是如來覺心之時, 知初動相卽本來靜, 是故說言 '卽謂無念'也. (……) 雖曰始得無念之覺, 而覺四相本來無起, 待何不覺而有始覺? 故言 '實無始覺之異', 下釋此義.

"'분별망상의 네 가지 양상'(四相)이 '동시에 존재함'(俱有)은 마음에서 이루어진 것이니, '하나로 보는 마음자리'(一心)를 떠난 외부에 별도의 '스스로의 본연'(自體)이란 것은 없기 때문에 "동시에 있어도 모두 스스로 존립할 수 없고"(俱時而有皆無自立)라고 말하였다. 모두 '스스로 존립할 수 없기'(無自立) 때문에 본래 평등하여 동일한 '본래적 깨달음'(本覺)인 것이다."[5]

四相俱有, 爲心所成, 離一心外無別自體, 故言 '俱時而有 皆無自立'. 皆無自立故, 本來平等, 同一本覺也.

"마치 바닷물의 움직임을 파도라고 부르지만 파도에는 '스스로의 본연'(自體)이 없기 때문에 파도의 움직임이라 할 것은 없으며, 물에는 '스스로의 본연'(自體)이 있기 때문에 물의 움직임이라 할 것이 있는 것처럼, 마음과 '분별망상의 네 가지 양상'(四相)의 이치도 이와 같다. (……) 이러한 뜻에 의해 '분별

망상의 네 가지 양상'(四相)이 바로 일심(一心)이고, '깨닫지 못함'(不覺)이 바로 '본래적 깨달음'(本覺)과 같으니, 그러므로 "본래부터 평등하여 동일한 깨달음이다"라고 말했다."[6]

猶如海水之動說名爲波, 波無自體故, 無波之動, 水有體故, 有水之動, 心與四相義, 亦如是. (……) 由是義故, 四相唯是一心, 不覺卽同本覺, 故言 '本來平等 同一覺也'.

'비로소 깨달아감'(시각)과
'본래적 깨달음'(본각)이 다르지 않은 경지

원효에 따르면, '비로소 깨달아감'이 완전해지면 '불각과 시각과 본각이 다르지 않게' 되고, 그것은 곧 '하나가 된 마음자리'(一心源)로 돌아간 것이다.

"본래 환각(무명)에 따라서 모든 망상의 마음(識)이 일어나다가, 이제 '비로소 깨달아감'(시각)에 따라서 온전한 마음자리(心源)에 다시 돌아가니, 온전한 마음자리에 돌아갈 때 모든 망상의 마음이 일어나지 않으며, 망상의 마음이 일어나지 않기 때문에 '비로소 깨달아감'이 원만해짐을 밝히고자 한 것이다."[7]

欲明本隨無明諸識生起, 今隨始覺還歸心源, 歸心源時, 諸識不起, 識不起故, 始覺圓滿.

존재 환각에 질질 끌려가는 '깨닫지 못하는' 길에서 몸을 돌려, '깨달아가는' 길에 올라서는 것은 귀향의 시작이다. 그래서 '비로소 깨달아간다고 한다. 그렇다면 존재의 본래적 완전성에서 솟아오르는 불가사의한 향상의 계기(본각의 불가사의한 훈습)에 의해 출발한 '깨달아감'(시각)의 여정을, 목적지까지 이끌어가는 핵심 동력은 무엇일까? '비로소 깨달아감'이 '본래적 깨달음'과 다르지 않게 되는 경지로 이끌어가는 깨달음의 구체적인 내용은 어떤 것인가? 이와 관련된 원효의 말을 몇 마디 들어보자.

"깨달음이 없다는 도리를 깨달아 알면 곧 '비로소 깨달아가는 지혜'가 된다."[8]

覺知無覺之理, 則爲始覺之智.

"생사가 본래 생겨남이 없음을 깨달아 알기에, 생사의 더러움에 집착하는 것을 여읜다."[9]

覺知生死本來無生, 所以離着生死之垢也.

"'열반은 본래 적정함이 없음'을 깨달아 알기에, 열반으로 들어간다는 (망상의) 동요를 여읜다."[10]

覺知涅槃本無寂靜, 所以離入涅槃之動.

"생사와 열반에 머물지 않기 때문이다."[11]

不住生死及涅槃故.

"세속의 유(有)와 진여의 공(空)을 보지 않기 때문이다."[12]
不見俗有及眞空故.

 '깨닫지 못함'(불각)의 길은 존재 환각을 붙들고 걷는 길이다. '불변의 독자적 본질을 배타적으로 소유하는 실체'가 있다는 것이 환각의 핵심이다. 그런데 이 실체라는 환각을 담아내어 유지하고 강화/확산시키는 데 결정적 역할을 하는 매개체가 바로 언어다. '책상'은 그 말에 해당하는 실체가 있고 '자동차'에도 그 말에 해당하는 고유의 본질을 지닌 실체가 있다고 여긴다. 책상을 책상이게 하고, 자동차를 자동차이게 만드는, 변치 않는 고유의 본질을 가진 실체가 그 말에 상응하여 있다고 생각한다. 그러나 '책상'이나 '자동차'로 불리는 것을 아무리 분석하고 들여다보아도, 책상이나 자동차만의 변치 않는 본질을 지닌 존재는 발견되지 않는다. 찾는 방법이 신통치 않아서가 아니라, 그런 실체적 존재가 없기 때문이다. 발견되는 것은 그저 '관계와 변화로 생성 소멸하는 시스템적 현상'일 뿐이다. 이러한 현상들 가운데 통합적 정체성을 부여할 만한 일련의 인과 계열을 타자들과 식별하기 위해 부여한 기호가 언어다. 언어에 상응하는 불변의 동일한 실체는 없다. 관계와 변화의 지속적 인과 연쇄와 패턴이 있을 뿐이다.
 실체라는 존재 환각은 곧 언어 환각이기도 하다. 이 두 환각은 한 몸처럼 결합되어 있다. 실체가 있다는 환각이, 언어에 상응하는 실체가 있다는 언어 환각을 부추기고, 언어 환각은, 언어로 지칭되는 사물을 실체로 착각하게 만든다. 두 환각이 상호 작용하면서, 있지도 않은 실체의 세계를 한 층 한 층 건립해간다. 가히 거대한 기만의 환술이다. 이 환술에 홀려 걸어가는 길이 '깨닫지 못함'이고, 환술을 간파하여 속지 않으려는 길이 '비로소 깨달아감'이다. 환술에 현혹당하지 않는 능력을 키워가다가 마침내 환술에서 완전히 풀려나면, 환술에 의해 꾸며지기 이전의 세상(본래적 깨달음)과 온전하게 만나게 된다. '비로소 깨달아감'과 '본래적 깨달음'이 다르지 않은 지점에 이른 것이다.

존재 환각에서 벗어나기 위해 '비로소 깨달아가는' 길에 오른 수행인이, 존재의 참모습과 온전하게 만나는 '본래적 깨달음'에 다가서기 위해 필요한 것은 무엇일까? 언어 환술에 속지 않는 깨달음이 요건이다. 언어 환술에서 깨어나 언어에 실체를 배정하지 않을 수 있어야 한다. '번뇌'나 '망상'은 환각의 산물일 뿐, 불변의 본질을 지니는 것이 아니라고 알아야 번뇌와 망상에서 풀려날 수 있다. '생겨나고(生) 사라지는(死)' 것은 불변의 실체가 아니라는 점을 깨달아야, 생사를 불안이나 동요 없이 만날 수 있다.

원효는 한 걸음 더 내딛는다. '번뇌'나 '망상'뿐 아니라, '깨달음' '열반' '공'(空)이라는 말에도 불변의 본질을 지닌 실체를 부여하지 않을 수 있어야 한다고 역설한다. "깨달음이라는 것이 원래 없다는 도리를 깨달아 알아야 한다"거나, "'열반에는 본래 적정함이 없음'을 깨달아 알아야 한다" "열반에도 머물지 않아야 한다"고 말한다. '깨달음/열반/공(空)'은 '비로소 깨달아가는' 길에 오른 사람이 성취하려는 목표임이 분명하다. 그런데 어찌 된 일인가? 이 목표들을 부정할 수 있어야 존재 환각이 벗겨진 온전한 세상을 만나게 된다고 말하니.

실체라는 존재 환각은 언어에 의해 생성/유지/강화되며, 동시에 존재 환각은 언어 세계에 실체를 부여한다. 존재 환각과 언어 환술의 이 상호 작용의 악순환 고리를 끊으려면 양자로부터 풀려나려는 노력이 모두 필요하지만, 특히 언어 환술에서 깨어나는 일이 급선무가 된다. 어느 순간부터 인간에게는, 언어와 사유, 언어와 존재가 한 몸처럼 결합되었고, 이제는 사유보다는 오히려 언어가 주도권을 쥐고 있는 형국이기 때문이다. 현실의 인간은 언어에 의해 사유의 내용을 채워나가고, 세상의 모습을 그리며, 세계를 읽어낸다. 인간의 모든 경험은 속속들이 '언어적'이어서, 언어가 삶과 세계를 구성해간다고 해도 무방할 정도다.

따라서 언어 환술에 속지 않는 능력이 향상될수록 존재의 고향에 가까워진다. 언어로 구성되는 세계에 실체를 부여하지 않을 수 있는 능력의 정도에 따라, 그만큼 더 고향에 다가선다. 그런데 실체를 부여하지 말아야 할 것은 '모든 언어'다. '망상' '번뇌'의 언어뿐만 아니라, '깨달음' '열반' '공'의 언어에도 불변의 배타적 본질을 지닌 실체를 배정하지 말아야 한다. '깨달음' '열반' '공'이라는 말에도 그에 상응하는 실체가 없다는 깨달음을 담아내고 지시하며 그러한 깨달음으로 안내하려는 언어가, 바로 '깨달음/열반/공'의 언어다. '망상/분별/번뇌'의 언어에서 실체를 박탈하는 대신, '깨달음/열반/공'의 언어에 새로운 실체를 부여하려는 것이 아니다. '깨달음/열반/공'의 언어는, 자신을 포함한 모든 언어에, 세계를 조각조각 분리하고 상호 배제하는 실체가 없다는 것을 알리는, 일종의 메타 언어다.

존재 환각과 언어 환술에서 풀려나려는 구도자는 자칫 자신의 목표를 지시하는 언어들을 실체화하려든다. 이것은 환각과 환술 자체를 해체하려는 것이 아니라 또 다른 환각으로 환각을 대체하려는 것이어서, 귀향길은 곧 막히고 어긋나게 된다. 원효는, 존재의 고향으로 돌아가는 '비로소 깨달아가는' 길을 제대로 걸으려면, 무엇보다도 언어 환술에 속지 않는 능력을 키워야 한다는 점을 직시하고 있다. 또한 언어 환술이 얼마나 집요하고 뿌리 깊은 것인지 간파하고 있다. 뿐만 아니라 언어 환술의 위력에 지배되어 끊임없이 새로운 언어적 실체를 설정하려드는 중생의 마음이 지닌 경향성도 꿰뚫어보고 있다. 원효가 정확히 지적하고 있듯이, 존재의 참모습을 만나기 위해서는 '깨달음/열반/공'이라는 언어에도 실체를 부여하지 않을 수 있어야 한다. '깨달음/열반/공'을 실체로 간주하여, 거머쥐고 머무르려든다면, 여전히 언어 환술에 농락당하여 고향은 멀어져간다. '깨달음/열반/공'을 거주해야 할 격리된 집으로 보지 않을 수 있을 때라야, 언어 환술에 속지 않는 깨달음이 살아난다. 그럴 때라야 '깨달음/열반/공'의 지평이 드러난다.

'깨달음'은 어떤 불변의 본질을 지닌 실체적 존재가 아니다. '깨달음'이, 격리되고 폐쇄적인 공간을 점유한 불변의 본질이나 실체라면, '깨달음'과 '깨달음 아닌 것'이 전혀 교섭될 수 없는 것으로서 분리된다. 서로를 결코 용납하지 않으며 자기 본질만을 배타적으로 유지하는 실체들로 갈라서서 서로 맞서는 세상이 된다. 만약 그런 세상이라면, '깨달음 아닌 것'은 '깨달음'이 될 수 없고, '깨달음'이 '깨닫지 못함'으로 전락할 리도 없다. 부처는 언제나 부처고, 중생은 항상 중생이다. 중생이 부처가 되려는 시도는 헛된 짓이고, 깨달음의 빛을 간수해가려는 노력도 부질없는 노릇이 된다. 변화를 위한 그 어떤 노력도 무의미하고, 어떤 국면이나 상태를 유지해가려는 노력도 불필요해진다. 모든 변화를 거부하는 고정된 정태(靜態)의 세상이 되고 만다.

이러한 분리와 격리, 배제와 고정의 세계는 환각적 구성이지, 존재의 참모습이 아니다. 존재 환각을 걷어낸 '본래적 깨달음'의 지평에서는, 실체라는 환각의 벽이 무너져 모든 존재가 서로를 향해 열려(通/圓) 서로 껴안으며(攝/融) 움직이는, 통섭(通攝)과 원융(圓融)의 역동적인 세계가 존재의 참모습으로 현현한다. 이 동적(動的)이고 열린 통섭의 모습을 '있는 그대로 아는 마음', 그것을 원효는 '하나가 된 마음'(一心)이라 부르고 있다.

'열반'이라는 말에도 '고요함이라는 불변의 배타적 본질'이 없으며, '공'이라는 말에도 '빔이라는 불변의 배타적 본질'이 없다는 사실.──그것을 아는 것이 바로 '깨달음'이요, '열반'이며,

'공'의 성취다. 이러한 깨달음이 귀향길 출발지(시각)와 종착지(본각)를 이어주는 역할을 한다. '비로소 깨달아가는' 길에서 터득하고 향상시켜야 할 깨달음이 바로 이것이다. 원효에 따르면, '깨달음' '열반' 등의 고귀한 언어를 포함한 그 어떤 언어 개념도 타자를 배제하는 실체적 본질을 지니는 것이 아니라는 통찰이야말로, '비로소 깨달아감'(시각)의 핵심이다. 이것이야말로 '비로소 깨달아가는' 존재 귀향의 여정에서 터득하고 간수하며 향상시켜야 할 깨달음이다.

이렇게 깨달음이나 열반조차 타자를 배제하는 실체적 본질로 보지 않는 깨달음(시각)을 심화시켜가다 보면, 마침내 '시각과 본각이 다르지 않은' 지점에 이르게 된다. 언제나 고향에 있었으면서도 고향인 줄 모르고 헤매었음을 비로소 알게 되는 것이다. 원효는 『금강삼매경』이 말하는 '하나가 된 깨달음'(一覺)이 바로 이 경지의 깨달음이라고 보았다. 그리고 시각과 본각이 다르지 않게 된 '하나가 된 깨달음'에서는, 타자(중생)를 위하는 마음과 행동을 자발적으로 펼치는 능력이 무한히 솟아난다고 한다. 자기 이익과 타자 이익이 서로 열리고(通/圓) 서로 껴안으며(攝/融), 하나로 만나는 관계를 역동적으로 펼치는 국면이 열린다는 것이다.

【금강삼매경】 무주보살이 말했다. 〈여래께서 설하신 '하나가 된 깨달음'(一覺)의 성스러운 힘과 네 가지 넓은 지혜의 경지는 곧 모든 중생의 '본래적 깨달음(본각)의 이익'입니다. 왜

냐하면 모든 중생이 바로 이 몸 가운데 본래 원만하게 구족하고 있기 때문입니다.〉

【금강삼매경론】'비로소 깨달아감'(시각)이 완전해지면 곧 '본래적 깨달음'(본각)과 같아져서 본각과 시각이 다르지 않기 때문에 '하나가 된 깨달음'(一覺)이라고 했으며, (중생을 위해) 하지 않는 것이 없기 때문에 '성스러운 힘'이라 했고, '하나가 된 깨달음' 안에 네 가지 큰 지혜를 갖추어 모든 공덕을 지니기 때문에 '지혜의 경지'라고 했으며, 이와 같은 네 가지 지혜가 '하나가 된 마음'(一心)의 양과 같아서 어디에든 미치기 때문에 '너른 지혜'라고 했다. 이와 같은 '하나가 된 깨달음'은 곧 진리의 몸(법신)이고, 진리의 몸(법신)은 곧 중생의 '본래적 깨달음'(본각)이기 때문에, '바로 모든 중생의 본래적 깨달음의 이익'이라고 했다. 본래 한량없는 진리다운 능력(性德)을 갖추어 중생의 마음을 훈습하여 두 가지 업을 짓기 때문에 '본래적 깨달음의 이익'이라 한 것이다. '본래적 깨달음'과 '비로소 깨달아감'이 다르지 않다는 뜻으로 말미암아 한 중생도 진리의 몸(법신) 밖으로 벗어남이 없기 때문에, '곧 이 몸 가운데 본래 원만하게 구족되어 있다'고 했다."[13]

『金剛三昧經』; 無住菩薩言. "如來所說一覺聖力 四弘智地, 卽一切生本根覺利. 何以故? 一切衆生, 卽此身中, 本來滿足."

『金剛三昧經論』; 始覺圓滿, 卽同本覺, 本始無二, 故名'一覺', 無所不爲, 故言'聖力', 一覺之內, 俱四大智, 持諸功德, 故言'智

地', 如是四智, 同一心量, 皆無不周, 故名 '弘智'. 如是一覺, 即是
法身, 法身即是衆生本覺, 故言 '即一切生本根覺利'. 本來具有無
量性德, 熏衆生心, 作二種業, 故名 '本利'. 由是本覺無二義故, 無
一衆生出法身外, 故言 '即此身中 本來滿足'.

『【금강삼매경】 부처님이 말씀하셨다. 〈모든 부처님과 여래는
항상 '하나가 된 깨달음'(一覺)으로써 모든 (실체로 보아 나누
는) 분별 알음알이(識)를 바꾸어 (실체로 분별하지 않는) 온전
한 마음(唵摩羅)에 들어가게 한다. 어째서 그러한가? 모든 중
생은 '본래적 깨달음'(本覺)이니, 항상 '하나가 된 깨달음'으로
써 모든 중생을 깨우쳐 저 중생들이 모두 '본래적 깨달음'을 얻
게 하여, 모든 (실체로 보아 나누는) 분별 알음알이(情識)가 공
적하여 일어남이 없음을(본래 근거가 없다는 것을) 깨닫게 하
는 것이다. 왜냐하면 존재의 참모습은 본래 (실체로 인한) 분별
동요가 없기 때문이다.〉[14]

【금강삼매경론】 모든 중생이 똑같이 '본래적 깨달음'(본각)
이기 때문에 '하나가 된 깨달음'(一覺)이라 한 것이다. 모든 부
처님은 이것을 체득하여 널리 교화할 수 있기 때문에 〈항상
('하나가 된 깨달음')으로써〉라 했고, 이 '본래적 깨달음'으로써
다른 사람을 깨닫게 하기 때문에 〈항상 '하나가 된 깨달음'으로
써 모든 중생을 깨닫게 한다〉고 말했다. 〈중생으로 하여금 모두
본각을 얻게 한다〉는 것은 〈분별 알음알이(識)를 바꾸어 온전

164

한 마음(唵摩羅)에 들어가게 한다〉는 구절을 풀이한 것이니, 본각은 바로 '온전한 마음'(암마라식)이다. '본각을 얻는다'는 것은 '들어간다'는 뜻을 풀이한 것이니, 본각에 들어갈 때에 (실체라는 환각으로 분별하던) 여덟 가지 알음알이(八識)가 본래 적멸임을(본래 근거가 없음을) 깨닫는다. (……) 〈모든 중생은 본각이다〉 등은 '본래적 깨달음의 면모'(本覺義)이고, 〈모든 (실체로 보아 나누는) 분별 알음알이(情識)가 공적하여 일어남이 없음을(본래 근거가 없다는 것을) 깨닫게 하는 것〉은 '비로소 깨달아감의 면모'(始覺義)이니, 이것은 '비로소 깨달아감'(시각)이 곧 '본래적 깨달음'(본각)과 같음을 나타낸 것이다."[15]

『金剛三昧經』; 佛言. "諸佛如來, 常以一覺, 而轉諸識入唵摩羅. 何以故? 一切衆生本覺, 常以一覺, 覺諸衆生, 令彼衆生皆得本覺, 覺諸情識空寂無生. 何以故? 決定本性, 本無有動."

『金剛三昧經論』; 一切衆生同一本覺, 故言'一覺'. 諸佛體此乃能普化, 故言'常以', 以此本覺, 令他覺故, 故言'常以一覺, 覺諸衆生'. '令彼衆生皆得本覺'者, 是釋'所化轉入'之句, 本覺正是唵摩羅識. '得本覺'者, 是釋'入義', 入本覺時, 覺諸八識本來寂滅. (……) 謂'一切衆生本覺'等者, 是本覺義, '覺諸情識寂滅無生'者, 是始覺義, 是顯始覺卽同本覺也.

존재의 본래적 완전성에서 솟아나고 있는 불가사의한 자기 구현의 힘(본각의 불가사의한 훈습력)이 촉발시킨 '깨달아감'(시각)의 여정은, 환각을 붙들고 존재 왜곡을 증폭시켜가는 '분별하는 알음알이'(分別識/情識)가 마침내 그치는 경지에 이른다. 대승불교 유식철학의 구유식(舊唯識/眞諦 唯識)에서는 이 경지를, 제8식(아뢰야식)의 근본 무명을 떨쳐버린 제9식으로서의 아마라식(阿摩羅識)이라 부른다. 존재의 본래적 완전성을 아는 이 제9식의 경지가 바로 본각이며, 이때를 '시각과 본각이 다르지 않은' 일각(一覺)이라 일컫는다. '비로소 깨달아감'(시각)의 종착지를 일컫는 '하나가 된 깨달음'(일각)에서는, 존재의 참모습, 그 본래적 완전성을 그대로 보므로, '모든 중생은 똑같이 본래 깨달아 있다'고 말할 수 있게 된다. 모든 중생을 '진리의 몸'(법신)으로 볼 수 있게 되는 것이다. 이 '하나가 된 깨달음'에서는 존재의 본래적 완전성이 지니고 있는 지혜와 자비의 능력이 무한하게 드러나고, 다른 중생들도 온전한 마음자리(아마라식/본각)로 돌아가게 하려는 이타의 교화행이 자발적/자연적으로 다채롭게 펼쳐진다. 이때는 시각과 본각의 두 능력(공덕)이 하나로 결합하여, '자기 이익의 구현'과 '타자 이익에의 기여'가 하나 된, 통섭/원융의 막힘없는 작용을 전개하게 된다.

　"'근본무지에 따라 움직이는 식'(業識) 등의 '오염된 것의 차별'(染法差別)에 대응시켜 일컫기에 '본래적 깨달음이 지닌 갠지스 강 모래알처럼 많은 본연의 능력'(本覺恒沙性德)을 설하며, 또 이 모든 차별을 치유하기 때문에 '비로소 깨달아감의 온갖 다양한 능력'(始覺萬德差別)을 이룬다."**16**

謂對業識等染法差別, 故說本覺恒沙性德, 又對治此諸法差別, 故成始覺萬德差別.

"'일이 있기에 앞서 본각의 이익을 취한다'고 한 것은 부처님의 말씀을 옳게 알아들은 것이다. 무릇 말을 하여 깨닫게 해주는 일(佛事)을 지으려 할 때에는 항상 먼저 그 본래적 깨달음(본각)의 이익을 취해야 하니, 이 요동치는 망상(念)은 (근거 없는 환각에 의한 것이라서) 본래 고요(寂滅)한 것이고, 이와 같이 고요한 것이 바로 존재의 참모습과 같아진 도리(如如한 理)다. 이 도리 가운데 '본래적 깨달음'(본각)과 '비로소 깨달아감'(시각)의 모든 능력(德)을 다 포섭하고 있으며, 또한 생멸하는 모든 것을 갖추고 있는데, (이것들은) 서로 막히지 않고 통섭되어 별개의 것이 아니니(圓融不二), 이 때문에 매우 깊고 불가사의하다. 이 가운데 비록 무한한 능력을 갖추고 있지만, 그 바탕이 되는 것은 오직 '본각과 시각이 평등하여 다르지 않은 것'이니, 그리하여 '곧 위대한 지혜(마하반야)다'라 했고, 이와 같은 지혜(반야)는 근원에 사무치고 본래 모습에 완전해진 것이기 때문에 '피안으로 건너갔다'(바라밀)고 했다."**17**

言在事之先, 取以本利者, 是領佛言. 凡欲發言作佛事時, 每先取其本覺之利, 是生死念, 本來寂滅, 如是寂滅, 即是如理. 理中攬攝本始諸德, 亦乃該羅生死萬法, 圓融不二, 是故甚深不可思議.

此中雖具無量功德, 其體唯是本覺始覺平等無二, 故言'卽是摩訶般若', 如是般若, 窮源盡性, 故言'波羅密'.

구도자는 깨달아가는 과정(시각)을 통해 왜곡되고 오염된 현실(불각)을 교정하고 정화시켜간다. 그 깨달아가는 여정의 종착지는 존재의 본래적 완전성(본각)이다. 이 도착지에서는 모든 존재의 참모습을 그대로 볼 수 있게 되므로, 불각이니 시각이니 본각이니 하는 구별 자체가 성립하지 않는다. '불각과 시각과 본각이 다르지 않게 되는 경지'인 것이다. 이 경지를 원효는 '하나가 된 깨달음'(一覺)이라 부르기도 한다.

오염된 현실과 깨달아가는 여정의 필요성을 감안한다면, '극복해야 할 불각'과 '심화시켜가야 할 시각' 그리고 '돌아가야 할 본각'을 각각 인정해야 한다. 이 맥락에서는 불각과 시각과 본각을 같다고 말할 수 없다. 시각과 본각의 '다른' 국면이다. 그러나 여정의 종착지(존재의 참모습)에서 본다면, '그쳐야 할 불각'도 없고 '완성시켜야 할 시각'도 없다. 모두가 '본래적 깨달음'(본각)이고 '진리의 몸'(법신)이 드러난 것일 뿐이다. '불각과 시각과 본각이 다르지 않은' 맥락이다. 이렇게 보면, 시각이 완전해져서 시각과 본각이 다르지 않게 되는 '하나가 된 깨달음'(일각)은, 시각과 본각의 '다름'과 '같음' 두 국면을 동시에 안고 있는 셈이다.

'본래적 깨달음'의 입장에서 보면, '본래부터 구현된 존재의 참모습을 그대로 드러내는 것'(本覺顯成義/眞修)이 수행인 셈이다.

그리고 '비로소 깨달아감'의 입장에서 보면, '아직 가려져 있는 존재의 참모습을 새롭게 밝혀가는 것'(始覺修成義/新修)이 수행이 된다. 깨달음의 길을 걷는 사람은 이 두 국면을 치우침 없이 동시에 직시해야 한다. 그리하여 원효는 다음과 같이 말한다.

"집착하는 마음을 비로소 여읜다는 것은 '비로소 깨달아가는 면모'(始覺義)이고, 본래 (집착하는 마음을) 여읜 공(空)한 마음은 '본래적 깨달음의 면모'(本覺義)이다. 뜻은 비록 두 가지가 있으나 합해져서 '하나가 된 깨달음'(一覺)을 이루니, 집착하는 마음과 집착하는 대상, 새것과 옛것을 똑같이 여의기 때문이다. 이것은 『대승기신론』에서 '시각은 곧 본각과 같다'고 한 것과 같다. (……) 또한 이 '하나가 된 깨달음'(일각)은 '본래적 깨달음'(본각)과 '비로소 깨달아감'(시각)의 면모를 (모두) 가지고 있으니, 본각의 '드러내어 이루는 면모(本覺顯成義)'가 있기 때문에 '진리대로 닦는다'(眞修)는 말도 도리에 맞고, 시각의 '닦아서 이루는 면모(始覺修成義)'가 있기 때문에 '새로 닦는다'(新修)는 말도 도리에 맞다. 만약 한쪽에 치우쳐 고집한다면 곧 미진함이 있게 된다."[18]

始離能取, 是始覺義, 本離空心, 是本覺義. 義雖有二, 混成一覺, 同離能所, 離新舊故. 如論說言 '以始覺者 卽同本覺', (……) 又此一覺有本始義, 以有本覺顯成義故, 眞修之說, 亦有道理, 以有始覺修成義故, 新修之談, 亦有道理. 如其偏執, 卽有未盡.

5

언어의 다툼(諍論)과 치유(和諍) I

각 주장의 부분적 타당성(一理)을 변별하여 수용하기

"자기가 조금 들은 바 좁은 견해만을
내세워, 그 견해에 동조하면 옳다 하고
그 견해에 반대하면 모두 잘못이라고
하는 사람이 있다. 마치 갈대 구멍으로
하늘을 보는 사람이, 갈대 구멍으로 하
늘을 보지 않은 사람은 모두 하늘을 보
지 못하는 자라고 하는 것과도 같다."

원효와 화쟁(和諍) 사상

인간은 다툰다. 그 다툼은 '언어적'이다. '인간의 다툼은 언어적'이라는 말은, 다투는 수단이 언어에 국한된다는 것이 아니라, 언어가 곧 인간 존재라고 할 정도로 언어와 인간 존재의 모든 면모가 마치 한 몸처럼 결합되어 있다는 것을 의미한다. 언어와 인간 사유의 선후 발생관계가 어떤 것이었건 간에, 현실의 인간은 언어 없는 순수 사유가 가능해 보이지 않을 정도로 '언어적 존재'가 되었다. 자신과 타인, 세계에 대한 인식과 경험, 그리고 관계 맺기는 깊숙한 수준에서부터 이미 언어 의존적이다. 그런 점에서 인간의 모든 다툼의 행위는 언어적이다. 인간의 다툼은, 언어에 의존하여 형성/유지/발전하는 관점과 신념, 기호와 욕구들의 충돌이기 때문이다.

언어와 존재가 한 몸으로 결합되어 있기에, 인간의 언어 다툼은 특히 격렬하다. 인간은 자기 존재의 모든 것을 언어에 담아 다투는 특이한 생명체다. 지구상의 생명체들 가운데서 언어에 자신을 담아 싸울 줄 아는 거의 유일한 존재가 인간이다. 그런 점에서 쟁론(諍論)은, 언어적 존재인 인간의 '인간적 다툼 방식'이요, 인간세(人間世)의 특징적인 면모이기도 하다.

화쟁(和諍)은 '언어로 드러나는 다툼'을 대상으로 하는 문제의식이다. 언어적 쟁론을 회해 또는 해소시키려는 의지와 노력과 실천이 담긴 말이 화쟁이다. 쟁론은 진리 탐구의 통로가 되고, 상생적 성숙과 발전의 계기로 기능하기도 한다. 서로 다른 견해가 자기 주장을 활발히 개진해가는 과정에서 사물이나 사태의 면모가 좀더 온전히 드러나며, 편견이나 단견, 무지나 선입견 등이 논쟁 과정에서 수정되거나 보완되어 서로를 성숙시켜간다. 그러나 화쟁은 쟁론의 이와 같은 담론적 순기능을 대상으로 삼는 것이 아니다.

쟁론은 상호 발전과 진리 구현의 통로가 되기도 하지만, 상호 파멸과 타락의 매개가 되기도 한다. 모든 파멸적 공격과 폭력은 쟁론 충돌의 산물이기도 하다. 견해의 대립과 충돌은 상호 불신과 오해, 부정과 증오, 폭력으로 이어지곤 한다. 세상의 인위적 오염과 고통은 사실상 쟁론의 그늘이다. 20세기의 인류를 절망의 나락에 빠뜨린 것은 배타적 이데올로기 쟁론의 야만적인 얼굴이었고, 지금도 개인의 일상과 시대를 신음케 하고 있는 것은 편견과 선입견과 무지에 물든 갖가지 상호 부정적 쟁론들이다. 상대를 밀어내고 섬멸하려는 이 '배타적 견해의 다툼들'은 그 오래된 암흑의 맹위를 여전히 과시하고 있다. 화쟁은 이 상호 부정적 쟁론의 해악성을 치유하려는 노력이다.

원효는 '배타적 견해 다툼의 화해'(和諍)를 위한 지혜 탐구와 실천에 진력했던 인물이다. 비록 잔간(殘簡: 온전하지 못한 책이나 문서)이기는 하나 아예 화쟁만을 주제로 삼은 『십문화쟁론』(十門和諍論)이 남아 있다. 그런데 신라 애장왕(재위 800~809) 때에 만들어진 「서당화상비문」(誓幢和上碑文)에 이 『십문화쟁론』

172

을 두고 세인들이 찬탄했던 내용이 전해지고 있다. 고려시대에는 대각국사 의천(1055~1101)이 원효를 "백가(百家) 이쟁(異諍)의 실마리를 화해시켜 일대의 지극히 공정한 이론을 얻었다"[1]고 평가했으며, 원효에게 화쟁국사(和諍國師)라는 시호(諡號)가 추증되는 한편(숙종 6년, 1101), 명종(재위 1170~97) 때에는 경주 분황사에 화쟁국사비가 건립되어 조선시대 초기까지 전해지고 있었다.[2] 신라와 고려시대에도 원효 사상의 특징은 '화쟁'이라는 코드를 통해 인식되고 있었던 것이다. 또한 오늘날 원효를 연구하는 학자들 역시 예외 없이 화쟁 사상에 주목하고 있다. **화쟁은 원효 사상의 돋보이는 개성이며 원효 사상의 중심축을 형성하는 요소**라는 점에는 하나같이 공감대를 이루고 있다.

모든 쟁론은 논리를 구사한다. 인간의 말싸움에는 논리가 개입한다. 모든 쟁론은 자기 견해의 승리를 위해 다양한 형태의 논리를 동원한다. 따라서 쟁론을 관심의 대상으로 삼을 때, 우리는 자연스럽게 논리의 문제에 시선을 두게 마련이다. 원효의 화쟁 사상에 관한 그간의 연구들 역시 쟁론에 관한 이와 같은 관행적 인식을 반영하고 있다. '쟁론을 극복하기 위해 원효는 어떤 논리를 구사하고 있는가?' 하는 것이, 연구자들의 관심을 자연스럽게 지배했다. 그리하여 많은 연구자들은 화쟁의 논리, 즉 쟁론의 문제 상황에 적용하여 화쟁이 이루어질 수 있는 논리 형식이 무엇인가에 많은 관심을 기울이고 있다.

원효가 구사하고 있는 화쟁의 논리 형식이 어떤 것인가를 확인하는 작업도 중요하다. 그러나 모든 쟁론 상황에 적용되어 화쟁을 이끌어낼 수 있는 논리 형식은 사실상 존재할 수가 없다. 어떤 쟁론에도 적용하기만 하면 해결되는 만능의 논리 형식은 있을 수가 없다. 원효의 화쟁 논리에 대한 연구자들의 관심이 그러한 기대를 담고 있는 것이라면, 그 기대는 충족될 수 없을 것이다. 쟁론은 수학적 형식논리의 다툼이 아니라, 인간의 가치관과 세계관, 신념과 욕망, 관점, 이익과 손해의 계산 방식 등이 얽힌 다툼이기 때문이다. 원효가 전개하는 독특한 논리 형식은 그가 성취한 독특한 존재 지평(一心之源)의 산물이다. 따라서 원효가 구사하는 화쟁 논리는 삶과 존재에 대한 그의 이해 지평과의 연관 속에서 음미되어야 한다.

원효의 화쟁 사상은 논리와 무관하지 않지만, 논리 자체의 문제는 아니다. 논리의 기반이 되는 존재 이해의 관점에서 전개되는 문제이며, 논리의 원천인 마음의 수준과 얽혀 있는 문제다. 그러므로 원효의 화쟁 사상에 대한 탐구는, 그의 화쟁 언어를 산출하는 '인간과 세계에 대한 관점'을 음미하려는 노력을 항상 수반해야 한다. '화쟁'이라는 언어의 매력에 홀려 만능의 논리 형식을 기대하는 태도는 자제해야 한다.

원효는 무엇을 화쟁하고자 했는가

원효의 화쟁은 논쟁의 회피나 무마 또는 어중간한 타협이 아니

원효의 화쟁 사상이 집약되어 있는 『십문화쟁론』.
「서당화상비」에 따르면 인도에까지 전해져 범어(梵語)로 번역되었다고 한다.
언어 다툼을 치유하는 원효의 처방은 여전히 유효하다.

다. 화쟁은, 진리 추구와 구현을 장애하는 불필요하거나 소모적인 쟁론들, 부적절하거나 해악적인 쟁론들을, 통섭적 소통의 담론으로 수습하려는 노력이라 할 수 있다. 화쟁국사(和諍國師) 원효는 실제로 매우 논쟁적인 면모를 보이는데, 그가 자신의 이 논쟁적 면모를 특히 '화쟁'으로 자부한 것은 이러한 인식을 토대로 하고 있기 때문이라고 생각된다.

그런데 원효는 무엇을 화쟁시키려고 했던 것인가? 원효로 하여금 화쟁의 의지를 불러일으키게 했던 다툼은 무엇이었을까? 존재환각에 의해 오염된 세상 그 자체가 화쟁의 대상이라 할 수도 있다. 해악적인 다툼의 원천을 무명에서 찾는 것이 불교요 원효 사상이기 때문이다. 그러나 원효가 특히 화쟁이라는 언어를 선택하여 비중 있게 다루고 있는 것은, '화해 또는 해소시켜야 할 견해의 특정한 다툼들'을 겨냥했기 때문이라 보는 것이 자연스럽다.

원효의 『십문화쟁론』(十門和諍論)은 그러한 문제의식의 산물로 보인다. 『십문화쟁론』의 '십문'(十門)에 대한 해석은 두 가지로 나뉘고 있다. '십문'은 복수로서 '모든 견해'를 의미하는 '백가'(百家)나 '제문'(諸門)의 뜻이라고 보는 견해가 있는가 하면, 말 그대로 '열 가지 쟁론 주제'로 보는 견해가 있다. 그런데 현재 남아 있는 『십문화쟁론』 두 문의 내용이 각각 공/유(空/有)와 불성(佛性)에 관한 이견(異見)들을 화쟁의 대상으로 삼고 있음을 볼 때, 『십문화쟁론』은 화쟁의 대상을 열 가지 주제로 종합하고 있는 저술로 보는 것이 자연스럽다. 또한 현존하는 원효 저술에 등장하는 화쟁의 대상은 모두 불교 이론에 관한 이견들이고, 『열반경종요』에서는 불성의 체(體)에 관한 불교계의 여러 견해들을 백가(百家)라는 말로 일컫고[3] 있는 것을 보아도, 화쟁의 대상은 불교 이론에 관한 쟁론들로 보는 것이 타당할 것이다. 『십문화쟁론』은 불교 이론에 관한 쟁론들 가운데서도 특히 화쟁의 필요성이 절실했던 대표적인 쟁론 주제들을 열 가지로 정리한 저술로 보인다.

그런데 원효는 열 가지 쟁론 주제들을 화쟁하는 과정을 통해, 인간사 모든 쟁론들의 보편적 구조에 눈뜨는 동시에, 그 화쟁의 보편 원리를 마련하여 천명했다고 볼 수 있다. 그럴 경우라면 '십문'(十門)은 곧 '제문'(諸門)의 뜻과도 통한다고 할 수 있다. 현존 원효 저술에 나타나는 화쟁 내용들을 종합해볼 때, **원효는 불교 이론의 이해를 둘러싼 특정한 쟁론들을 겨냥하여 그들을 대상으로 화쟁론을 구성했으며, 그 과정에서 인간사 모든 쟁론의 보편적 구조와 그 해법에 대한 통찰을 불교적 시각에서 축적해갔던 것으로 추정된다.**

따라서 원효의 화쟁 대상으로서는 일차적으로 불교 이론을 둘러싼 쟁론들을 주목해야 하며, 아울러 그 쟁론들을 화쟁해가는 과정에서 모든 쟁론적 갈등을 수습할 수 있는 어떤 보편 지혜에 대한 확신이나 자각을 제기하고 있지는 않는가를 유심히 살펴야 한다.

세간사 쟁론의 갈등과 다툼, 그로 인한 상처와 고통들을 치유할 수 있는 보편 원리는 가능한 것일까? 인간사 쟁론 상황에 전반적으로 적용할 수 있는 만병통치의 형식 논리는 있을 수 없지만, 높은 수준의 보편성을 지닌 화쟁의 일반 원리는 있을 수 있다. 원효가 구사하는 화쟁의 언어와 논리의 이면에 간직되어 있는 화쟁의 보편 원리는 어떤 것일까?

원효가 전개하고 있는 화쟁의 언어들을 음미해보면, 그 이면에는 인간사의 모든 쟁론 상황에 적용될 수 있을 것으로 보이는 높은 수준의 보편 원리들이 읽힌다. 쟁론의 주체들이 화쟁을 위해 갖추어야 할 조건들인 그 원리는, 크게 보아 세 가지로 정리된다. 첫째는 '**각 주장의 부분적 타당성(一理)을 변별하여 수용함**'이고, 둘째는 '**화쟁의 언어관 수립**'이며, 셋째는 '**모든 쟁론적 인식 토대에서 해방되는 마음의 경지(一心) 확보**'다.

각 주장의 부분적 타당성(一理)을 변별하여 수용하라

저마다 일리가 있다

비록 서로 다른 내용의 주장일지라도, 그것이 진정성 있는 진리탐구의 표현이라면, 그 근원적 가치를 신뢰하여 포섭하려는 태도가 필요하다. 화쟁을 위해서는, 이성(理性)이라 불리던 불성(佛性)이나 본각(本覺) 또는 신성(神性)이라 불리든 간에, 인간은 근원적으로 진리 구현의 위대한 면모를 잠재적 능력으로서 지니고 있다는, 인간에 대한 궁극적 신뢰가 필요하다. '깨닫지 못하는 면모'의 언어적 자기 표현은 극복의 대상이지만, '깨달아가는 면모'가 펼치는 언어들은 수용의 대상이다. 인간의 위대한 면모에서 나오는 주장들이라면, 존중과 신뢰의 태도로 각 주장들의 가치를 최대한 포섭해야 한다. 이것이 불교 전통의 불성적(佛性的) 인간관을 계승하고 있는 원효의 본각적(本覺的) 인간관이며 화쟁적 인간관의 기초다.

원효는 인간의 근원적 완전성을 주목하고 있다. 인간 모두가 '본래적 깨달음'(본각)이라고 부르는 본원적 완전성을 지니고 있으며, 누구나 존재 환각을 거두어내면 본원적 완전성인 존재의 참모습과 하나가 될 수 있다고 확신하고 있다. 그리고 존재의 본래 고향으로 돌아가려는 모든 자각과 노력은, 모두가 '본각의 불가사의한 훈습'이라 부르는 '본원적 완전성의 자기 구현 의지'에서 비롯된다고 본다.

그렇다면 존재 환각에 의해 왜곡되고 오염된 세상을 교정하고 정화하려는 모든 노력들은, 그것이 '본각의 불가사의한 훈습'이라 부를 수 있는 향상의 진정성과 수준을 지녔다면, 저마다 진리 구현을 위한 일리(一理: 부분적 타당성)를 지녔다고 할 수 있다. 비록 사상·종교·문화·민족·성별 등에 따라 다양하게 표현될지라도, 모든 생명체의 본원적 완전성이 자기 구현을 위해 펼치는 '다채로운 귀향의 노력'이라면, 그것들은 나름대로 진리 구현에 이바지하는 '저마다의 유효성' 또는 '부분적 타당성'을 지니고 있다고 보아야 한다. 그 존재 완성의 노력들은 모든 인간이 보편적으로 지닌 본각에서 비롯되는 불가사의한 향상의 단서들이기 때문이다. 서울서 출발했건, 인천에서 출발했건, 광주나 부산, 울산에서 출발했건 간에, 저마다 고향을 바라보고 다가가는 발길들이니, 저마다 '고향 가는 발길'로 인정해야 한다.

모든 인간이 본각의 면모를 지니고 있다면, 그 본각에서 비롯되는 모든 유형의 '깨달아감'(시각)은 적어도 부분적 진리성(一理)을 지니고 있다. 비록 완전하지는 않더라도, 진리와 부분적으로 상통(相通)하는 점은 존재 향상과 진리 구현을 위해 부정해서는 안 될 소중한 면모다. 특히 불교 내(內)의 쟁론들은 '깨달아감'의 직접적인 담론이므로, 모든 견해에—인정되고 수용돼야 할—일리가 있다고 보는 것이 바람직하다. 원효는 각 주장들이 지니고 있는 그 부분적 진리성들을 포섭함으로써 화쟁을 구현하려고 한다. 저마다의 일리를 변별하여 수용하는 것을 화쟁의 한 원리로 삼고 있다.

　"여섯 분의 주장이 비록 모두 '깨닫는 성품'(佛性)의 참모습을 완전하게 설명하지는 못했지만 각자의 맥락에 따라 설했으므로 각자 일리는 얻은 것이다. 그러므로 이 경 하문(下文)에 설하기를, 〈저 눈먼 사람들이 각기 코끼리에 대한 설명을 하는 것과 같아서, 비록 코끼리의 전체 모습을 얻지는 못했지만 코끼리를 설명한 것이 아님은 아니다〉라고 했다. '깨닫는 성품'(불성)을 설하는 것도 이와 같아서, 여섯 가지 주장이 곧 맞는

것은 아니지만, 여섯 가지 주장과 무관한 것도 아니다." [4]

六師所說, 雖皆未盡佛性實體, 隨門而說, 各得其義. 故下文說;
"如彼盲人各各說象, 雖不得實, 非不說象." 說佛性者亦復如是,
不卽六法, 不離六法.

그런데 이 부분적 진리들은 비단 불교 언어에만 존재하는 것이
아니다. 불교의 실용적 진리관에 비추어보아도, 존재의 진실을
밝히려는 인간의 모든 노력과 언어는 사실상 '깨달아감'의 과정
이다. 불교 이외의 언어들(外道) 역시 그것이 진리 구현을 위한
향상적 노력이자 그 산물이라면, 모두가 '깨달아감'(始覺)의 흔
적이요 표현이라 할 수 있다. 따라서 '부분적 타당성을 변별하여
인정한다'는 화쟁의 원리는, 진리를 추구하는 모든 쟁론 상황에
적용할 수 있다. 서로 다른 견해들이 대립하고 있을 때, 그 견해
들이 진리로 귀환하려는 진정성 있는 향상의 노력들이라면, 그것
들은 모두 '본각의 불가사의한 훈습'이며 그에 의거한 '비로소 깨
달아감'(시각)의 자기 표현이라고 보아, 존중하고 포섭하는 것이
쟁론의 생산적 화해에 이바지할 것이다.

"『니건자경』(尼犍子經) 일승품(一乘品)에서 말하기를, 부처
님이 문수에게 말씀하시되, 〈내 불국토에 있는 샹키야, 자이나
교도 등은, 다 본래의 진리다움의 능력(如來住持力) 때문에 방
편으로 이들 외도들을 나타내 보인 것이다. 선남자들이여, 비

록 갖가지 다른 배움(異學)의 모습을 행하지만 다 같이 '깨닫는 법'(佛法)이라는 한 다리를 건너는 것이니, (깨닫는 법 외에) 달리 건너갈 다리는 없기 때문이다〉 했다. 생각건대 이 글에 따라, 불법의 다섯 가지 수준의 가르침(五乘)에서 설하는 모든 선(善) 또는 불법이 아닌 다른 가르침(외도)에서 설하는 갖가지 다른 선 등, 이와 같은 일체가 모두 진리로 나아가는 하나의 수레(一乘)임을 알아야 하나니, 모두 '깨닫는 성품'(불성)을 의지한 것이지 다른 바탕이 없기 때문이다."[5]

尼健子經一乘品言, 佛語文殊; "我佛國土所有僧伽尼乾子等, 皆是如來住持力故, 方便示現此諸外道." 善男子等, 雖行種種諸異學相, 皆同佛法一橋梁度, 更無餘度故. 案云, 依此等文, 當知佛法五乘諸善及與外道種種異善, 如是一切皆是一乘, 皆依佛性無異體故.

각 견해의 의미 맥락을 제대로 식별하라

각각의 견해가 지닌 저마다의 일리(一理)들을 변별해내려면, 각 견해의 의미 맥락을 잘 식별할 수 있어야 한다. 진리 구현에 기여할 수 있는 각 견해의 부분적 타당성들을 정확하고 섬세하게 읽어내려면, 그 견해가 제시되는 특유의 의미 맥락을 놓치지 말아야 한다. 맥락 속에서 의미를 읽으면, 비록 같은 표현을 하고 있지만 사실은 다른 뜻을 지닌 주장들, 또는 다른 표현을 하고 있지만 사실은 동일한 뜻을 펼치는 주장들을, 혼동이나 오해 없이 포착할 수 있다. 각 견해들의 같음과 다름을, 그 의미 맥락에 따라 세밀하게 식별할 수 있어야, 다채로운 부분적 타당성들을 존중하고 포섭할 수 있다. 원효가 펼치는 화쟁의 언어에는 이러한 의미 맥락의 식별 노력이 돋보이고 있다.

"이 두 주장에 모두 도리가 있다. 그 까닭은 열반과 깨달음은 공통점도 있고 차이점도 있기 때문이다. 차이의 측면에서 말하면, 깨달음은 과위(果位)로서 능히 증득하는 덕에 있는 것이니 사성제의 도제(道諦)에 속하고, 열반은 과위에서 증득하는 것으로서 멸제(滅諦)에 속한다. 공통의 측면에서 말하면, 과위인 도제도 열반이고, 과위에서 증득한 진여 역시 깨달음이다."[6]

如是二說, 皆有道理. 所以然者, 涅槃菩提有通別. 別門而說, 菩提是果, 在能證德, 道諦所攝, 涅槃果之是所證法, 滅諦所攝. 通門而言, 果地道諦亦是涅槃, 所證眞如亦是菩提.

"묻는다. 〈이 경문(經文)에서〉 '불성이 삼세(三世)인 것도 되고 삼세 아닌 것도 된다'고 한 것은, 마땅히 둘로 구별한 것이고, 하나의 덕에 나아간 것은 아니다. '삼세가 된다'는 것은 화신(化身)의 형색이요, '삼세 아닌 것이 된다'는 것은 보신(報身) 부처의 내덕(內德)이다. 이외 같이 두 가지 뜻을 분명히 볼 수 있는데, 어찌하여 수고롭게 실덕(實德)에 나아가 알기 어려

운 설명을 하는가?〉

답한다. 〈그대가 본 것이 또한 일리가 있다. 새로 배우는 이들을 위해서는 응당 이렇게 말해야 한다. 그러나 만일 새로 배우는 이가 아니어서 정해진 고집이 없는 이라면, 이들을 위해서는 응당 앞의 말씀과 같이 해야 한다.〉[7]

問者；是經文有是有非, 卽應二別, 不就一德. '有是三世'者, 化身色形, '是有非三世'者, 報佛內德是. 亦如是二義灼然可見, 何勞宜就實德而作難解之說?

答；如汝所見, 亦有道理. 爲新學者, 應作是說. 若非新學, 無定執者, 爲是等人, 應如前說.

"또한 이 '하나가 된 깨달음'(일각)은 '본래적 깨달음'(본각)과 '비로소 깨달아감'(시각)의 면모를 (모두) 가지고 있으니, 본각의 '드러내어 이루는 면모'(本覺顯成義)가 있기 때문에 '진리대로 닦는다'(眞修)는 말도 도리에 맞고, 시각의 '닦아서 이루는 면모'(始覺修成義)가 있기 때문에 '새로 닦는다'(新修)는 말도 도리에 맞다. 만약 한쪽에 치우쳐 고집한다면 곧 미진함이 있게 된다."[8]

又此一覺有本始義, 以有本覺顯成義故, 眞修之說, 亦有道理, 以有始覺修成義故, 新修之談, 亦有道理. 如其偏執, 卽有未盡.

원효 당시의 불교계에서는 열반의 면모(體性)에 대해 의견 대

립이 있었던 것 같다. '오염 없는 진리다움(眞如)이 열반의 면모'라는 견해와, '증득한 깨달음(菩提)이 열반'이라는 견해가 팽팽히 맞섰다. 원효는, 열반의 면모에 대한 각 견해의 공통점과 차이점을 그 의미 맥락에 따라 변별해냄으로써, 다르게 기술된 견해들의 부분적 타당성을 모두 포섭하고 있다. 또한 불성에 관한 설명은 듣는 사람에 따라 달라질 수밖에 없다는 것, 즉 설명은 화자(話者)와 청자(聽者)의 상호 관계에 따라 달라진다는, 관계 맥락의 차이를 식별하여 저마다의 일리를 인정함으로서 화쟁하기도 하며, '진리대로 닦는다'(眞修)는 주장과 '새로 닦는다'(新修)는 주장을 그 각자의 의미 맥락(本覺顯成義/始覺修成義)들을 변별함으로써 각자의 일리들을 수용하여 포섭적으로 화해시키고 있다.

한쪽(一邊)만을 고집하지 말라─부분적 진리(一理)에 안주하지 않기

그런데 각 견해의 서로 다른 의미 맥락을 제대로 식별해내려면 어떤 능력이 필요한가? 한 문제를 다양한 각도와 맥락에서 파악할 수 있는 종합/초월적 식견과, 부분적 진리(일리)에 안주하거나 집착하지 않을 수 있는 마음의 능력이 필수적 요건일 것이다. 그리하여 원효는 '한쪽(一邊)만을 고집하지 않기'를 화쟁의 요건으로 설하고 있다. (종합/초월적 식견은 '모든 쟁론의 인식적 토대를 초탈할 수 있는 마음의 경지〈일심〉'와 연관되는 것인데, 별도로 후술한다.)

비생산적이고 분열적인 쟁론, 상호 부정적 다툼 들은, 부분적 진리를 붙들고 그 완전성을 주장하는 데서 비롯되고 있다. 특정 일리에 안주하여 그것으로써 완결시키려는 태도는, 다른 일리들과 다른 의미 맥락들을 놓치거나 외면, 또는 배척하게 되어, 진리를 향한 상생적·상호 통섭적 담론을 방해한다. 그러므로 각 견해들의 부분적 타당성을 포착하여 소통적으로 포섭하기 위해서는, 하나의 부분적 진리에 안주하거나 집착하지 않을 수 있어야 한다. 서로 다른 견해들을 통섭(通攝: 서로를 향해 열려 서로를 받아들임)하여 화쟁하려면, '한쪽(一邊)만을 고집하지 말아야' 한다.

"깨달음의 길(佛道)은 넓고 확 트여 걸림이 없고 범주가 없다. 무엇에 기대는 것이 아주 없기 때문에 타당하지 않음이 없다. 이 때문에 일체의 다른 가르침이 모두 깨달음의 가르침(佛敎)이요, 온갖 학파들의 주장이 옳지 않음이 없으며, 온갖 법문이 다 진리에 들어갈 수 있다. 그런데 자기가 조금 들은바 좁은 견해만을 내세워, 그 견해에 동조하면 옳다고 하고 그 견해에 반대하면 모두 잘못이라고 하는 사람이 있다. 마치 갈대 구멍으로 하늘을 보는 사람이, 갈대 구멍으로 하늘을 보지 않은 사람은 모두 하늘을 보지 못하는 자라고 하는 것과도 같다. 이런 것을 일컬어 '식견이 적은데도 많다고 믿어서 식견이 많은 사람을 도리어 헐뜯는 어리석음'이라고 한다."[9]

然佛道廣蕩, 無礙無方. 永無所據, 而無不當. 故曰 一切他義,咸是佛義, 百家之說, 無所不是, 八萬法門, 皆可入理. 而彼自少聞, 專其樣狹見, 同其見者, 乃爲是得, 異其見者, 咸謂脫失. 猶如有人革管窺天, 謂諸不窺其管內者, 皆是不見蒼天者矣. 是謂 '恃小誹多愚' 也.

　"묻는다. 이와 같은 두 분의 주장 가운데, 어느 것이 맞지 않고 어느 것이 맞는가?

　답한다. 혹 어떤 주장을 하는 사람이 오로지 한쪽(一邊)만을 취하면, 두 주장이 모두 맞지 않는다. 그러나 만일 자기 주장만을 맞는다고 고집하지 않으면 두 주장이 모두 맞는다."10

　問；二師所報, 何失何得？

　答；或有說者, 定取一邊, 二說皆失. 若非實報, 二義俱得.

　"오직 '과보로 받게 되는 몸'(報身)에 대해서는 두 가지 고집이 다르게 일어나고 있는데, 그 다르게 일어나는 쟁론은 두 가지에 불과하니, 상주(常住)를 고집하는 것과 무상(無常)을 고집하는 것이다. (……) 묻는다. 두 분의 주장 가운데, 어느 것이 맞고 어느 것이 맞지 않는가? 답한다. 어떤 이는 "다 맞기도 하고 다 맞지 않기도 하다"고 말한다. 그 까닭은, 만약 오로지 한쪽(一邊)만을 고집하면 모두 허물이 있고, 만일 어느 한쪽에도 걸림이 없이 말하면 모두 도리가 있기 때문이다. (……) 이러한 도리에서 보면 두 주장이 모두 맞는 것이다."11

唯於報身, 二執別起, 別起之諍, 不過二途, 謂執常住及執無常.
(……) 問. 二師所說, 何得何失? 答. 或有說者, "皆得皆失". 所
以然者, 若決定執一邊, 皆有過失, 如其無障礙說, 俱有道理.
(……) 由是道理, 二說皆得.

"그러나 열 가지 일(事)의 있음과 없음의 뜻은, 다만 한쪽(一
邊)만을 잡아서 그 계급을 나타낸 것이어서, 반드시 하나같이
그렇게 된다는 것은 아니다."[12]

然此十事有無之義, 但約一邊顯其階級, 未必一向定爲然也.

"묻는다. 〈남방과 북방의 이러한 주장들은 어느 것이 맞고 어
느 것이 맞지 않는가?〉

답한다. 〈만일 한쪽(一邊)만을 고집해서 하나같이 그러하다
고 말하면, 두 주장들이 모두 맞지 않는다. 그러나 만일 부분적
타당성을 인정하여 그 뜻만 맞는다고 하지 않으면, 두 주장이
모두 맞는다.〉"[13]

問; 南北二說, 何者爲得爲失?

答; 若執一邊, 謂一向爾者, 二說皆失. 若就隨分, 無其義者, 二
說俱得.

부분적 진리에 안주하여 집착하지 않으면 다른 부분적 진리들
을 인지하여 상호 소통적/상생적으로 포섭할 수 있다는 원효의

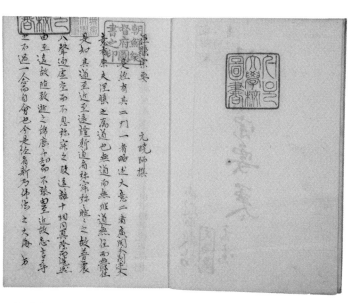

원효의 화쟁 원리는, 비단 불교 내의 이론 다툼뿐만이 아니라
일반 쟁론 상황에서도 폭넓게 유효한 보편성을 가진다. 『열반종요』.

화쟁 원리는, 비단 불교 내의 이론 다툼뿐만이 아니라 일반 쟁론 상황에서도 폭넓게 유효한 보편성을 지닌다. 쟁론 상황에서 제기되는 특정한 견해는, 정도의 차이는 있지만, 대부분 부분적으로 타당하거나 제한적으로 유효하다. 그럼에도 불구하고 쟁론의 주체들은, 많은 경우에, 자기 주장에 집착하여 타 견해들의 타당성들을 식별해내지 못하거나 외면해버린다. 심지어 자기 견해가 전면적으로 타당하다고 착각하기도 한다. 따라서 쟁론의 주체들이 자기 견해에 집착하지 않으면 않을수록, 자기 주장의 부분적 타당성과 의미 맥락을 온전히 직시할 수 있는 동시에, 타 견해의 일리들과 의미 맥락을 그대로 인지하여 수용할 수 있는 가능성은 높아진다.

모든 존재, 모든 문제 상황은 흔히 다수의 인과관계들이 상호 조건적으로 얽혀 있는 연기적(緣起的) 현상이다. 그런 까닭에 어떤 사태나 문제 상황에 대한 해법은 그 얽혀 있는 관계들만큼이나 다양/다채롭고 다층적이게 마련이다. 그 다수의 해법들은, 연관된 인과관계와의 적합성, 궁극성이나 보편성, 포괄성 등을 기준으로 그 상대적 특성이나 우열이 평가받고 선택될 뿐이지, 단일의 배타적 해법만이 존재할 수는 없다.

해결하고자 하는 어떤 사태나 문제 상황은 대부분 중층(重層)의 연기적(緣起的) 관계이므로 다양/다채롭고 다층적인 주장/해법에 열려 있다. 이것은 두 가지 의미를 지닌다. 하나는 단일하고도 완결된 배타적 주장/해법은 존재하기 어렵다는 점이다(만일 단순하고 단일한 인과관계만으로 구성된 문제 상황이라면 그런 해법도 가능할 것이지만). 다른 하나는, 다양한 주장과 해법 들은 문제 해결에 기여하는 제한적/부분적 타당성이나 유효성을 예상보다도 많이 지닌다는 점이다.

쟁론적(諍論的) 의견 대립상황에서 만약 문제의 중층(重層) 연기적 성격을 충분히 인지한다면, 자기 것과는 다른 주장/해법들을 배타적으로 점령하고자 하는 대신 그들이 지니고 있을 수 있는 제한적/부분적 타당성을 포착하여 인정하고 포섭하고자 할 것이고, 그 결과 통섭적 화쟁이 이루어져 상호 파괴적 다툼이 치유될 수 있다. '한쪽만을 고집하지 말고 각 주장들의 일리(一理)들을 변별하여 포섭하라'는 원효의 화쟁 원리는, 본각적 인간관뿐만 아니라 세상의 연기적 모습을 감안할 때도 충분히 유효하다.

언어의 다툼(諍論)과 치유(和諍) II

새로운 언어 능력의 계발

"다르지 않기 때문에 저들의 감정에 어긋나지 않고, 같지 않기 때문에 도리에 어긋나지 않는다. 감정에서나 도리에서나 서로 어긋나지 않기 때문에, '서로 응하여 말한다'고 했다."

쟁론은 '언어에 의한 다툼'이다. 그리고 그 언어적 다툼을 치유하려는 것이 원효의 화쟁 사상이다. 부처의 가르침 이래 불교에서는, 언어적 다툼의 중요한 원인으로서 '언어 환각'을 지목한다. 언어에서 비롯되는 환각적 무지를 치유하지 않는 한, 언어 다툼은 물론 존재의 궁극적 해방도 불가능하다는 점을 직시한다. 불교적 통찰에 따르면, 쟁론의 치유를 위해서는 언어 환각을 걷어낼 수 있는 새로운 언어 능력이 필수적이다.

원효는 화쟁의 관건이 언어 능력에 있다는 것을 정확히 이해하여, 화쟁의 언어 능력에 관한 통찰을 펼친다. 언어적 다툼을 치유할 수 있는 화쟁의 언어 능력 계발을 위해 원효는 크게 세 가지를 요구하고 있다. 첫째는 '실체적 언어관 극복하기'이며, 둘째는 '언어의 방편적 성격 이해하기'이고, 셋째는 '희론에서 탈출할 수 있는 마음지평 열기'다.

언어 세계에 실체를 부여하지 말라

언어와 사유 그리고 환각

인간 특유의 그 다층 복합적인 욕망과 생각, 감정과 행동은 이미 그 자체가 언어다. 세계를 읽고 구성하며 반응하는 모든 경험물들은 속속들이 언어적이다. 인간은 언어로 보고 듣고, 언어로 느끼며, 언어로 생각한다. 보고 듣는 것이 언어요, 느끼고 욕망하는 것이 언어며, 생각하고 궁리하는 것도 언어다. 언어가 곧 인간 존재라는 통찰은 충분히 타당하다.

언어가 사고나 인식을 전달하는 도구적 매체라는 관점은 단면적이고 불충분하다. 사고나 인식은 언어적 규정력에 의해 비로소 내용을 확보하게 된다고 보는 것이 언어의 진실에 더 들어맞는다. 언어는 사유의 틀이자 길이다. 인간의 인식과 체험은 언어를 통해서 비로소 어떤 모습을 지닌 것으로 규정되며, 객관적으로 공유할 수 있는 것이 된다. 감관(感官)을 통해 형성된 그 어떤 체험일지라도 언어적으로 규정되지 않으면 체험이라 하기 어렵다.

언어와 사유는 분리시킬 수 없을 정도로 상호의존적으로 밀착되어 있다. 군이 양자를 분리시켜 그 선후를 생각한다면, 사유가 언어에 선행한다기보다는 오히려 언어가 사유에 우선적이며, 아니면 적어도 동시적이다. 인식 행위라는 것은 이미 지니고 있는 개념을 잣대로 삼아 외계를 측정하여 그 모습을 드러내거나 부여하는 일이다. 잣대에 맞는 것만이 인식과 사유 세계로 들어온다는 점에서, 인식은 개념 선택적이고 능동적이다. 그런데 개념의 틀은 바로 언어 기호다. 결국 언어는 세계나 존재에 대한 규정력과 구성력을 지니고 있다. 무엇인가를 생각하고, 대상을 인식하며, 세계와 만나고 경험하는 모든 과정은, 언어적이며 적어도 언어 의존적이다.

언어기호에 의해 구획되어 차별화된 정체성을 확보하는 개념의 특징은 확정성과 동일성 그리고 상반(相反)관계 구성이다. 언어에 의해 구획된 틀에 담긴 개념의 내용은 고정적 확정성과 동일성을 부여받는다. 그리고 사유와 인식의 구성단위가 개념이고, 개념의 틀이 언어라는 점을 감안한다면, 사유와 인식 역시 그 내용이 확정성과 고정성, 동일성에 의거하여 새겨진다. 사유와 인식이 언어적인 만큼, 그에 상응하여 개념적 사유와 인식은 구획된 확정성과 고정성, 동일성의 씨줄/날줄로 그 내용을 직조해간다. 실체성의 환각을 수반하는 것이다.

또한 개념은 항상 반대되는 이항(異項)과의 관계를 수반한다. '~인 것'은 언제나 '~이 아닌 것'과 짝을 이루어 성립한다. 언어에 의한 개념적 사유와 인식은 긍정/부정의 상반적 이항(異項) 대립 관계와 그 범주에서 작동한다. 개념적 사유의 이러한 상반적 구조는, 개념이 초래하는 실체라는 환각과 결합하여 허구의 이분법적 세계를 구성한다.

이와 같이 언어적 사유와 인식의 개념적 직조물은 거대한 존재 환각을 잉태하고 있다. 경험 가능한 존재들 속에서 불변의 고정적/동일적 내용은 사실상 존재하지 않는다. 언어기호에 의한 개념적 사유/인식은 언어 그림이 지시하고 있거나 매개하고 있을 것으로 상상되는 구획된 불변/동일의 존재를 상정하고 있다. 그러나 언어기호에 해당하는 고정불변/동일의 존재가 사실계에서는 확보되지 않는다. 부처의 통찰처럼, 언어는 세속적 관행에 따른 필요한 용법일 뿐 그에 해당하는 불변의 자아는 존재하지 않는다.[1] 부처의 말처럼, 경험할 수 있는 존재들은 보편적으로 무상(無常)하며 무아(無我)다.

인간의 사유와 인식이 개념을 토대로 구축된다면, 그리고 개념의 내용을 부여하는 틀이 언어기호라면, 언어 의존적일수록 언어 환각은 견고해진다. 관행적으로 언어를 붙들면 붙들수록, 언어에 붙들리면 붙들릴수록, 존재 환각도 깊이 뿌리내린다. 언어의 규정적 구성력은 세계 생성의 힘인 동시에, 존재 환각의 원천이기도 한다. 언어에 의한 개념적 사유/인식이 존재 환각을 생성하여 삶을 공격한다는 점을, 아마도 가장 일찍 그리고 깊숙이 간파한 분이 부처이며, 그분의 통찰을 이어간 것이 불교 전통일 것이다. 존재의 궁극적 평안과 자유를 근원적으로 장애하는 것은 무명이라는 존재 환각이다. 그런데 이 무명의 핵심 내용인 '허구적 자아 관념/실체 관념'이, 언어에 의해 형성/유지/강화되고 있다는 부처의 통찰은 언어와 사유, 인식의 밀착성과 범부들의 일상 언어적 환각을 놀랍도록 정확하게 지적하고 있다.

언제부턴지, 어떤 인과 관계를 통해서인지는 알기 어려우나, 존재 환각을 일으키는 언어 업력은 인간 내면에 중층으로 두텁게 누적되어 있다. 인간은 태어날 때 이미 그 언어 업력을 유전자처럼 가지고 태어난다. 살아가면서 새로운 요소들을 추가하며 가꾸어가는 이 언어 업력이 허상(虛像)을 만들어 유지하고 발전시켜 가는 것을 불교에서는 희론 분별(戲論分別)이라 한다.

희론(戲論, papañca/환각적 사념의 확산)은 언어 환각에 붙들린 사념이 존재 환각을 증폭시켜가는 것이다. 언어 환각에 사로잡혀 존재를 왜곡하는 사념은 다시 언어 환각을 강화시키고, 이렇게 강화된 언어 환각은 또다시 사념의 환각을 증폭시킨다. 언어와 사유가 환각을 고리로 하여 상호 작용하면서 증폭의 악순환을 이어가는 것이 희론이다. 고정성과 동일성을 부여하는 언어 환각에 의존하면서, 희론은 실체적 자아 관념을 다양한 형태로 투사/전개시키며 사물에 대한 오해와 그로 인한 삶의 후유증들을 심화시켜간다. 독단과 독선, 편견과 같은 무지의 독버섯들, 상호 파괴적인 탐욕과 분노는 희론의 산물이기도 하다.

언어 환각의 덫에서 풀려나기

희론은 실체적 언어 관념의 전개 과정, 다시 말해 언어를 매개로 한 '존재 오해와 왜곡의 다양한 전개 및 증폭'을 뜻한다. 따라서 참다운 이해를 통해 환각(무명)의 속박에서 벗어나 존재 해방(해탈)을 추구하는 불교로서는, 희론의 극복을 핵심 과제로 삼게 된다. 독특한 불교 언어관의 형성과 발전은 그 산물이다.

불교의 무아(無我) 사상은, 언어란 그에 해당하는 실체가 존재하지 않는 일상 용법에 불과하다는 점을 해명하고 있으며, 깨달은 자/해탈한 자는 언어 환각에 지배되는 희론에 물들지 않게 된 자이기도 하다. 희론에 지배되지 않을 수 있는 능력을 계발하여 완전하게 실현한 자가 해탈한 성인(muni)이고 아라한이다.

희론에 지배받지 않게 된 사람은 언어 세계를 무아적으로 이해하고 경험한다. 그는 관행에 따른 일상 언어 용법에 따르면서도 언어가 구축하는 세계에 실체를 상정하지 않으므로, 언어를 사용하면서도 언어 세계를 실체적으로 분할하거나 소유 대상으로 집착하지 않는다. 그러므로 언어를 사용하여 활발하게 논쟁하면서도, 실체적 자아관념에 기인하는 그 어떤 집착이나 자만심, 독점적 승부욕, 배타적 독선에 함몰되지 않는다. 배타적으로 다투지 않고 담론할 수 있는 화쟁 능력을 지니게 되는 것이다. 이 새로운 언어 능력자에 대해 원효는 이렇게 말한다.

"모든 부처님들(諸佛世尊)은 번뇌가 없으므로 단정하는 바가 없다. 이런 까닭에 부처를 '위 없는 분'(無上士)이라 부른다. '높은 분'(上士)이라 함은 쟁송(諍訟)하는 것을 일컫고, '위 없는 분'(無上士)은 쟁송이 없다. 여래는 다툼이 없다. 그러므로 부처를 '위 없는 분'이라 이름한다."[2]

諸佛世尊無有煩惱, 故無所斷. 是故號佛爲無上士. 又上士者名爲諍訟, 無上士者無有諍訟. 如來無諍. 是故號佛爲無上士.

그런데 희론이 비록 부정적 기능을 수행하지만, 그 희론의 극복에 기여하는 법(dhamma)의 언어는 해탈의 실현에 긍정적으로 작용한다. 그리하여 불교는 희론이 언어에 의한 존재 오염임을 밝히는 동시에, 그 희론 극복의 계기 역시 언어에 의해 마련된다는 점도 주목한다. 그 결과 불교는 언어와 관련하여 두 가지 관점을 수립하게 된다. 언어에 상응하는 실체를 상정하면서 희론에 매몰되는 범부 중생과 언어 세계를 무아적으로 이해/경험하여 희론에 빠져들지 않는 성자라는, 서로 다른 두 언어 주체의 서로 다른 두 언어 능력이 존재한다는 것이 그 하나요, 언어는 그 서로 다른 두 언어 주체 모두에게 실용적 도구로서의 의미와 가치를 지닌다는 것이 다른 하나다. 질적으로 상이한 두 가지 언어 수용 능력(또는 수용방식)의 설정과 실용주의적 언어관이 불교 언어관의 두 가지 핵심 특징으로 자리 잡게 된 것이다.

원효는 이와 같은 불교 언어관의 연속선상에서 화쟁의 원리를 수립하고 있다. 진리 구현을 장애하는 형태의 쟁론들은 희론의 충돌이라 할 수 있다. 환각인 실체적 자아 관념을 증폭시켜 '나의 견해'에 집착하게 하여 배타적 쟁론 태도를 초래하게 하는 것이 희론이기 때문이다. 따라서 희론의 극복은 화쟁의 핵심 과제가 된다. 원효는 희론과 화쟁의 문제에 대해 다음과 같이 말한다.

"보살은 그들을 위하여, 이치대로 '만나서 통하게'(會通) 하고 사실대로 '화해시켜 만나게'(和會) 하여, 그 중생들을 포섭한다. 저들을 위하여 보살은, 〈이 경전은 모든 것이 전혀 없다고 설하는 것이 아니라, 단지 모든 것에는 실체(자성)라는 것이 전혀 없다고 설하는 것이다〉라고 말한다.

비록 온갖 말을 하더라도, 중생들에 의거하기에 모든 언설을 굴린다. 그런데 중생들이 실체(사성)라고 할 수 있다고 말하는 것은, 진리대로 보자면 실체가 아니다. 비유하자면, 허공 가운데 온갖 종류의 많은 존재와 행위 들이 있어도, 허공이 그것들을 모두 수용하는 것과 같은 것이다. 허공 가운데 나타나 있는 온갖 것들을 일컫는 것이니, 가고 오고 구부리고 펴는 등의 일이다. 만약 그때에 모든 존재와 행위 들을 다 제거해버리면, 곧 그때에 오직 형체가 없는 청정한 허공 같은 것이 드러난다. 이와 같이 허공 같은 것에서 언어로 지어낸 것(언어 세계를 실체라고 보는 환각)을 여읜다.

갖가지 언설로 지어낸 삿된 망상과 분별이 있으면, 희론을 따라 집착하여 중생의 업(행위)을 펼쳐간다. 또 이와 같은 갖가지 언설로 지어낸 삿된 망상과 분별로 희론을 따라 집착하여 갖가지 업을 짓지만, 그것들은 모두 허공과 같은 '언설을 여읜 것'에 수용된다. 만약 이때 보살이 묘한 성스러운 지혜로써 갖가지 언설로 일으킨 삿된 망상과 분별을 없애고 희론을 따라 집착하는 것을 버리면, 이때 보살은 가장 수승한 성자로서 모든 것이 언설을 여의었다는 것을(언어 환각을 여읜 존재의 참모습을) 증득하게 된다. 오직 실체(자성)를 말하는 온갖 언어가 있을 뿐, 실체가 (있어서) 언어로 나타난 것은 아니다. 비유하자면 허공의 청정한 모습이 나타난 것과 같아서, 언어 밖의 실체(자성)가 따로 있는 것이 아니다. 다른 실체(자성)들도 응당 언어에 따라 헤아린 것이다."[3]

菩薩爲彼, 如理會通, 如實和會, 攝彼有情. 爲彼說言, "此經不說一切諸法都無所有, 但說諸法所言自性都無所有". 雖有一切所

言說事, 依止彼故諸言說轉. 然彼所說可說自性, 據第一義, 非其
自性. 譬如空中有衆多色色業, 可得容受一切諸色色業. 謂虛空中
現有種種, 若往若來屈申等事. 若於尒時, 諸色色業皆悉除遣, 卽
於尒時, 唯無色性淸淨虛空相似顯現. 如是卽於相似虛空, 離言說
事. 有其種種言說所作邪想分別, 隨戲論着, 似色業轉. 又卽如是
一切言說邪想分別, 隨戲論着, 似衆色業, 皆是似空離言說事之所
容受. 若時菩薩, 以妙聖智, 除遣一切言說所起邪想分別隨戲論着,
尒時菩薩最勝聖者, 證得諸法離言說事. 唯有一切言說自性, 非性
所顯. 喩如虛空淸淨相顯, 亦非過此有. 餘自性應更尋思故.

'나의 견해'를 배타적으로 주장하는 태도에 의해 초래되는 쟁
론의 이면에, 실체적 언어관에 포획된 희론의 마음이 작용하고
있다는 통찰은, 보편적 호소력을 지닌다. 그런 점에서, 실체적 언
어관을 극복하여 그 어떤 견해의 진영에도 안주하거나 집착하지
않고 모든 일리들을 소통적으로 포섭할 수 있는 언어 능력의 성
취는 화쟁의 보편 원리라 할 수 있다.

이러한 무애회통(無碍會通)의 언어 능력은 원효가 말하는 일심
(一心) · 본각(本覺)의 자리에 설 때 완전하게 발휘된다. '하나가
된 마음자리'(一心의 本源)로 돌아가 희론에서 해방된 사람은,
'한 몸으로 여기는 열린 우호감과 동정심'(同體大悲)으로, 진리답
게 펼쳐지는 세상을 구현하기 위해 언어 상황과 맥락에 따라 지
혜롭게 긍정과 부정을 자유롭게 한다. 그는 모든 견해와 주장을

깨달음의 계기나 기반으로서 포섭한다. '걸림 없이 쟁론들을 화해·소통시킬 수 있는 언어 능력자의 모습'과 그 무집착의 언어 능력과 공능을, 원효는 다음과 같이 천명한다.

"'혹은 순응하여 말하고 혹은 순응하지 않고 말한다'는 것은, 만일 다만 저들의 마음에 순응하여 말하면 잘못된 집착을 움직이지 않고, 혹 오직 순응하지 않고 말하면 바른 믿음을 일으키지 않으니, 저들로 하여금 바른 신심을 얻게 하고 본래의 잘못된 집착을 버리게 하기 위하여 '혹은 순응하고 혹은 순응하지 않고' 말해야 한다. 또한 다만 이치에 순응하여 말하면 바른 믿음을 일으키지 않으니, 저들의 뜻과 어긋나기 때문이고, 이치에 순응하지 않고 말하면 바른 이해를 내지 않으니, 도리에 어긋나기 때문이다. 그러므로 믿음과 이해를 얻게 하기 위하여 '순응하기도 하고 순응하지 않기도 하며' 말해야 한다. 만일 여러 가지의 다른 견해가 엇갈려 쟁론하고 있을 때에, '있다고 하는 견해'(有見)에 동의하여 말한다면 '비었다는 견해'(空見)와 다를 것이요, 또 만일 '비었다고 하는 고집'(空執)에 동의하여 말한다면 '있다고 하는 고집'(有執)과 다를 것이다. 그리하여 동의하건 동의하지 않건, 쟁론만 더욱 일어나게 할 것이다. 또 저 두 가지에 다 동의하면 자기들끼리 서로 논쟁할 것이고, 저 두 가지에 다 동의하지 않는다면 그 두 가지와 더불어 서로 논쟁할 것이다. 이런 까닭에 '같지도 않게 하고 다르지도 않게 하

원효가 본인의 저서인『금강삼매경소』(金剛三昧經疏) 두루마리를 펼쳐놓고 강설하는 모습.
지금도 원효의 풀이에 의거하지 않으면『금강삼매경』의 진의를 파악하기 어렵다.『화엄연기』.

며' 말한다. '같지 않게 한다'는 것은 말 그대로 취하면 모두 인정하지 않게 되기 때문이고, '다르지 않게 한다'는 것은 그 뜻을 이해하여 말하면 인정되지 않는 것이 없기 때문이다. 다르지 않기 때문에 저들의 감정에 어긋나지 않고, 같지 않기 때문에 도리에 어긋나지 않는다. 감정에서나 도리에서나 서로 어긋나지 않기 때문에, '서로 응하여 말한다'고 했다."[4]

順不順說者, 若直順彼心說則不動邪執, 設唯不順說者, 則不起正信, 爲欲令彼得正信心除本邪執故, 須或順或不順說. 又復直順理說, 不起正信, 乖彼意故, 不順理說, 豈生正解, 違道理故. 爲得信解故, 順不順說也. 若諸異見諍論興時, 若同有見而說, 則異空見, 若同空執而說, 則異有執. 所同所異, 彌興其諍. 又復兩同彼二則自內相諍, 若異彼二則與二相諍. 是故非同非異而說. 非同者, 如言而取, 皆不許故, 非異者, 得意而言, 無不許故. 由非異故, 不違彼情, 由非同故, 不違道理. 於情於理, 相望不違, 故言相應如說.

"묻는다. 이와 같은 두 분의 주장 가운데, 어느 것이 맞고 어느 것이 맞지 않는가? 답한다. 만일 말대로 취하면 두 사람의 주장이 다 맞지 않는다. 서로 다르게 다투어서 부처님의 본래 뜻을 잃어버리기 때문이다. 그러나 만일 고정된 집착을 아니하면 두 사람의 주장이 모두 맞는다. 진리는 걸림이 없어서 서로 방해하지 아니하기 때문이다."[5]

問; 如是二說, 何得何失? 答; 若如言取, 二說皆失. 互相異諍,失佛意. 若非定執, 二說俱得. 法門無礙, 不相妨故.

"집착을 떠나 말하면 합당하지 않음이 없는 것이니, 집착하는 자는 말대로만 받아들여 모든 것을 망가뜨린다."[6]

離著而說, 無不當故, 若有著者, 如言而取, 無不破壞.

"깨달음의 길(佛道)은 넓고 확 트여 걸림이 없고 범주가 없다. 무엇인가에 기대는 것이 아주 없기 때문에 타당하지 않음이 없다. 이 때문에 일체의 다른 가르침이 모두 깨달음의 가르침(佛教)이요, 온갖 학파들의 주장이 옳지 않음이 없으며, 온갖 법문이 다 진리에 들어갈 수 있다."[7]

然佛道廣蕩, 無礙無方. 永無所據, 而無不當. 故曰 一切他義, 咸是佛義, 百家之說, 無所不是, 八萬法門, 皆可入理.

언어의 방편적 성격을 이해하라

불교의 무실체적 언어관은 일종의 언어 실용주의로 이어진다. 언어(教)는 존재의 본성(실체)을 담는 것이 아니기 때문에, 맥락과 상황의 실용적 가치에 따라 그 형식과 내용이 제약 없이 선택될 수 있다. 언어는 중생으로 하여금 환각적 무지를 자각하고 반성케 하여 극복하게 하는 수단으로 채택된다. 병에 맞추어 약을 선택하는, 응병투약(應病投藥)의 방편으로 간주된다.

환각에서 벗어나게 하는 치유 효과만 있다면, 언어의 형식이나 내용은 자유롭게 선택될 수 있다. 치유에 유효한(실용적 가치가 있는) 언어 형식이나 내용은, 언어(敎)를 듣는 중생의 이해 능력과 관련된 상황이나 맥락에 따라 결정될 뿐이다. 언어의 이와 같은 방편적 실용성을 제대로 이해한다면, 언표(言表) 형식과 내용의 차이를 둘러싸고 펼쳐지는 소모적 쟁론들을 상당 부분 화해시킬 수 있다. 그리하여 원효는 불교 내부의 쟁론들을 언어의 방편성을 일깨워주어 화쟁시키고 있다.

"이러한 경문들은 이루 다 말할 수가 없으니, 모두 공(空)함을 마땅히 알아야 평등이라 이름한다. 그런데 다른 곳에서는 '생사는 허망한 것이요 열반은 공하지 아니한 것'이라고 설한 것은, 천박한 식견을 가진 새로 발심한 이들이 ('열반이 공하다'는 말을 듣고는) 놀라고 두려워하는 마음을 내는 것을 보호하기 위해 방편을 지어 말한 것이다."[8]

如是等文, 不可具陳, 當知悉空, 乃名平等. 而餘處說 '生死虛妄 涅槃不空' 等者, 爲護淺識新發意者生驚怖, 故作方便說.

"따라서 나는 언어에 의지하여 언어 환각이 사라진 진리를 드러내고자 한다. 마치 손가락에 의지하여 손가락을 여읜 달을 내보이는 것과 같은 것이다. 당신은 지금 오직 말대로 뜻을 취하여 말로 할 수 있는 비유를 끌어들여 언설을 여읜 진리를 힐

206

난하는데, 단지 손가락 끝을 보고 그것이 달이 아니라고 비난하는 것과 같다. 그러므로 비난이 정밀해지면 정밀해질수록 진리에서 더욱 멀어진다. (……) 보살이 만약에 망상의 분별을 여의어, 분별한 것에 집착하는 모습을 없애버리면, 바로 그때에 언설을 여읜(언어 환각이 사라진) 진리를 드러내어 볼 수 있게 된다. 그럴 때에는 모든 것의 언설을 여읜(언어 환각이 사라진) 모습이 나타나게 된다. 비유하자면, 마치 모양 있는 모든 것들을 제거해버릴 때, 그 제거한 곳을 따라 모양을 여읜 허공이 나타나는 것과 같다."[9]

故我寄言說, 以示絶言之法. 如寄手指, 以示離指之月. 汝今直尒如言取義, 引可言喩, 難離言法, 但看指端, 責其非月. 故責難彌精, 失理彌遠矣. (……) 菩薩若離妄想分別, 除遣遍計所執相時, 便得現照離言之法. 尒時諸法離言相顯. 喩如除遣諸色相時, 隨其除處, 離色空顯.

"모든 부처님의 법문이 한 가지가 아님을 알면, 그 말씀한 것을 따르면서도 조금도 장애가 되지 않아서 착란(錯亂)되지 아니한다."[10]

當知諸佛法門非一, 隨其所說, 而無障礙, 而不錯亂.

"모든 부처님의 뜻이 오직 여기에 있지만, 다만 견식이 얕은 사람들을 따라 이렇게도 말하고 저렇게도 말한 것이다."[11]

諸佛之意唯在於此, 但隨淺識顯設彼說耳.

언어가 방편임을 안다면, 표현은 다르지만 뜻이 같은 언어들을 변별해내어 무의미한 쟁론을 그칠 수도 있게 된다. 원효는 이 점을 일깨워, 서로 달라 보이는 언어들을 한 뜻(一味)으로 통하게 만든다.

"'뜻이 같음을 회통한다'는 것은, 동류(同類)의 뜻에서 다른 문구들이 있으니(뜻은 같지만 표현은 다른 경우가 있으니), 뜻이 같은 것으로써 서로 다른 표현들을 회통하려는 것이다. 불성(佛性)의 뜻에 대해서는 수많은 표현들이 있으나, 뜻으로 묶으면 다섯 가지에서 벗어나지 아니한다. 첫째는 본래 모습의 완전함을 나타내는 맥락(性淨門)이니 불성의 동요 없는 국면이고, 둘째는 오염(染)을 따르는 맥락(隨染門)이니 불성의 동요하는 국면이다. 이 두 가지 맥락은 모두 원인이 되는 자리(因位)의 불성을 말하는 것이다. 셋째는 현재의 결과 자리(果位)이니 모든 부처님이 증득한 것이고, 넷째는 미래에 올 결과이니 중생들이 지니고 있는 것이다. 다섯째는 하나가 된 마음(一心)이니, 원인 자리도 아니고 결과 자리도 아닌 것이다. 이러한 다섯 가지 맥락에 의지하여 여러 경문들을 포섭하겠다. (……) 여러 가지 표현이 비록 서로 다르지만, 드러내려는 바탕(體)은 하나이다. 이렇게 수많은 명칭을 설하는 것은, 여러 경전이 오직 한 맛(一味)임을 드러내고자 하기 때문이다."[12]

次會義同者, 於同類義有異文句, 以義類而會諸文. 佛性之義有
無量門, 以類相攝, 不出五種. 一性淨門, 常住佛性, 二隨染門, 無
常佛性. 是二種門皆說因性. 三者現果, 諸佛所得, 四者當果, 衆生
所含. 五者一心, 非因非果. 依是五門以攝諸文. (……) 諸名雖
異, 所詮體一. 所以說是衆多名者, 爲顯諸經唯一味故.

"그러므로 앞에서 말한 네 가지 맥락에서, 오염을 따르는 맥
락(隨染門)이나 본래 모습의 완전함을 나타내는 맥락(性淨門)
의 두 가지 원인(因)과, 미래에 올 결과나 현재의 결과의 두 가
지 결과(果)는, 그 본래 모습이 별개의 것이 아니고 오직 '하나
가 된 마음'(一心)임을 알아야 한다. '하나가 된 마음자리'는 오
직 부처가 체득하는 것이니, 그러므로 이 마음을 일컬어 '부처
자리'(佛性)라 부른다. 단지 여러 가지 맥락에 의지하여 이 '하
나가 된 마음자리'를 나타낸 것이지, 별개의 맥락에 따라 별개
의 본래 자리(性)가 있는 것이 아니다. 곧 다를 것이 없는데, 어
찌 '하나'를 둘 수 있겠는가? '하나'가 아니기 때문에 여러 맥락
에 해당할 수 있는 것이며, 다르지 않기 때문에 여러 맥락이 한
맛(一味)인 것이다."[13]

是故當知. 前說四門染淨二因, 當現二果, 其性無二, 唯是一心.
一心之性唯佛所體, 故說是心名爲佛性. 但依諸門顯此一性, 非隨
異門而有別性. 卽無有異, 何得有一? 由非一故, 能當諸門, 由非異

故, 諸門一味.

언어는 존재의 본질(실체)을 반영하는 것이 아니기에(본래 그런 본질이나 실체는 존재하지 않기에 언어도 본질이나 실체를 담아내지 않는다), 동일한 목적이나 가치 및 뜻을 위해 다양한 형식이 탄력적으로 선택될 수 있다. 언어의 이러한 실용적 방편성과 융통성을 이해한다면, 같은 뜻의 다른 표현을 둘러싸고 벌어지는 쟁론들이 화해할 수 있다. 그런 점에서 원효가 구사하는 '방편 언어의 이해를 통한 화쟁' 또한, 화쟁의 보편 원리로서의 자격을 갖추게 된다.

언어와 사유/욕망/행위의 긴밀한 연관성을 고려할 때, 상호 부정적 언어다툼을 치유하기 위해서 인간의 언어 관념 자체를 비판적 성찰의 대상으로 삼는 것은 적절하고도 근원적이다. 불교의 언어관에서 정확하게 지적하고 있듯이, 개념 언어는 그에 해당하는 불변의 실체를 갖고 있지 않다. 그럼에도 불구하고 대부분의 인간들은 언어와 실체의 상응을 본능처럼 확신하고, 언어에 의거한 실체적 세계를 구성해간다.

언어에 담긴 세계, 언어로 구성된 존재는, 그들에게 소유 가능한 실체로 여겨진다. 따라서 언어적 견해와 신념 역시 '나' '나의 것' '나에 속한 것'으로서 배타적 실체처럼 소유하려고 한다. 이러한 언어 환각에 사로잡히면 잡힐수록 자기 견해나 신념의 변화/수정에 인색할 수밖에 없고, 다른 견해나 신념들을 자기 견해로 동화시키거나 배제하여 독점적/배타적 승리를 추구한다. 언어 환각에 의한 배타적 자기 주장들의 각축──이것이 화쟁해야 할 쟁론(諍論) 현상이다.

언어 환각의 병증(病症)을 근원에서 치유하려면, 언어 관념에서 실체라는 환각을 걷어내야 한다. 언어는 그에 해당하는 실체를 갖지 않는 관행적 용법일 뿐이라는 이해를, 온몸과 삶에서 확립해야 한다. 실로 오랫동안 군림해왔던 실체적 존재론을, 무아(無我)/무상(無常)/연기(緣起)/공(空)의 통찰에 의거하여 무실체의 존재론으로 대체하려는 지성적/행위적/수행적 실천에 힘을 실어 완전하게 발전시켜야, 비로소 언어 관념에 뿌리내린 실체라는 환각을 털어버릴 수 있다.

언어 환각을 걷어낸 사람의 언어적 주장은 수정과 변화에 끝없이 개방된다. 언어 세계를 무아(無我)/무실체적으로 이해하고 경험하는 사람은, 관행에 따른 일상 언어 용법에 따르면서도 언어가 구축하는 세계에 실체를 상정하지 않으므로, 언어를 사용하면서도 언어 세계에 소유적으로 집착하지 않는다. 따라서 언어를 사용하여 활발하게 논쟁하면서도, 실체적 자아관념에 기인하는 그 어떤 집착이나 자만심, 승부욕, 배타적 독선에 함몰되지 않는다. 다투지 않고 담론할 수 있는 화쟁 능력을 지니게 되는 것이다.

그는 자신의 언어적 견해와 신념을 불변의 소유물로 움켜쥐고 거주하려 하지 않는다. 그는 필요하다면 언제든지, 어디까지라도, 자기 견해를 수정하고 보완하며 더욱 견실한 진실을 향해 전진한다. 또한 다른 견해들을 정복이나 배제의 대상으로 간주하여 자기 견해에 동화시키거나 부정해버리려 하지 않고, 좀더 온전한 진실의 구현을 위한 일리(一理)로서의 면모를 주시하여 필요하다면 기꺼이 존중하고 수용한다. 그는 모든 견해와 주장을 진리 포착과 구현의 계기나 기반으로서 포섭하려는 태도를 지니는 동시에, 항상 변화에 역동적으로 열려 있다. 이처럼 언어 환각의 덫에서 풀려나 '실체 없는 지평'을 연 언어 주체들은, 서로 격려하고 이끌며 적합한 문제 해법에 다가가는, 걸림 없는 언어의 노래(無碍歌)를 부른다.

불교적 통찰에 따르면, 결국 두 가지 서로 다른 언어 능력의 주체들이 있을 수 있다. 하나는 언어 환각에 사로잡힌 언어 주체로서, 견해와 주장의 배타적 완결과 승리를 추구하는 쟁론의 주역이다. 다른 하나는 언어 환각을 털어낸 언어 주체로서, 모든 견해와 주장에 역동적으로 개방되어 있는 화쟁의 주역이다. 이 화쟁의 언어 능력자는, 자신과 타인의 언어적 견해와 신념에 그 어떤 불변의 실체물(實體物)도 부여하지 않고, 단지 진리 포착과 구현을 위해 실용적 용법에 따라 언어를 구사한다. 이와 같은 화쟁의 언어 능력 향상 정도에 비례하여, 쟁론의 병리현상 치유 수준도 상승할 것이다. 스스로 탁월한 화쟁의 언어 능력자가 되어, 언어 화해의 걸림 없는 춤사위(無碍舞) 판을 벌여놓았던 자유인.——그가 원효였다.

희론에서 탈출할 수 있는 마음지평을 열어라

견해와 주장들의 상호 배타적 충돌을 치유하려면 화쟁의 언어 능력이 요청된다. 그런데 언어와 사유의 분리할 수 없는 상관관계를 감안할 때, 화쟁의 언어 능력은 결국 '화쟁할 수 있는 마음 수준'의 문제가 된다. '모든 쟁론적 인식 토대에서 해방되는 마음의 경지'로 눈을 돌리게 되는 이유다.

견해의 배타적 다툼(諍論)은, 견해를 주장하는 자들의 마음의 문제로 그 연원(淵源)이 소급된다. '견해/개념적 지식/신념'을 불변의 '나' '나의 것' '나에 속한 것'이라고 간주하는 실체적 자아관념에 사로잡힌 마음은, '나의 견해'가 아닌 '타자의 견해'나 '다른 견해'를 정복하거나 배제해야 할 대상으로 간주한다. '나의 견해'를 불변의 실체로 여기면, 변화를 거부하여 자기 견해의 수정이나 철회, 보완을 외면하게 되는 독선과 독단의 둥지를 트는 마음이 된다. 또한 타인의 견해 역시 불변의 실체로 간주하면, 수정/조정/타협/보완의 가능성을 외면하게 되어, 타자의 견해를 나의 견해로 동화되거나 배제되어야 할 승패의 적대적 대상으로 대하는 마음이 된다.

자아와 견해를 '불변의 실체'나 '불변의 소유물'로 간주하는 마음을 유지하는 한, 견해들 상호간의 적대적 다툼은 불가피하다. 비록 타자의 시선이나 사회적 압력, 이성적 자기 제어와 절제, 논쟁 경험의 축석에서 생겨나는 세련된 자제력, 교육을 통해 훈련

받은 타자 배려의 태도 등이 이 쟁론적 적대성과 투쟁성을 견제하고 완화시켜주기는 한다. 하지만 불변의 실체 관념에 지배되는 한 이 배타적 적대성과 투쟁성은 언제든지 솟구쳐 나올 기회를 기다리는 위험한 잠재성향으로 잠복되게 된다.

배타적 쟁론의 이와 같은 인식적 기반을 방치한 채 시도되는 화쟁은 미봉적(彌縫的)일 수밖에 없다. 그렇다면 화쟁이 근원적이고도 자연스럽게 가능하려면 어떤 조건이 필요한가? 모든 불교 이론을 통섭적으로 화쟁시켜보려는 원효의 노력 이면에는, 모든 쟁론의 인식적 토대 자체의 흠결을 초탈하고 있는 마음의 경지가 자리 잡고 있다. 화쟁의 근원적 생명력이라 할 수 있는 이 마음의 경지를, 원효는 '하나가 된 마음'(一心) · '하나가 된 깨달음'(一覺) · '하나가 된 마음의 진리다움'(一心眞如) · '하나가 된 마음인 본래적 깨달음'(一心本覺) 등으로 부른다. 또한 그 마음자리에서 이설(異說)과 쟁론들을 회통(會通: 일리들을 모아 소통시킴)하여 화쟁하는 국면을 '한 맛'(一味)이라 부르고 있다.

"(이 『열반경』은) 여러 경전들의 부분을 통괄하여 온갖 물들이 바다의 한 맛(一味)으로 돌아가듯 한 맛으로 돌아가게 하여, 부처님 뜻의 지극히 공정함을 열어서, 백가(百家)의 서로 다른 쟁론들을 화해시켰다. 그리하여 (쟁론으로) 시끄럽고 시끄러운 중생들로 하여금 모두 다르지 않은(無二) 참다운 자리(實性)로 돌아가게 하고, 어둡고 어두운 긴 잠에서 (깨어나) 다 함께 위대한 깨달음(大覺)의 궁극적 경지에 이르게 한다. '궁극적 경지의 위대한 깨달음'(極果의 大覺)이라 함은 참다운 자리를 체득했으면서도 체득했다는 마음조차 없는 것이고, '참다운 자리의 다르지 않음'이라 함은 참됨과 허망함이 녹아 섞이어 하나인 것이다. 이미 '다르지 않음'이니 어찌 '하나'가 있을 것이며, 참됨과 허망함이 녹아 섞였으니 무엇을 '참됨'이라 하겠는가? 이러한 즉 이치(理)와 지혜(智)가 모두 없어지고, 명칭(名)과 뜻(義)이 모두 끊어지니, 이것을 열반의 현묘한 뜻이라 한다. 다만 모든 부처님은 이 '열반의 현묘한 뜻'을 증득하고도 거기에 머물지 않아, 응하지 않는 데가 없고 말하지 않는 것이 없으니, 이것을 '열반의 지극한 가르침'이라 한다. 현묘한 뜻이라 할 것조차 없으나 일찍이 고요하지도 아니했고, 지극한 가르침을 설했지만 일찍이 설한 것도 없으니, 이것을 이치(理)와 가르침(敎)의 한 맛(一味)이라고 한다."[14]

統衆典之部分, 歸萬流之一味, 開佛意之至公, 和百家之異諍. 遂使攮攮四生, 僉歸無二之實性, 蕓蕓長睡, 並到大覺之極果. 極果之大覺也, 體實性而亡心, 實性之無二也, 混眞妄而爲一. 旣無二也, 何得有一, 眞妄混也, 孰爲其實? 斯卽理智都亡, 名義斯絶, 是謂涅槃之玄旨也. 但以諸佛證而不住, 無所不應, 無所不說, 是謂涅槃之至敎也. 玄旨亡而未嘗寂, 至敎說而未嘗言, 是謂理敎之一味也.

범부 중생의 일상 인식은 존재와 세상을 '둘로 나눈다.' '나'와 '남'을 본질적으로 다른 실체로 보아 분리하고, 성스러움과 속됨, 옳음과 그름, 좋음과 나쁨, 참됨과 허망함을 상호 부정적으로 가른다. 모든 배타적 쟁론들은 이 상호 부정적 분리 의식에서 비롯된다. '나의 견해'와 '남의 견해'가 배타적으로 맞서고, '나의 옳음/좋음/참됨/성스러움'은 '남의 그름/나쁨/허망함/속됨'을 부정하면서, 자기 견해의 독점적 승리만을 추구한다. 모든 것을 교섭될 수 없는 이질적 대립물로 가르는 이 분리와 배제의 마음이, 소모적이고 해악적인 쟁론의 인식적 토대다.

이렇게 전혀 다른 것으로 둘로 나누어버리는 것은 존재와 세상의 참모습으로부터 일탈하는 것이며 왜곡이다. 원효에 따르면, '둘 아님' 또는 '다르지 않음'이 존재와 세상의 참모습이다. 그 어떤 실체적 자가성(自家性)도 해체되어, 자폐적 격리로 인한 분리/배제의 인식이 설 자리를 확보할 수 없는 곳.—그 지평이 '둘로 나뉘지 않는' 진실의 고향이다. 이곳에서는 옳음/그름, 좋음/나쁨, 성스러움/속됨, 있음/없음을 배제적으로 규정하는 이치(理)와 지식(智), 언어(名)와 그 언어적 의미(義)가 힘을 잃는다. 이 자리는 있음(有)/없음(無), 옳음(是)/그름(非), 진실(眞)/허망(俗), 청정(淨)/오염(染)이라는 이분적 인식 범주 자체를 넘어서 버리는 곳이다.

이 마음자리(一心之源)에 서면, 있음/없음, 옳음/그름, 진실/허망, 청정/오염의 이항(二項)들을 배제적 관계로 대립시키는 것이 아니라, 상호 의존적 교섭 관계로 통섭시킨다. 모든 실체의 울타리를 해체시키고, 일체의 희론적 분별개념의 성벽도 허물어버린, 탁 트인 이 자리에 서면, 동시에 그 모든 분별의 언어들을 분별없이 포섭한다. 이 진실의 고향에서는 편파적 선호와 부정, 선택과 배제의 분리 벽이 없기에, 그 어떤 특정 주소지에도 머물지 않는 동시에 모든 언어의 주소지들을 다 받아들일 수 있다. 머물러야 할 그 어느 주소지도 없기에, 그 어떤 주소지로도 다 응해갈 수 있다. 이 초탈적 포섭 지평을 지시하는 언어가 '다르지 않아 둘 아님(不二)'이요 '한 맛'(一味)이다. 한 맛(一味)으로 회통·화쟁하는 '하나가 된 마음'(一心)은, 세계를 이렇게 '다르지 않게'(無二) 본다. 원효는 이 존재 고향의 소식을 힘차게 노래하고 있다.

> "불성(佛性)의 본연(體)은 바로 '하나가 된 마음'(일심)이니, '하나가 된 마음자리'에서는 실체로 여기는 모든 착각(諸邊)을 멀리 여읜다. 실체로 여기는 모든 착각들을 멀리 여의었으므로 해당되는 것이 하나도 없고, 해당되는 것이 없기 때문에 해당되지 않음이 없다. 그렇기 때문에 하나가 된 마음에서 말하자면, 그 마음은 원인(因)도 아니요 결과(果)도 아니며, 성스러운 진리(眞)도 아니고 속된 것(俗)도 아니며, 사람(人)도 아니고 세계(法)도 아니며, 생겨남(起)도 아니고 사라짐(伏)도 아니다. 그러나 그 마음을 관계(緣)에서 말하자면, 마음은 생겨남(起)도 되고 사라짐(伏)도 되며, 세계(法)도 되고 사람(人)도

되며, 속된 것(俗)도 되고 성스러운 진리(眞)도 되며, 원인(因)도 짓고 결과(果)도 짓는다. 이것을 일컬어 '그렇지 않지만 그렇지 않은 것도 아님'(非然非不然)의 면모라 하니, 따라서 여러 주장이 모두 그르기도 하고 모두 옳기도 하다."[15]

然佛性之體, 正是一心, 一心之性, 遠離諸邊. 遠離諸邊故, 都無所當, 無所當故, 無所不當. 所以就心論, 心非因非果, 非眞非俗, 非人非法, 非起非伏. 如其約緣論, 心爲起爲伏, 作法作人, 爲俗爲眞, 作因作果. 是謂非然非不然義, 所以諸說皆非皆是.

모든 상호 부정적 쟁론의 인식적 토대를 방치한 채 시도되는 화쟁은 미봉책에 지나지 않는다. 각 주장들의 일리를 변별하여 통섭할 수 있는 근원적 능력을 성취하기 위해서는, 배타적 쟁론의 인식적 토대 자체를 해체한 후 새롭게 재구성할 필요가 있다. 원효가 힘차게 노래하는 '하나가 된 마음'의 경지는, 그렇게 이룩된 온전한 인식 지평이다. 그리고 이 지평을 열 때, 서로 다른 주장들이 '다르지 않아 둘 아닌(不二)' '한 맛(一味)의 관계로 포섭되는, '그렇지 않지만 그렇지 않은 것도 아닌'(非然非不然), 걸림 없는 화쟁의 세계가 펼쳐진다.

언어적 다툼을 치유하는 화쟁의 요건으로서 원효가 노래하는 이 '하나가 된 마음'의 경지는, 비단 불교 이론 내에서만 유효한 것이라 할 수 없다. 희론 분별에 의해 다투는 것은 인간사의 보편적 현상이기 때문이다. 따라서 화쟁의 궁극 조건으로 요청되는

'하나가 된 마음'의 경지는, 언어 다툼을 치유하려는 모든 인간의 과제라 할 수 있다. 다만 이 일심의 경지는 존재 환각에 사로잡힌 인식 범주에서 초탈할 것을 요구하는 것이기에, 대중적 호소력을 발휘하는 화쟁 원리가 되기 어렵다는 문제를 안고 있기도 하다. 환각적 인식 범주 안에서 관행을 추종하는 것이 대중적 현실이기 때문이다. 그러나 어차피 궁극적 화쟁이 논리 형식이나 이론이 아닌, 개개인의 마음의 수준에 의해 구현된다는 점을 상기한다면, '하나가 된 마음자리'는 화쟁의 구현을 위해 피할 수 없는 '삶의 과제'다.

7

원효의 선(禪) 사상 Ⅰ

서로 열려 통하게 하고 중생을 이롭게 하는 것이 진정한 선(禪)이다

"둘로 나누는 환각을 여의었지만 중간이 아니기 때문에, 있음과 없음의 현상이 만들어지지 않는 바가 없고, 옳고그름의 뜻이 두루 미치지 아니함이 없다. 이와 같이 깨뜨림이 없되 깨뜨리지 않음이 없으며, 세움이 없되 세우지 않음이 없으니, 가히 이치가 없는 지극한 이치요 그렇지 않으면서도 크게 그러한 것이라 할 수 있다."

『금강삼매경』(金剛三昧經)과 원효
그리고 『금강삼매경론』(金剛三昧經論)

"왕의 부인이 머리에 악성 종창을 앓았는데, 의원의 치료가 효험이 없었다. 왕과 왕자, 그리고 신하들이 산천의 영험 있는 사당에 기도하여 이르지 않은 곳이 없었다. 무당이 말하기를, 〈타국으로 사람을 보내어 약을 구해야만 이 병이 곧 나을 것입니다〉라고 했다. 이에 왕이 사인(使人)을 당나라에 보내어 의술을 찾도록 했다. 파도 높은 바다 가운데에 이르렀을 때, 한 노인이 홀연히 나타나 파도로부터 배 위로 뛰어올라 사신을 맞아 바다로 들어갔다. 바라보니 궁전이 장엄하고 화려했다. 금해(鈐海)라는 용왕이 있어서 사인에게 말했다. 〈그대 나라의 부인은 청제(靑帝)의 셋째 딸이다. 우리 궁중에는 전부터 『금강삼매경』이 있는데, 이각(二覺)이 원통(圓通)하여 보살행을 보여준다. 지금 부인의 병을 의탁해 좋은 인연으로 삼아 이 경을 부촉(咐囑 : 부탁하여 맡김)하여, 그 나라에 내어놓아 유포하고자 한다.〉이에 30장 정도의 순서가 뒤섞인 흩어진 경을 가져다가 사인에게 주면서, 〈이 경이 바다를 건너는 중에 좋지 못한 일이 있을까 두렵다〉고 했다. 용왕은 사람을 시켜 사인의 장딴지를 찢고 그 속에 경을 넣어 봉하고 약을 바르도록 하니 전과 다름없이 되었다. 용왕이 말했다. 〈대안성자(大安聖者)로 하여금 경을 차례로 엮어서 꿰매게 하고, 원효법사에게 「소」(疏)를 지어 강석(講釋)하기를 청하면, 부인의 병은 틀림없이 나을 것이다. 가령 설산 아가타약의 효력이라도 이보다 더하지는 못할 것이다.〉 그리고는 용왕이 바다 표면으로 보내 주어 마침내 배를 타고 귀국했다.

그때 왕이 이 소식을 듣고 환희했다. 이에 대안성자를 불러 경의 차례를 맞추게 하라고 했다. 대안은 이해하기 어려운 사람으로 모습도 복장도 특이했고, 항상 거리에 있으면서 구리로 만든 발우를 두드리면서 '크게 평안하라! 크게 평안하라!'(大安大安)라며 노래를 했기에 대안(大安)이라고 불리었다. 왕이 대안에게 명령하니 대안이 말하기를, 〈다만 그 경을 가지고 오시오. 왕의 궁전에 들어가기를 원하지 않소이다〉라고 했다. 대안이 경을 받아 배열하여 8품(品)을 이루니, 모두 부처님 뜻에 맞아떨어졌다. 대안이 말했다. 〈속히 원효가 강의하게 하시오. 다른 사람은 안 됩니다.〉

원효가 이 경을 받은 것은 바로 그의 고향인 상주(湘州)에서였다. 그는 사인에게 말했다. 〈이 경은 본각(本覺)과 시각(始覺)의 이각(二覺)으로써 핵심(宗)을 삼습니다. 나를 위해 소가 끄는 수레(角乘)를 준비하고, 책상을 두 뿔 사이에 두고 붓과 벼루도 준비하시오.〉 그리고 그는 처음부터 끝까지 소가 끄는 수레에서 「소」(疏)를 지어 다섯 권을 만들었다. 왕이 날짜를 택하여 황룡사에서 강연하도록 했다. 그때 박덕한 무리가 새로 지은 「소」를 훔쳐갔다. 이 사실을 왕에게 아뢰어 3일을 연기하고 다시 세 권을 만들었는데 이를 「약소」(略疏)라고 한다. 경전을 강의하는 날이 되어 왕과 신하, 그리고 도 닦는 사람들과 속인 등 많은 사람이 구름처럼 법당을 가득 에워싼 속에서 원효의 강론이 시작되었다. 그의 강론에는 위풍이 있었고, 논쟁이 모두 해결될 수 있었다. 그를 찬양하는 박수소리가 법당을 가득 채웠다. 원효는 다시 말했다. 〈지난날 백 개의 서까래를 구할 때에는 내 비록 참여하지 못했지만, 오늘 아침 대들보를 놓을 때에는 오직 나만이 가능하구나.〉 이때 모든 명성 있는 승려들이 고개를 숙이고 부끄러워하며 가슴 깊이 참회했다."[1]

찬녕(贊寧, 918~999)의 『송고승전』(宋高僧傳)에 기록된 원효 전기 가운데 『금강삼매경』의 출현과 원효의 『금강삼매경론』 집필 연기(緣起)를 전하는 내용이다. 『송고승전』의 원효 전기는 사실상 이 내용이 핵심이고 분량도 대부분을 차지하고 있다. 『송고승전』의 이 기록은 『금강삼매경』의 등장에 신라인 대안과 원효가 깊이 연관되어 있으며, 원효는 『금강삼매경』의 해설서인 『금강삼매경론』 저술을 통해 신라불교계에서 확고한 사상적 위상을 확보했다는 것을 알리고 있다.

아울러 원효가 자신의 사상을 시각(始覺)/본각(本覺)을 중심으로 총결하고 있다는 점도 시사해준다. 원효 사상의 핵심 축에 깨달음(覺)사상을 배정해본다면[2], 그의 깨달음 사상은 『대승기신론』의 시각/본각 사상에서 기초를 마련한 후 『금강삼매경』을 매개로 삼아『금강삼매경론』에서 완결되고 있다.

『금강삼매경』은 한국불교와 특별한 인연이 있는 경전이다.『송고승전』에 따르면, 이 경전이 세상에 처음 나타난 것은 7세기 중엽 신라 대중불교의 기인(奇人) 대안(大安) 화상이 편집한 것이었고, 그 최초의 주석 및 강설자는 역시 대안 화상과 깊은 교분이 있던 원효였다. 7세기 중반까지 동북아 불교권에서 거론되던 불교 사상의 거의 모든 유형들을 망라하면서 난해할 정도의 고급 불교 언어를 전개하는 이 경전이, 학계의 특별한 주목을 받아온 것은 크게 두 가지 이유에서였다. 하나는『금강삼매경』이 중국 초기선종(初期禪宗)의 성립과 밀접한 관련이 있을 것이라는 추정 때문이다. 달마의 이입사행설(二入四行說)과『금강삼매경』의 이입설(二入說)의 상관관계를 주목하면서 출발한 이 추정은, 초기 선종과『금강삼매경』이 맺고 있는 일정한 관계를 밝히는 데 초점을 두고 진행되었다.

『금강삼매경』이 주목받아온 또 하나의 이유는 한국불교의 거인 원효가 이 경에 대한 최초의 주석가이며, 그가 저술한『금강삼매경론』이 원효 사상의 원숙한 경지를 보여주고 있기 때문이다. 그리하여 원효 사상을 탐구하는 사람들에게는 언제나『금강삼매경』이 각별한 관심의 대상이 되었다.

사상적 관심과는 별도로 문헌 비판적 논의도『금강삼매경』에 대한 관심의 한 초점이 되어왔다. 중국 초기선종의 역사 연구에 새로운 전기를 제공한 돈황 문서의 발굴 이래, 달마대사의 이입

대안(大安)대사가 저잣거리에서 왕의 초청을 전하는 사신에게
거절의 뜻을 밝히고 있다. 그의 뒤에서는 민초들의 흥정과 시비가 펼쳐지고 있다.
"그는 무엇을 '크고 편안케'(大安) 하였던가." 『화엄연기』.

사행설이 『금강삼매경』에 의거하고 있다고 추정한 학자들은 『금강삼매경』을 인도에서 전래된 경전으로 간주했다. 그러나 『금강삼매경』에는 현장(玄奘, 602~664)의 경전 번역 이후에 등장하는 용어가 나타난다는 점 등을 논거로 하여, 이 경전이 인도에서 만들어지고 중국에서 번역(漢譯)된 것이 아니라 중국에서 만들어진 위경(僞經)이라는 주장이 등장하자 사정은 급변했다.

인도 찬술(撰述)의 경전들에게만 진경(眞經)의 권위와 종교적 가치를 부여하던 사람들에게는, 이 위경설(僞經說)로 인해 『금강삼매경』의 가치가 퇴색되는 것으로도 여겨졌을 것이다. 그러나 불교 문헌의 성격을 고려한다면, 이러한 태도는 종교적인 선입견에 불과하므로 부당하다. 어차피 역사적으로 실존한 부처의 육성을 원형에 가깝게 전하는 문헌들은 대장경 중에서 일정한 부분에 국한되는 것이다. 또한 대다수 경전들은 부처의 가르침이나 체험과 동질성을 확신하는 후대인들이 쓴 작품이다.

그러나 계시종교가 아닌 깨달음의 종교인 불교에서는, 부처에 의해 확인되고 제시된 깨달음의 경지와 그 경지에 이르는 길에 부합하는 것이라면, 그 누구의 체험이나 가르침, 주장이라도 모두 '깨달음의 성전'(佛經)에 올리는 것이 허용된다. 자신의 사상이 부처의 그것과 동일한 것임을 강조하기 위해 부처의 이름을 빌리는 형식을 취하고 있는 대다수 후기 경전들은, 이런 이유로 인해 꾸준히 대장경에 편입되면서 불경으로서의 권위와 가치를 인정받았다.

대장경이라는 불교 문헌 체계는 계시종교의 성전처럼 그 어떤 변화도 용납할 수 없는 '닫혀 있는 완결형'이 아니라, 검증에 열려 있는 깨달음의 개방성으로 인해 모든 사람의 참여를 허용하는 '열려 있는 진행형'인 것이다. 역사를 통해 대장경의 양적 증대가 꾸준히 진행되고 불교계가 그러한 현상을 당연한 것으로 수용했던 이유도 여기에 있다. 따라서 후대에 대장경에 편입되는 경전들에 대해서, 인도에서 만들어진 것은 진경(眞經)이라 하여 그 권위나 가치를 높게 평가하는 반면, 중국이나 한국에서 만들어진 것은 위경(僞經)이라 하여 가치를 무시하려는 태도는 대장경의 성격을 간과한 무지요 편견일 뿐이다.

전통적으로 인도 찬술의 경전들에 대해서만 종교적 권위와 가치를 부여하던 사람들에게는, 『금강삼매경』 중국찬술설(中國撰述說)이 『금강삼매경』의 권위와 가치를 퇴색시키는 것으로 여겨졌을지도 모른다. 그러나 불교 대장경의 성격을 제대로 파악하는 사람들에게는, 중국찬술설이 오히려 『금강삼매경』의 가치와 역사적 진실을 새롭게 발굴하는 획기적 계기로 작용한다.

그런데 『금강삼매경』 중국찬술설들은 『금강삼매경』이 신라에서 최초로 등장했음을 전하는 『송고승전』이나 『삼국유사』의 명백한 기록들을 애써 외면하고 있었다. 이러한 문제의식에서 최근 학계에서는 『금강삼매경』 찬술 문제를 신라불교 내에서 접근하려는 시도가 줄을 잇고 있다. 『금강삼매경』 신라찬술설들이 제기되고 있는 것이다.

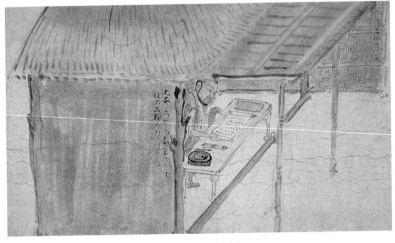

초막 안에서 『금강삼매경』의 순서를 편집하고 있는 대안대사.
저잣거리에서 민초들과 어울리지만, 난해한 경전의 품목을 편집할 정도로
대안은 막강한 내공을 지녔다. 『화엄연기』.

지금까지의 연구 성과들을 종합해보면, 『금강삼매경』이라는 문헌은 종교적 태도나 사상적 수준과 문제의식을 공유하는 일군의 신라 불교인들, 특히 대안이나 원효로 대변되는 대중불교 운동가들이 그 찬술의 주역들이라고 추정할 수 있을 것 같다. 『금강삼매경』의 찬술자를 확정시키는 객관적 자료들이 새롭게 발굴되지 않는 한, 대안과 원효를 중심으로 하는 신라 불교인들이 경전 찬술의 주역일 것이라는 추정이 설득력을 더해갈 것으로 보인다. 그리고 이렇게 본다면 『금강삼매경』과 원효의 『금강삼매경론』은 그 등장 배경이나 사상 내용에서 불가분의 관련을 맺고 있다고 보아야 한다.

　『금강삼매경』이 신라불교인들에 의해 만들어진 것이라면, 무엇보다도 그 찬술의 동기나 배경이 궁금해진다. 단지 불교 사상의 통상적 표현을 위해서라면 굳이 불설(佛說)의 권위를 빌리는 경전을 만들 필요는 없기 때문이다. 설득력을 위해 경전의 권위까지 필요로 하는 그 어떤 강렬한 문제의식이 있었다고 보는 것이 자연스럽다. 그렇다면 『금강삼매경』의 찬술자(들)가 표현하고 싶었던 문제의식이나 관심사는 무엇이었을까? 경전의 권위를 빌려서까지 설득력을 확보하고자 했던 주장이나 관점은 도대체 무엇이었을까?

　그 등장 설화가 보여주는 각별한 관계에서도 추정할 수 있지만, 실제로 『금강삼매경』과 『금강삼매경론』에서는 동일한 사상적 지향점이 확인된다. 그 동일한 사상 지향은 크게 세 가지로 대별

된다. 첫째는 공(空)의 철학인 중관(中觀)과 마음의 철학인 유식(唯識)의 서로 다른 개성들을 통섭적으로 화쟁하려는 것이고, 둘째는 대승선(大乘禪) 사상의 천명이며, 셋째는 대중에게 적극적으로 다가가는 진속불이(眞俗不二)의 원융(圓融)불교를 천명하는 것이다. 그리고 이 세 지향을 펼쳐내는 근본 원리는 '본각/시각을 중심으로 하는 깨달음(覺)사상'이다.

한 맛으로 참되게 보아(觀) 행(行)하라 —
일미관행(一味觀行)의 선(禪)

관(觀)이라는 수행

인간이라는 생명은 오염되어 있다. 그칠 줄 모르고 끝없이 확대되는 배타적 이기심과 소유욕이 앞장서서 이끌고 있는 탐욕에 절어 있고, '나 아닌 것' '나와 다른 것' '나의 소유가 아닌 것'을 밀어내고 정복하며 부정하려는 성냄에 불타고 있으며, 사실을 사실과 다른 것으로 왜곡하거나 오인하는 환각적 무지에 덮여 있다. 언제부터 오염되기 시작한 것인지는 알기 어려우나 인간이 자랑하는 고도의 언어와 사유 능력은 이미 심하게 오염되어 있다. 개인적 고통과 집단적 재앙의 인위적 원천은 결국 탐욕/성냄/무지로 압축된다는 것이 부처 이래 불교의 일관된 통찰이다.

이 존재 오염은 죄에 대한 처벌이 아니라서 처벌과 사면의 권력을 쥔 그 누구의 권능에 의해 사면 받음으로써 정화되는 것이 아니다. 존재 오염은 존재 자신이 잉태한 무지의 과보이기 때문에 그 오염의 정화는 존재 자신에 의한 자기 초월이어야 한다. 그리고 존재 오염을 맑히기 위한 자기 초월 방법이 바로 '수행'이다.

해탈이라고 부르는 존재 정화를 위해 부처가 마련한 수행법은 크게 세 유형으로 분류된다. 계율 수행(戒學), 참선 수행(定學), 지혜 수행(慧學)이 그것이다. 이 세 수행은 각각 '행동'과 '마음' 그리고 '이해'를 대상으로 한다. 오염된 행동 버릇을 제어하는 수행이 계율 수행이라면, 오염된 마음 버릇에서 풀려나는 수행이 참선 수행이고, 오염된 이해를 교정해가는 수행이 지혜 수행이다.

하루에 다섯 갑은 피워야 하는 애연가가 있다. 오랫동안의 과다한 흡연으로 건강에 적신호가 켜졌다. 금연 결심을 한다. 그런데 그가 금연에 성공하여 건강을 되찾으려면 어찌해야 할까? 무조건 안 피우면 될까? 그런 식으로 금연에 도전했다가는 실패할 수밖에 없다. 담배에 중독되다시피 한 자신의 현실이 어떤 인과관계의 산물인지를 정확히 파악한 후, 그 인과관계에 맞추어 적절한 전략을 짜야 한다.

그는 주위의 조언을 받아가며 자신의 현실을 냉정하게 진단해본다. 왜 잠시도 담배를 입에 물지 않고는 못 사는가? 왜 줄담배를 피워대는가? 먼저 눈에 띄는 것은 몸의 버릇이다. 몸이 니코틴에 절어, 잠시도 담배를 떼어놓지 못하게 요구한다. 몸에 뿌리내린 끽연 버릇(업력) 때문에 쉴 새 없이 담배를 집어 문다. 그렇다면 담배를 집어 드는 몸의 버릇을 거부하면 금연에 성공할까? 아니다. 담배를 피우고 싶은 마음을 거두어야 한다. 몸에 배인 욕구를 제어하는 동시에, 마음으로 자리 잡은 욕구에서 풀려나야 한다. 이쯤이면 해결될까? 아직 남은 과제가 있다. 담배를 피워도 좋다고 여기는 생각을 바꾸어야 한다. '스트레스 해소에 도움이 된다' '긴장을 풀어준다' '성인이 되었다는 것을 확인하게 된다' '남이 피우는데 나만 안 피울 수는 없다'는 등, 흡연을 긍정적으로 대하는 생각이 바뀌어야 한다. 담배에 대한 관점을 교정해야 하는 것이다.

인간의 욕구와 행동은 관점과 상호적으로 얽혀 있다. 고도의 사유 능력을 지닌 인간에게는, 관점이 욕구와 행동을 선도하는 경향이 강하다. 특히 생존과 직결된 일차적이고 본능적인 욕구나 행동이 아닌, 이차적이고 문화적인 욕구와 행동들은, 대상에 대한 관점에 따라 형성되는 것이 일반적이다. 게다가 인간의 경우, 일차적/본능적 욕구와 행동들마저 관점과 깊숙이 연관되어 있다. 인간은 관점을 조정하여 일차적/본능적 욕구와 행동마저 조정하는 모습을 보여준다. 인간의 욕구와 행동은 관점에 수반하거나, 적어도 상호적으로 연관되어 있다. 따라서 욕구와 행동의 조정이나 이를 극복하기 위해서는, 반드시 그 욕구와 행동이 인과적으로 연관되어 있는 관점을 다스려야 한다.

흡연이라는 문제 상황을 이렇게 파악한 애연가는 금연을 위한 전략을 수립하여 실천에 옮긴다. 우선 담배에 대한 관점을 바꾸려고 노력한다. 병원의 금연 교실에 가서 담배가 신체에 미치는 영향에 대해 듣기도 하고, 담배로 인해 건강을 망친 사람들의 경험담을 듣기도 하면서, '담배를 피워도 좋다'는 관점을 '담배는 백해무익하다'는 관점으로 바꾼다. 그런 다음 담배를 요구하는 몸의 버릇에 저항하기 위한 방안들을 채택한다. 담배를 치워버리고, 애연가들과 가까이하지 않고, 담배 가게를 멀리하며, 라이터도 지니지 않는다.

이쯤 되면 성공하지 않을까? 몸의 요구에 저항하고, 생각과 관점을 바꾸었으면, 금연에 성공할 수 있지 않을까? 안타깝게도 아직 넘어야 할 고개가 하나 더 있다. 담배가 백해무익하다는 점을 명심하고, 독한 마음으로 담배를 외면하지만, 많은 사람들이 실패한다. 금단 현상을 극복하지 못해서다. 담배에 대한 관점을 바꾸고 담배도 멀리했건만, 손에 일이 안 잡히고 잠도 못 자고 헛것이 보이는 등, 극도의 심신불안 증상이 솟구쳐 오른다. 이 금단 현상이라는 고비를 넘지 못해 결국 다시 담배를 물고 말았다는 것이, 금연 실패의 전형이다. 금연을 위한 전략 수립에서 무엇을 놓친 것일까?

의식은 표층과 심층으로 나뉜다. 표층의식의 현상들은 의식 주체가 그 내용을 능동적으로 인지할 수 있다. 자신의 마음이 어떤 상태인지, 어떤 생각과 욕구와 감정이 펼쳐지고 있는지, 의지에 따라 알 수 있다. 그런데 무의식이나 잠재의식으로 이루어지는 심층의식 현상은, 비록 존재하기는 하지만 의식 수준에서 인지되지는 않는다. 의식의 심층에 잠재되어 있다가 적절한 조건이 마련될 때 의식 표면으로 올라오며, 그럴 때라야 의식의 인지 범위에서 포착된다. 따라서 심층의식의 내용은 의식주체가 의지에 의해 확인할 수가 없다. 어떤 내용들이 어느 정도 잠재되어 있는지 알 수가 없다.

모든 유형의 금단현상은 표층의식과 심층의식의 괴리에서 기인한다고 할 수 있다. 금연의 경우, 표층의식 범주에서는 담배를 싫어하고 흡연 행위를 거부하지만, 심층의식에 배인 흡연의 버릇은 여전히 담배를 요구하고 있다. 심층의식적 요구와 표층의식적 거부의 충돌이 금단 현상의 심리적 배경이다. 따라서 심층의식적 성향이나 버릇마저 극복하지 못하면 금연은 실패한다.

금연에 성공하려면 흡연 버릇 형성의 인과관계를 파악해야 한다. 그런데 그 인과관계 파악을 위해서는 두 가지 측면이 고려되어야 한다. 몸에 배인 흡연 버릇의 형성과 유지에는 욕구와 행동, 관점이 상호적으로 참여하고 있다는 것이 그 하나이고, 흡연 버릇은 표층의식과 심층의식의 두 층에 뿌리내리고 있다는 것이 다른 하나다. 몸과 마음에 뿌리내린 특정한 성향은 욕구와 행동, 관점이 상호적으로 작용한 결과라는 것, 그리고 그 성향은 의도적으로 확인할 수 있는 표층의식뿐만 아니라 의도나 의지로는 확인하기 어려운 심층의식에도 뿌리내리고 있다는 것을 직시해야 한다. 그리고 그럴 때라야 금연에 성공할 수 있는 방법론이 마련된다.

탐욕/성냄/어리석음에 의한 존재 오염을 정화하는 문제도 유사한 구조를 가지고 있다. 탐욕/성냄/어리석음이라는 존재 오염물은 욕구와 행동, 관점의 상호 결합적 산물이며, 동시에 심층의식에까지 깊이 뿌리내리고 있다. 해탈/열반의 성취를 위해 존재 정화의 방법으로서 부처가 마련한 수행론은, 존재 오염의 이와 같은 구조에 상응하는 것이다.

해탈 수행법인 팔정도는 계율/참선/지혜의 이른바 삼학(三學)으로 구성된다. 계율 수행(戒學)은 몸에 배인 탐욕/성냄/어리석음의 오염을 행위의 제어를 통해 정화하는 역할에, 지혜 수행(慧學)은 오염된 관점을 교정하는 역할에 초점을 맞추고 있다. 그리고 참선 수행(定學)은 표층의식과 심층의식에서 펼쳐지는 관성적 성향들에 지배되지 않는 마음국면의 수립과 확보에 초점을 두고 있다. 이 세 유형의 수행을 상호 결합적으로 발전시키면, 탐욕/성냄/어리석음에 의한 존재 오염의 정화에 성공할 수 있다는 것이 계(戒)/정(定)/혜(慧) 삼학(三學)의 인간학이자 수행론이다.

탐욕/성냄/어리석음은 이미 몸의 버릇으로 배어 있다. 따라서 몸의 버릇을 방치하면서 탐욕/성냄/어리석음에서 풀려날 수는 없다. 담배를 계속 피우면서 금연하겠다고 하는 것은 공염불이다. 금연에 성공하려면, 흡연 양이라도 줄이는 등, 흡연 행위 자체를 제어해야 한다. 행위의 제어를 통해 몸에 배인 탐/진/치 오염을 정화시켜가는 것이 계율 수행(戒學)의 요점이다. 그런데 흡연을 긴장 해소에 필요한 기호식품으로 이해한다면, 금연은 불가능하다. 관점과 욕구 및 행동은 상호 결합되어 있기 때문이다. 따라서 금연을 위해서는 먼저 흡연에 대한 관점을 바꾸어야 한다. 흡연에 대한 이해와 관점을 바꾸어 흡연 행위에 대한 지적(知的) 제어력을 확보하는 것처럼, 인간과 세상, 인생에 대한 이해와 관점을 바꾸어 탐욕/성냄/어리석음에 대한 지적(知的) 제어력을 확보하는 것이 지혜 수행(慧學)이다.

흡연을 해로운 행위로 보는 관점이 수립되었을지라도, 흡연을 선호하던 기존의 욕구와 행동 및 관점의 버릇은 여전히 힘을 쓴다. 욕구와 행동 및 관점의 누적된 경향성이 여전히 금연을 방해한다. 대부분 심층의식에까지 깊이 배어버린 이 경향성은 몸과 마음의 여러 경로를 통해 모습을 드러낸다. '담배는 몸에 해롭다. 피우지 말아야지' 하면서도, 피우고 싶은 생각과 욕구가 솟아오르고 담배로 손이 간다. 행위 제어(계율 수행)나 관점 바꾸기(지혜 수행)로는 해결되지 않는 이 누적된 경향성에 대처하는 수행이 참선이다.

흡연으로 나아가는 관점과 욕구와 행동의 누적된 경향성, 흡연으로 이끄는 관점과 욕구와 행동 그 관성 체계에, 말려들지 않고 빠져나오는 마음국면을 수립하여 확고히 다져가는 것이 참선 수행의 핵심이다. '흡연은 해롭다. 피우면 안 된다'고 생각하면서도, 흡연의 누적된 경향성(업력)에 지배되어 흡연의 생각과 욕구와 행위가 솟아오르게 마련이다. 그때 그 생각과 욕구와 행위를 '알아차림'으로써 '붙들고 따라 들어가 말려들지 않는 것'이 참선이다. '멈추어 빠져나오는' 마음자리를 열고 그 자리를 간수해가는 것이 참선의 근본 생명이다. 이 참선의 마음으로 흡연 업력의 생성과 소멸에 휘말리지 않으며, 그 업력의 생성과 소멸을 붙들고 따라 들어가 흡연을 미화하거나 혐오하지 않게 된다. 오직 그 현상을 '있는 그대로' 보는 그 마음자리에 설 때, 존재와 현상의 각색되거나 왜곡되지 않은 참모습을 직관해내는 궁극적 통찰력(궁극적 지혜/如實知)이 밝아온다. 근원적 존재 환각(無明)을 걷어내는 궁극적 지혜(解脫知見)가 빛나는, 그리하여 지혜 수행(慧學)이 완성되는 시절이다.

관(觀) 수행은 이와 같은 참선 수행(定學)과 지혜 수행(慧學) 각각을 가리키는 수행법이기도 하고, 양자가 결합되어 있는 수행법이기도 하다. 의식의 표층과 심층에 뿌리내린 오염의 성향들에 말려들지 않는 마음국면을 확보해가는 참선법이 관(觀) 수행이며, 또한 존재의 참모습을 은폐하고 왜곡시키는 환각적 착각을 교정하는 관점이나 이해 수립의 수행 또한 관(觀) 수행이다. 또한 이 두 국면의 수행을 함께 진행하는 것을 관(觀) 수행이라고도 한다. 초기경전에서 전자의 수행 국면은 '알아차려 붙들지 않기/알아차려 휘말려들지 않기/알아차려 빠져나오기'로, 후자의 수행 국면은 '변하는 것이며(無常) 실체가 없는 것이라고(無我) 이해하기'로 그 핵심이 설해지고 있다.

'하나가 된 마음자리'(一心之源)와
'한 맛으로 참되게 보아 행하기'(一味觀行)

원효는 관행(觀行)을 『금강삼매경』 수행의 핵심으로 포착한 후, 특히 일미관행(一味觀行)을 역설한다. 원효의 일미관행은 관(觀)이 지니는 참선 수행과 지혜 수행의 두 가지 측면이 종합된 것이며, '하나가 된 마음자리'와 떼려야 뗄 수 없는 관계가 있다. '한 맛으로 참되게 보아 행하는 수행'(一味觀行)에 의해 '하나가 된 마음'(一心)이 펼쳐지는 동시에, '하나가 된 마음자리'에 서야 '한 맛으로 참되게 보아 행하게' 된다. '하나가 된 마음(一心) 또는 그 마음자리'와 '관행(觀行) 또는 일미관행(一味觀行)'은 상호 의존하고 상호 결합되어 있다.

원효에 따르면, 탐욕/성냄/어리석음에 의한 개인과 세상사의 오염과 비극은, 근원적으로 '하나가 된 마음자리'를 놓쳐버렸기 때문이다. 근본 어리석음(根本無明)이라 부르는 존재 환각에 홀려, 원래 존재하지도 않는 고정 불변의 실체가 있다는 착각이 생겨나고, 이 착각으로 인해 실체의 벽을 세워 세계를 이리저리 나눈다. 그 결과 주관과 객관 세계가 마치 실체처럼 갈라져 양립되고, 그 관계가 긍정과 부정, 소유와 박탈로 동요하는 탐욕/성냄/어리석음의 오염물로 변질된다.

원효가 본 존재와 세상의 참모습은, 실체라는 격리의 벽이 원래 없어 서로가 서로에게 열리고(通) 끌어안아(攝) 마치 '한 몸처럼 엮이어 있는' 것이다. 그런데 무지로 인한 환각 때문에 그 참모습을 놓쳐버려, 허깨비처럼 나타난 실체라는 환영과 그에 입각한 이런 저런 작위적 기준과 방식에 의해, 서로 막고 나누고(分) 밀어내는(別) 망상적 세상을 구성한다. 존재의 고향을 망각해 공연히 쓰디쓴 타향살이 생고생을 한다.

인생과 세상사의 고됨이 고향을 등진 과보임을 알게 된 나그네
는, 고향에서 부처 오는 초대장(본각의 불가사의한 훈습)을 읽고
귀향길에 오른다. 고향 가는 길을 힘차게 걸어 고향에 다가가려
면, 고향집을 박차고 나가게 했던 환각의 유혹을 뿌리쳐야 한다.
그러기 위해서는 세 가지가 필요하다. 환각을 쫓아가는 행위에
제동을 걸어야 하고(계율), 환각을 환각이라고 알아야(이해해야)
하며(지혜), 환각을 따라가 붙들지 않는 마음자리에 서야 한다
(참선).

환각에 끌려가는 행동을 제어하여 환각의 행위 지배력에 제동
을 걸고, 확고한 실재라고 알아 따라가고 붙들던 것이 사실은 환
각이고 환영이라고 아는 이해를 확립하는 동시에, 그 환각과 환
영을 움켜쥐던 마음의 관성에 '휘말려들지 않는 마음국면'을 수
립하여 망상 분별에 빠져들지 않을 수 있는 자리에 서야 한다. 원
효는 이 세 가지 노력(계율 수행/지혜 수행/참선 수행)을, '본래
적 깨달음'(본각)과 '비로소 깨달아감'(시각)에 의거하여 본각과
시각이 다르지 않게 되는 '하나가 된 마음자리'(일심)에 돌아가
는 것으로써 종합 및 요약하고 있다.

원효에 따르면, '하나가 된(하나로 보는) 마음자리'에 서면, '진
리의 청정함이나 성스러움'(眞/淨/聖)과 '세속의 오염'(俗/染)을
상호 배타적 실체로서 처리하는 것은 환각적 분별에 지나지 않는
다. 또한 그 마음자리에서 보면, 존재를 '변하지 않으면서 항상

있는 것(有)'과 '아무것도 없는 허무(無)'로 이분하여 상호 배제적으로 파악하는 것도 환각적 오해로 드러난다. 그런데 세상을, 진(眞)/속(俗)이나 유(有)/무(無)처럼, 상호 부정적이고 양자택일적인 실체로 보는 것이 환각으로 드러나지만, 그렇다고 해서 진과 속, 유와 무를 섞어 나눈 중간물이 그 환각을 대체하는 실재로서 등장하는 것도 아니다.

존재의 참모습과 그대로 만나는 '하나가 된(하나로 보는) 마음자리'에서는, 진/속 분별이나 유/무 판단은 실체가 아닌 언어적 설정일 뿐이다. 그러기에 그 자리에서는, 진/속이나 유/무와 같은, 상호 배제하는 실체 관념들의 그 어느 것에 의거하여 세계를 만나지 않는다. 그런 점에서 이 '하나가 된(하나로 보는) 마음자리'에서 드러난 세계는, 속된 허위(俗)의 반대항으로서의 성스러운 진리(眞)도 아니고, 그 반대도 아니며, 양자의 병렬 조합도 아니다. 또한 허무의 반대항으로서의 '항상 있음(有)'도 아니고, 그 반대도 아니며, 양자의 병렬 조합도 아니다. 이 지평에서는 그 어떤 상호 배제적 실체 개념도 설 자리가 없다.

'하나가 된(하나로 보는) 마음자리'에서는 모든 환각적 실체 개념에 지배받지 않는다. 그렇기 때문에, 그 어떤 언어적 구획에도 필요에 따라 자유롭게 응할 수 있다. 언어적 환각에서 자유롭기에, 언어적 구성의 의미와 장, 단점을 꿰뚫어 환각 없이 언어 시설에 응할 수 있다. '하나가 된(하나로 보는) 마음자리'에서는, '성스러운 진리(眞)'나 '오염된 세속(俗)'이라는 언어도 세워지고, '있다'(有)거나 '없다'(無)는 말도 설 자리를 잡는다. 원효는, '하나가 된(하나로 보는) 마음자리'에서 펼쳐지는 이 언어 해체와 구성의 걸림 없는 풍경을 다음과 같이 노래한다.

"하나가 된 마음자리는 있음(有)과 없음(無)이라는 존재 환각을 여의어 오직 맑으며, 세 가지 공(三空)의 바다는 성스러운 진리(眞)와 속됨(俗)을 녹여 말끔하다. (有/無나 眞/俗의) 둘로 나누는 분별을 말끔하게 녹였으나 그렇다고 (둘로 나눈 분별을 합한) 하나도 아니며, 오직 맑아 둘로 나누는 환각을 여의었으나 그렇다고 (둘로 나눈 분별의) 중간도 아니다. 중간이 아니면서 둘로 나누는 환각을 여의었으므로 있음(有)이 아닌 것이 없음(無)으로 되어 머물지 아니하며, 없음(無)이 아닌 모습이 있음(有)이 되어 머물지 아니한다. 하나가 아니지만 둘로 나누는 분별을 녹였으므로, 성스러운 진리(眞)가 아닌 것이 일찍이 속됨(俗)이 된 적이 없으며, 속됨(俗)이 아닌 진리가 일찍이 성스러운 진리(眞)가 된 적이 없다. 둘로 나누는 분별을 녹였지만 하나가 아니기 때문에, 성스러운 진리(眞)와 속됨(俗)의 성품이 세워지지 않음이 없고, 오염(染)과 청정(淨)의 모습이 갖추어지지 않음이 없다. 둘로 나누는 환각을 여의었지만 중간이 아니기 때문에, 있음(有)과 없음(無)의 현상이 만들어지지 않는 바가 없고, 옳고 그름의 뜻이 두루 미치지 아니함이 없다. 이와 같이 깨뜨림이 없되 깨뜨리지 않음이 없으며, 세움이 없되 세우지 않음이 없으니, 가히 이치가 없는 지극한 이치요 그렇지 않으면서도 크게 그러한 것이라 할 수 있다. 이것이 이 경전의 핵심 도리라."[3]

夫一心之源, 離有無而獨淨, 三空之海, 融眞俗而湛然. 湛然融
二而不一, 獨淨離邊而非中. 非中而離邊, 故不有之法, 不卽住無,
不無之相, 不卽住有. 不一而融二, 故非眞之事, 未始爲俗, 非俗之
理, 未始爲眞也. 融二而不一, 故眞俗之性, 無所不立, 染淨之相,
莫不備焉. 離邊而非中, 故有無之法, 無所不作, 是非之義, 莫不周
焉. 爾乃無破而無不破, 無立而無不立, 可謂無理之至理, 不然之
大然矣. 是謂斯經之大意也.

언어 해체와 구성이 환각 없이 역동적으로 펼쳐지는 '하나가 된(하나로 보는) 마음자리'에 서려면, 관(觀) 수행을 해야 한다. '본래적 깨달음(본각)에서 솟아오르는 불가사의한 귀향의 성찰들'에 의거하여 환각을 밝히는 '비로소 깨달아감'(시각)을 통해, 모든 언어 세계들을 실체로 오인하던 착각을 무아(無我)/연기(緣起)/공(空)의 관점으로 교정하고 대체하는 동시에, 환각에 의해 축적된 분별 망상의 두터운 체계에 말려들지 않고 빠져나오는 마음국면을 열어 확립해야 한다.

그리고 원효에 따르면, 이러한 관(觀) 수행의 내용상의 특징은 '한 맛'(一味)에 있다. 환각적 무지에 의해 실체라는 환영을 세워 존재들을 서로 막아 가르고(分) 사실과 다른 것으로 왜곡하는

(別) 망상을, 바른 이해로써 교정하는 동시에(지혜 수행), 그 망상 체계에 말려들지 않고 빠져나오는 마음국면을 수립하는 것(참선 수행)이, 관(觀) 수행이다. 따라서 관(觀)을 할 때는, 막혀 갈라지고(分) 왜곡되어 벌어져가던(別) 세계가, 서로에게 열려 걸림 없이 오가고(通) 서로 껴안는(攝) 지평에서 한 몸처럼 만난다. 성스러운 진리(眞)와 오염된 세속(俗)을 대쪽같이 가르던 벽이 뚫려 서로 통하고, 있음(有)과 없음(無)이 서로를 안으며 만난다. 한 맛(一味)으로 통하는 것이다.

서로 막혀 갈라서고 달라져서 서로 부정하던 세계가, 서로를 향해 열려 서로 껴안는 세계로 되어 한 몸처럼 만나는 관(觀)의 국면을, 원효는 '한 맛'(一味)이라 부른다. 관(觀)은 모름지기 '일미관행'이어야 한다는 원효의 안목은, 불교적 혜안의 핵심을 깊고도 정확하게 꿰뚫고 있다.

"이 경전의 근본(宗)과 요점(要)은 펼치는 방식(開)과 모으는 방식(合)의 두 가지로 말할 수 있다. 모아서 말한다면 '한 맛으로 참되게 보아 행하는 것'(一味觀行)이 요점이 되고, 펼쳐서 말한다면 열 가지 진리 전개방식이 근본이 된다. '참되게 보아 행한다(觀行)'는 것은, '참되게 봄(觀)'은 수평적으로 논하는 것으로서 대상(境)과 지혜(智)에 참되게 통하는 것이고, '행함'(行)은 수직적으로 바라본 것으로서 원인(因)과 결과(果)에 걸쳐 있다. 결과(果)는 다섯 가지 진리가 완전해지는 것을 말하는 것이고, 원인(因)은 여섯 단계의 수행 과정이 잘 갖추어짐을 말하며, 지혜(智)는 곧 '본래적 깨달음'(本覺)과 '비로소 깨달아 감'(始覺)의 두 깨달음이고, 대상(境)은 곧 성스러운 진리(眞)과 속됨(俗)이 함께 없어진 것이다. 함께 없어졌지만 아무것도 없이 아주 없어진 것이 아니고, (본각과 시각의) 두 가지로 깨달았지만 생겨난 것이라 할 것이 없으니(無生), 생겨난 것이 없다고 아는 수행은 그윽이 환각적 인식이 사라진 지평(無相)과 만나게 되고, 환각적 인식이 사라진 도리는 본래적 깨달음의 이익을 저절로 이룬다. 이익은 이미 본래적 깨달음의 이익이라서 얻었다고 할 것이 없기 때문에 참된 자리를 움직이지 않았고, 그 자리는 본래부터의 참된 자리라서 실체라는 환각을 여의었기 때문에 참된 진리 또한 실체가 아니다(空하다). 모든 부처와 여래가 여기에 간직되어 있으며, 모든 보살이 이 가운데에 따라 들어가니, 이러한 것을 여래장(如來藏)에 들어간다고 말한다. 이것이 육품(六品)의 핵심 도리가 된다. 이 '참되게 보는 체계(觀門)'에서 처음의 '믿고 이해하는 단계'(信解)로부터 '깨달음과 같아진 단계(等覺)'에 이르기까지 여섯 가지 수행을 세운다. 여섯 가지 수행이 완전하게 충족될 때 환각적 분별을 그친 마음자리(9識)가 드러나 환각의 오염이 없는 인식(無垢識)을 드러내어 참모습이 구현된 세계(淨法界)를 이루고, 환각적 분별을 행하던 인식들을 바꾸어 네 가지 지혜를 이루니, 이 다섯 가지가 이미 완전해져서 진리의 세 가지 몸(三身)이 이에

244

구비된다. 이와 같은 원인(因)과 결과(果)는 대상(境)과 지혜(智)를 여의지 않으며, 대상(境)과 지혜(智)는 별개의 것이 아니라 오직 한 맛(一味)이니, 이러한 '한 맛으로 참되게 보아 행하는 것'(一味觀行)을 이 경전의 근본으로 삼는다. (……) '펼쳐서 말한다면 열 가지 진리 전개방식이 근본이 된다'는 것은, 첫 번째 방식에서부터 나아가 열 번째 방식에까지 이르는 것을 말한다. 첫 번째 방식이란 무엇인가? 하나가 되는 마음(一心) 가운데 하나가 되는 생각(一念)이 움직여, 하나가 되는 진실(一實)을 따라, 하나가 되는 수행(一行)을 하여, 하나가 되는 가르침(一乘)에 들고, 하나가 되는 길(一道)에 머물러, 하나가 되는 깨달음(一覺)을 써서, 한 맛(一味)을 깨닫는 것이다. (……) 열 가지 믿음의 단계(十信)에서 시작하여 열 가지 경지(十地)에 이르러 온갖 수행을 갖추고 모든 능력이 완전해진다. 이와 같은 여러 전개방식이 이 경전의 근본이 된다. 이것은 모두 경전 구절에 있으니 그 해당하는 문장에서 설명하겠다. 그런데 뒤의 아홉 가지 전개방식은 모두 첫 번째 전개방식에 들어가니, 하나의 전개방식이 나머지 아홉을 가지고 있어서 '하나로 참되게 보는 것'(一觀; 一味觀行)을 벗어나지 않는다. 그러므로 펼쳐도 하나에서 더 늘어나지 않고, 모아도 열에서 더 줄지 않으니, 늘지도 않고 줄지도 않는 것이 이 경전의 근본과 요점(宗要)이 된다."[4]

　此經宗要, 有開有合. 合而言之, 一味觀行爲要, 開而說之, 十重法門爲宗. 言觀行者, 觀是橫論, 通於境智, 行是竪望, 亘其因果.

果謂五法圓滿, 因謂六行備足, 智卽本始兩覺, 境卽眞俗雙泯. 雙泯而不減, 兩覺而無生, 無生之行, 冥會無相, 無相之法, 順成本利. 利旣是本利而無得, 故不動實際, 際旣是實際而離性, 故眞際亦空. 諸佛如來, 於焉而藏, 一切菩薩, 於中隨入, 如是名爲入如來藏. 是爲六品之大意也. 於此觀門, 從初信解乃至等覺 立爲六行. 六行滿時, 九識轉顯, 顯無垢識, 爲淨法界, 轉餘八識, 而成四智, 五法旣圓, 三身斯備. 如是因果, 不離境智, 境智無二, 唯是一味, 如是一味觀行, 以爲此經宗也. (……)'開說十門爲其宗'者, 謂從一門增至十門. 一門云何? 一心中一念動, 順一實, 修一行, 入一乘, 住一道, 用一覺, 覺一味. (……) 始從十信乃至十地, 百行備足, 萬德圓滿. 如是諸門, 爲是經宗. 皆在經文, 文處當說. 然此後九門, 皆入一門, 一門有九, 不出一觀. 所以開不增一, 合不減十, 不增不減, 爲其宗要也.

"'제도할 수 있는 중생'이라고 한 것은, 여래가 교화하는 일체 중생은 모두 '하나가 된 마음'(一心)이 길을 잘못 들어 헤매는 것이기 때문이다. '모두 한 맛(一味)을 설했다'는 것은, 여래가 설하는 모든 가르침이 그들을 모두 '하나가 된 깨달음의 맛'(一覺味)에 들어가게 하기 때문이다. 모든 중생이 본래 '하나가 된 깨달음'(一覺)이지만, 단지 환각(無明)으로 말미암아 헛것을 따라 헤매다가, 모두 여래의 '한 맛(一味)'의 가르침에 따라 마침내 '하나가 된 마음자리'(一心之源)에 돌아가게 됨을 밝히고자 한 것이다. '하나가 된 마음자리'에 돌아갈 때에는 어떤 것도 얻었다고 할 것이 없기 때문에 '한 맛'(一味)이라고 말하는 것이니, 이것이 바로 '하나가 된 가르침'(一乘)이다."[5]

'可度衆生'者, 如來所化一切衆生, 莫非一心之流轉故. '皆說一味'者, 如來所說一切敎法, 無不令入一覺味故. 欲明一切衆生本來一覺, 但由無明, 隨夢流轉, 皆從如來一味之說, 無不終歸一心之源. 歸心源時, 皆無所得, 故言一味, 卽是一乘.

8

원효의 선(禪) 사상 II

참선과 중생 구제는 하나가 되어야 한다

"'위대한 비움의 경지에 있다'는 것은, 비록 항상 시방 세계의 중생을 교화하지만 마음은 위대한 비움의 경지에 있는 것이니, '위대한 비움의 경지'란 것은 '시방 세계를 큰 것으로 보는 생각이 비어버린 것'이다."

참선과 중생 구제의 하나 됨—
한 맛으로 크게 실어 나르는 선(一味의 大乘禪)

세속에 나부끼는 깃발들에는 현란한 구호들이 빛난다. 진리를 구현하겠다는 선구자들이 치켜든 깃발에는, '선' '정의' '자유' '평등' '평화' '행복' '아름다움' 등의 구호가 화려하게 새겨 있다. 그러나 숭고한 언어를 담아 힘차게 흔드는 깃발들을 따르는 군중들이 서로 싸운다. 심지어 같은 구호를 새긴 깃발들 아래서도 피 흘리며 서로 다툰다. 깃발에 쓰인 구호가 아무리 숭고한 것일지라도, 그 구호를 새기는 열정에는 쉽사리 탐욕이 스며 있고, 성냄이 도사리고 있으며, 독선과 독단, 편견이 배어 있기 때문이다. '실체'라는 존재 환각—인간 내면의 그 가장 내밀한 무지를 방치하는 한, 이 화려한 자기 모순 행렬은 계속 이어질 것이다.

내밀한 존재 환각(무명)을 토대로 구성되는 모든 작위(作爲)를 불교에서는 중생계(衆生界)라 부르고, 인간 세상에서의 그것을 '세속'(世俗)이라 한다. 존재의 고향인 '본래적 깨달음'(本覺)의 '하나가 된 마음자리'(一心之源)를 망각하여 등지고, '깨닫지 못함'(不覺)의 타향살이 생고생을 하는 것이 세속이다.

관(觀) 수행은, 관점을 바꾸고 새로운 마음국면을 수립하여 이 세속에서 해방되는 길이다. 특히 참선(禪)은, 환각과 착각이 마음 계열에 휘말리지 않는 마음자리를 열고 지켜, 존재의 본래적 평안을 회복하게 하는 마음바꾸기다. 환각을 붙들고 분주하게 질주하며 편치 못하던 타향살이 마음은, 참선으로 인해 고향의 평안을 누리며 편히 쉴 수 있게 된다. 참선은 환각에 들뜬 마음의 세속적 동요를 근원에서 가라앉히는 수행이다.

참선 수행의 초점은, 환각을 붙들고 전개되는 '존재 오염과 동요의 계열에 빠져들지 않는 마음자리' 확보에 있다. 따라서 참선에서는, 환각 계열의 동요와 오염에 말려들지 않는 안정과 청정이 자연스럽게 개성처럼 자리 잡는다. 환각에 의한 들뜸과 동요와 오염을 특징으로 하는 세속과는 상반된 면모가 돋보인다. 바로 이런 점 때문에 선(禪)에 관한 개념적 선입견이 자리 잡게 된다. '동요와 오염'이라는 개념과 대비되는 '안정/고요와 청정'이라는 개념을, 참선의 본질적 특성으로 간주하는 언어적 관행이 생겨난다.

'세속의 들뜸과 오염'이나 '선(禪)의 안정/고요와 청정'은 그러한 언어를 부여하게 하는 존재론적 기반과 연관시켜 이해해야 한다. 세속의 존재론적 기반은 환각이다. 존재하지도 않는 실체를 존재한다고 여기는 환각이, 세속을 떠받치는 토대다. 이 근원적 존재 환각(무명)을 기반으로 구성되는 모든 작위는 환각을 붙들고 있기에 '진실로부터의 이탈'이며, 바로 이 진실 이탈이라는 점 때문에 '들뜸/동요/오염' 등으로 일컬어진다.

존재 환각을 붙들고 있는 세속적 작위라 할지라도, 그 계열 내에서는 '들뜸/동요/오염'과 '안정/고요/청정'이 동거한다. 존재 환각에 의거한 진실 이탈 현상일지라도, 그 상대적 면모에 따라 어떤 것은 '들뜸/동요/오염', 어떤 것은 '안정/고요/청정'이라 불린다. 그래서 세속을 '들뜸/동요/오염'이라 일컬을 때는, 세속 계열 안에 존재하는 '들뜸/동요/오염'과 '안정/고요/청정'의 상대적 현상들 가운데서 '들뜸/동요/오염' 현상을 선택하여 지칭하는 것이 아니다. 세속의 면모를 '들뜸/동요/오염'이라 말할 때에는, 세속 계열 안의 '들뜸/동요/오염'과 '안정/고요/청정' 모두를 통틀어 하는 호칭이다.

세속의 '들뜸/동요/오염'은, 세속과는 그 존재론적 기반을 전혀 달리하는 새로운 지평의 면모와 대비시켜 사용하는 언어다. 다시 말해 '실체'라는 환각을 전제로 하지 않는 지평, 진실로부터 일탈해가는 환각 계열에 빠져들지 않는 지평에서 드러나는 면모와 대비시키는 호칭이다. 그리고 그 새로운 지평이 바로 선(禪)의 세계다. 따라서 세속의 면모를 통틀어 '들뜸/동요/오염'이라 부른다면, 선(禪)의 면모는 '안정/고요/청정'이라 일컫게 된다.

이처럼 '들뜸/동요/오염'과 '안정/고요/청정'이라는 말로써 '세속과 열반' '세속과 선(禪)' '불각(不覺)과 본각(本覺)' 등의 특징적 면모를 일컬을 때에는, 전혀 다른 존재론적 기반에 의거한 서로 다른 두 지평의 계열을 대비시키고 있는 것이다. '들뜸/동요/오염'과 '안정/고요/청정'은, 같은 지평과 계열 안에서 동거하는 상대적 면모들을 비교하는 용어가 아니라, 존재론적 전제를 달리하는 서로 다른 두 지평과 계열의 면모를 통틀어 대비시키는 말이다. 이 점을 간과하여 이 두 대조적 용어들을 동일 지평과 계열 안에서 이해할 경우, 계열 착오로 인한 오해와 혼란이 초래된다. 이러한 혼란과 오해는 특히 선(禪)의 면모를 지칭하는 '안정/고요/청정' 등의 용어와 관련하여 빈발한다. 원효는 이 점을 간과하여 선(禪)과 중생 구제를 연결시키고 있다.

선(禪)은 존재 환각을 붙들고 구성되는 작위의 계열에 말려들지 않는 마음국면이다. 따라서 선(禪)의 지평에서는 존재 환각의 핵심인 '실체' 관념이 설 자리가 없기에, 모든 세계가 '실체'로 존재하지 않는다. 실체 없이 존재하는 세계―그것을 불교는 '공(空)의 세계' 혹은 '공적(空寂)한 세계'라 부른다. 선(禪)의 마음이 대하는 세계는, 실체가 없이 존재한다는 의미에서 '공(空)한 세계'다. 실체라는 환각을 붙들고 환영 속으로 달려 나가고 있다는 의미에서 '들뜨고 분주하며 오염된' 세속에 대비해볼 때, 환각과 환영에 말려들지 않는 선(禪)은 '안정되고 고요하며 청정한' 지평이다.

그러나 선(禪)의 이 '안정/고요/청정'은 존재의 부정이나 세계의 회피에서 생겨난 것이 아니라, 존재 환각에 지배되는 마음 계열에 빠져들지 않음으로써 드러난 것이다. 세계의 부정이나 외면으로 확보하는 은둔적 고요나 안정, 불관여의 청정은 선(禪)의 '안정/고요/청정'이 아니다. 또한 선(禪)의 안정/고요/청정은 마음과 몸작용의 억제나 폐기로써 성취되는 것이 아니다. 존재와 세계를 환각적으로 구성해가는 망상 계열과 체계에 말려들지 않음으로써, 환각 망상에 의한 불안/동요/오염이 그친 마음과 몸의 국면이 '선(禪)의 안정/고요/청정'이다.

선(禪)의 지평에서 드러나는 세계의 공적(空寂)을, 도피나 외면의 적정(寂靜)과 연관시키는 것은 무지스러운 오해다. 또한 선(禪)의 안정/고요/청정을, 인식 작용이나 행위의 억제, 폐기와 연관시키는 것도 선의 본령에서 일탈한 것이다. 선(禪)의 공적(空寂)과 그로 인한 안정/고요/청정은, 존재의 참모습과 대면함이요 세계와의 진실한 관계 맺음이다.

선(禪)의 마음이 드러낸 공적(空寂)한 지평에서는, '실체'라는 환각의 벽에 의해 서로 막혀 있던 존재들과 세계가 '서로 열리고(通)' '서로 껴안게(攝)' 된다. 이러한 참모습을 보는 마음국면이, 원효가 즐겨 노래하는 '하나가 된 마음'(一心)이다. 이 '하나가 된 마음자리'에 서면, '한 몸처럼 여겨 공명(共鳴)하는 우호의 마음'이 자연스럽고 필연적으로 솟아난다. 존재 차원의 열린 공명에서 솟아나는 이 우호의 마음이 '한 몸으로 여겨 위하는 자발적 자비심'(同體大悲心)이다. 따라서 선(禪)의 지평을 제대로 연 사람은, 자발적이고 필연적으로 타자를 위하는 마음을 펼치게 된다. 참선으로 힘을 얻는다면, 어떤 방식, 어떤 내용으로든지, 타자의 이익에 이바지하려는 마음과 행동이 솟아나게 마련이다.

선(禪)으로 존재환각 계열에서 빠져나옴으로써, '서로 열리고(通) 서로 껴안는(攝)' 존재의 참모습 지평이 밝아지고, 그 참모습 지평을 드러내는 '하나가 된 마음자리'에서 '한 몸으로 여겨 위하는 자발적 자비심'이 솟아나면, 선(禪)과 타자 기여(중생 구제)는 '한 맛'으로 융합된다.

선(禪)의 '안정/고요/청정'은, 세상의 외면과 부정, 은둔과 도피의 산물이 아니며, 마음과 몸작용의 억제나 폐기로써 얻어지는 것도 아니다. 그것은 존재의 참모습을 직면하는 국면이자, 세계와 참되게 관계 맺는 과정이다. '서로 열리고(通) 서로 껴안는(攝)' 존재의 참모습을 직면하는 마음(一心)에서는, 세상과 참되게 관계 맺을 수 있는 '공명의 우호감'(同體大悲心)이 저절로 솟아오른다. 그러기에 선(禪) 지평을 열어가는 사람은 세상을 거부하거나 회피하는 것이 아니라, 자발적이고 적극적으로 세상과 만난다. 인식과 판단을 포기하거나 행동을 거부하는 것이 아니라, 참되게 인식하고 적절하게 판단하여, 자신이 기여하고자 하는 것을 자신의 방식으로 제공하기 위해, '한 몸으로 여기는 자애의 활력'으로 세속과 만난다.

"【금강삼매경】 대력보살이 말했다. 〈저 '하나가 된 땅/경지' (一地)와 '공(空)의 바다' 같은 것을 이승(二乘)의 사람은 보지 못하겠나이다.〉 부처님이 말씀하셨다. 〈그렇다. 저 이승(二乘)의 사람은 삼매를 즐기어 집착하여 삼매의 몸을 얻는데, 저 '공(空)의 바다'와 '하나가 된 땅/경지'(一地)에 대해서는, 마치 술병에 걸려 혼미하게 취하여 깨어나지 않고 여러 겁이 지나도 여전히 깨어나지 못하다가 술기운이 사라지고 나서야 비로소 깨어나는 것과 같이, 이 행(行)을 닦은 후에라야 부처의 몸을 얻는다.)"[1]

大力菩薩言;"如彼一地及與空海, 二乘之人爲不見也."

佛言;"如是. 彼二乘人, 味着三昧, 得三昧身, 於彼空海一地, 如得酒病, 惛醉不醒, 乃至數劫, 猶不得覺, 酒消始悟, 方修是行後得佛身."

"【금강삼매경론】'삼매를 즐기어 집착한다'는 것은, 고요한 선정을 즐겨 집착하여 고요함에 나아가는 것이다. '삼매의 몸을 얻는다'고 한 것은, 즐기는 데로 나아가 '마음을 없애는 선정'(滅心定)에 들어가고, 그로 인하여 열반에 들어가 몸작용을 찬 재처럼 그치고 인식을 없앤다. 인식과 마음작용이 없어진 곳에서 '아무것도 없어진 선정'(滅定)의 바탕이 생겨 마음작용과 마음 현상을 막으니, 이와 같은 것을 '삼매의 몸을 얻는다'고 하는 것이다. 고요함을 즐기는 훈습이 본식(本識) 안에 있기 때문에, '공(空)의 바다'와 '하나가 된 땅/경지'(一地)를 깨닫지 못하여 마치 술병에 걸린 것처럼 혼취하여 깨어나지 않는다."[2]

'味着三昧'者, 樂着靜定, 而趣寂故. '得三昧身'者, 如所樂趣, 入滅心定, 因入涅槃, 灰身滅智. 智心滅處, 滅定體生, 遮心心法, 如是名爲得三昧身故. 樂寂熏習, 在本識中, 因是不悟空海一地, 如得酒病, 惛醉不醒.

"【금강삼매경】 대력보살이 말했다. 〈저러한 사람은 과만족덕불(果滿足德佛)과 여래장불(如來藏佛)과 형상불(形像佛) 등 이러한 부처님이 계신 곳에서 깨닫고자 하는 마음을 일으켜 삼취계(三聚戒)에 들어갔으나 그 모습(相)에 머무르지 않고, 세 가지 세계가 있다는 마음(三有心)을 없앴으나 고요한 경지에 머무르지 않으며, 모든 중생을 버리지 않고 고르지 않은 땅에 들어가니, 불가사의하나이다.〉"[3]

大力菩薩言; "彼仁者, 於果滿足德佛·如來藏佛·形像佛, 如是佛所, 而發菩提心, 入三聚戒, 不住其相, 滅三有心, 不居寂地, 不捨可衆, 入不調地, 不可思議."

"【금강삼매경론】 비록 다시 세 가지 공(空)에 들어가 세 가지 세계가 있다는 마음을 없앴으나, 고요한 경지에 머물지 않고 온갖 생명들의 세상(六度)으로 두루 다닌다. 몹시 헐떡거리는 중생들이 사는 곳을 '고르지 않은 땅'이라 했고, 미혹이 남아 있는 곳이 있기에 얽매이지 않는 업에 의거하여 거기에 태어나기 때문에 '들어간다'고 했다."[4]

雖復入三空聚, 滅三有心, 而不住寂地, 普涉六度. 多喘衆生所居之處, 名不調地, 由所留惑, 依不繫業, 於彼受生, 故名爲入.

"【금강삼매경론】 '내가 이제 머무르지 않음에 머문다'는 것은, 이제 부처님 말씀을 듣고 나서 대승의 마음을 내어 곧 고요

金剛三昧經論卷上　　新羅國沙門　元曉　述

此經略開四門分別初述大意次辯經宗三釋題名
四消文義第一述大意者夫一心之源離有無而獨淨
三空之海融真俗而湛然湛然融二而不一獨淨
離邊而非中非中而離邊故不有之法不即住無不
無之相不即住有不一而融二故非真之事未始為
俗非俗之理未始為真也融二而不一故真俗之性
無所不立染淨之相莫不備焉離邊而非中故有無
之法無所不作是非之義莫不周焉尒乃無破而無
不破無立而無不立可謂無理之至理不然之大然

원효 사상의 완숙한 경지를 담고 있는『금강삼매경론』.
그의 깨달음 사상은 여기에 이르러 절정을 구가한다.

한 경지에 머물지 않는 마음에 머무는 것이다." 5

'我今住不住'者, 今聞佛說已, 發大心, 卽住不住寂地之心故.

"【금강삼매경】 생멸하는 모든 것을 없애어 열반에 머무르나, 위대한 동정심(大悲)에 의하여 빼앗겨 열반도 없애어 머무르지 않네." 6

滅諸生滅法, 而住於涅槃, 大悲之所奪, 涅槃滅不住.

"【금강삼매경론】 이승(二乘)의 사람은 몸과 인식의 생멸하는 모든 것을 없애어 열반에 들어가 거기서 팔만 겁을 머물거나 만겁을 머물지만, 모든 부처님의 '한 몸으로 여겨 일으키는 위대한 동정심'(同體大悲)으로 말미암아 저 열반을 빼앗아 다시 마음을 일으키게 한다." 7

謂二乘人滅諸身智生滅之法, 入於涅槃, 於中八萬劫住, 乃至十千劫住, 而由諸佛同體大悲, 奪彼涅槃, 令還起心.

그런데 선(禪)은 세상과 만날지라도 존재의 내면적 '안정과 고요와 청정'을 잃지 않는다. 자발적 이타심을 일으키는 선(禪)의 마음은, 실체라는 환각과 그로 인한 갖가지 망상적 분별의 환영을 떨쳐버렸기에, 이타행을 위한 마음을 일으켜도 환각 계열에 말려들지 않는 마음국면을 유지한다. 환각의 망상 분별 범주 안에서는 이타행의 대상이나 성패 여하에 따라 동요하거나 오염되기 쉽다. 망상 분별에 의한 행위는 '좋아함과 싫어함/성공과 실패/편애와 혐오/찬탄과 비난/자만과 명예심' 등으로부터 자유롭지 못하기 때문이다. 이에 비해 선(禪)에 의거한 이타심은, 이타행의 대상이나 성공 여하에 동요하거나 오염되지 않고 이타의 마음을 펼친다. 세상과 만나 중생들로 하여금 참된 이익을 누릴 수 있게 하려는 이타의 마음을 일으키지만, 환각과 환영에 들뜨지 않는 '안정/고요/청정'을 동시에 유지한다.

선(禪)의 마음을 제대로 가꾸어가는 사람은 이처럼 '안정/고요/청정'과 '작용'을 하나로 결합시킨다. 선(禪)과 중생 교화의 이타행을 '한 맛'으로 융합시킨다. 이렇게 '그침'과 '움직임'이 '한 맛'이 되어, 두루 그리고 깊게 존재의 고향으로 함께 가는 선(禪). 지혜로운 인식과 판단을 자비로운 활력에 담아 동요 없이 펼쳐가는 선(禪).─원효는 선(禪)을 그렇게 보고 그렇게 실천했다. 가히 일미(一味)의 대승선(大乘禪)이라 하겠다.

"'비어 고요함(空寂)을 모두 여의었다'는 것은 (중생 교화를 위해) 상황에 맞추어 모든 유형의 세계(三有)에 두루 태어나기 때문이고, '모든 공(空)에 머무르지 않는다'는 것은 다섯 가지 공(空)에 머무르지 않고 항상 시방 세계의 중생을 교화하기 때문이니, 이것은 중생을 교화하는 선(禪)을 밝힌 것이다. '마음은 없음(無)에 있다'는 것은, 비록 몸은 (중생 교화를 위해) 온갖 세계를 돌아다니지만 마음은 항상 '없음의 진리'(理無)에 놓인 것이다. '없음의 진리'란 것은, 진리(理)는 온갖 세계를 실체로 보는 생각(三有之相)이 끊어진 것이다. '위대한 비움의 경지(大空)에 있다'는 것은, 비록 항상 시방 세계의 중생을 교화하지만 마음은 위대한 비움의 경지에 있는 것이니, '위대한 비움의 경지'란 것은 '시방 세계를 큰 것으로 보는 생각이 비어버린 것'이다. 이것은 깨달음의 도리(佛法)를 성취하는 선(禪)을 나타낸 것이다. 몸은 비록 (중생 교화를 위해) 움직이지만 마음은 고요하여 동요하지 않으니, 이것이 곧 위에서 말한 '바탕(性)이 금강(金剛)과 같다'는 것이다."[8]

'具離空寂'者, 應化受生, 遍三有故, '不住諸空'者, 不滯五空, 恒化十方故, 此明教化衆生禪也. '心處無'者, 雖身涉於三有, 心常處於理無. '理無'者, 理絶三有之相也. '在大空'者, 雖恒化於十方, 而心在於大空, '大空'者, 十方大相之空也. 此顯成就佛法禪也. 身雖起作, 心寂不動, 即是上言'性等金剛'.

"'진리대로 봄(理觀)' 가운데 '마음이 진리 같아져서 (환각의 오염이 없이) 청정하여 옳다거나 그르다는 마음이 없다'고 한 것은, 진리에 따라 환각적 인식이 사라져(無相) 마음에 분별이 없기 때문이다. 뒤의 대답 가운데 '마음과 일이 별개의 것이 아닌 것을 〈간직한 작용(存用)〉이라 한다'고 한 것은, 세 가지 해탈을 간직한 작용의 뛰어난 능력을 일컫는 것이다. 만일 사람이 세 가지를 간직한 작용을 얻지 못하면, 마음을 고요히 하여 공(空)하다고 보더라도(觀) 일에 관계할 때는 (공하다고 보는) 생각을 놓쳐버려, '나'와 '나의 것'이라는 생각을 취하여 좋거나 좋지 못한 상황(違順境界)에 급급하여 세상사에 동요되어 마음과 일이 각기 다르게 된다. 그러나 만일 세 가지 해탈을 능숙하게 닦는 사람이라면 관(觀)에서 나와 일에 관여할지라도 관(觀)의 힘이 여전히 존재하여, '나와 남을 별개의 실체로 나누는 생각'을 취하지 않아 좋거나 싫은 상황에 급급하지 않으니, 이로 인하여 세상사에 동요되지 않고 들어가고 나감을 함께 잊어 마음과 일이 별개의 것이 아니게 된다. 이와 같아야 곧 '세 가지를 간직한 작용'이라 한다. 이러한 관(觀)을 처음 닦는 것은 '열 가지 믿음'(十信)의 경지에서이고, '간직한 작용'이 이루어지는 것은 '열 가지 자리 잡음'(十住)의 경지에서이니, 마치 『본업경』이 '열 가지 자리 잡음의 경지'(十住位) 가운데 이 관(觀)을 세운 것과 같다. '안으로 행함'(內行) 이하는 두 번째 질문에 답한 것이니, 관(觀)의 모습을 밝힌 것이다. '안으로 행함'(內行)이라는 것은 관(觀)에 들어 고요히 비추는 행위이고, '밖으로 행함'(外行)이라는 것은 관(觀)에서 나와 중생을 교화하는 행위다. (觀에서) 나오거나 (觀에) 들어감에 진리(中道)를 잃지 않기 때문에 '별개의 것이 아니다'(不二)라고 한다."[9]

理觀中言 '心如理淨 無可不心'者, 順理無相, 心無分別故. 後答中言 '心事不二 是名存用'者, 是名存三之用勝能. 若人未得存三

之用. 靜心觀空, 涉事失念, 取我我所, 竭違順境, 天風所動, 心事
各異. 若能熟修三解脫者, 出觀涉事, 觀勢猶存, 不取我他之相, 不
竭好惡之境, 由是不爲天風所鼓, 入出同忘, 心事不二. 如是乃名
存三之用也. 是觀始修在十信位, 成用得成, 在十住位, 如本業經
十住位中立此觀故. '內行'已下, 答第二問, 以明觀相. '內行'者, 入
觀寂照行, '外行'者, 出觀化物行. 若出若入, 不失中道, 故言不二.

"'열반의 집에 들어갔으나 마음이 온갖 세계(三界)에서 일어
난다'는 것은 세 가지 해탈과 그 셋을 간직한 작용이다. 온갖 세
계가 공적(空寂)한 것을 '열반의 집'이라 하니, 마음을 편히 하
여 깃들 수 있는 (환각의 오염이 없는) 청정한 곳이기 때문이
다. 세 가지 해탈을 지닌 관(觀)으로써 온갖 세계(三界)를 공
(空)한 것으로 보는 경지에 들어갔으나, 그 증득에 집착하지 않
고 다시 속세와 관련된 마음을 일으켜 널리 온갖 세계의 중생
을 교화하기 때문에 '마음이 온갖 세계에서 일어난다'고 말한
다. 온갖 세계와 관련된 마음을 일으켰으나 물들거나 집착하지
않으니, 이것이 (세 가지 해탈을) 간직한 작용이다. '여래의 옷
을 입고 법공(法空)의 처소에 들어간다'는 것은 곧 '하나가 된
마음 같아짐(一心如)을 지키는 관(觀)'이니, 온갖 세계에 들어
가 널리 중생을 교화할 때 인욕의 옷을 입었지만 피곤해하지
않으며, 다시 법공(法空)에 들어가 '하나가 된 마음 같아짐'을
지키는 것이다."[10]

'入涅槃宅 心起三界'者, 是三解脱存三之用. 三界空寂名涅槃
宅, 安心栖託之淨處故. 三解脱觀, 入三界空而不取證, 還起俗心,
普化三界, 故言 '心起三界'. 起三界心而不染着, 卽是存用. '着如
來衣 入法空處'卽是守一心如之觀, 謂涉三界普化之時, 着忍辱衣
而不疲倦, 還入法空, 守一心如.

일으킴이 없고(無生) 머무름이 없어야(無住) '한 맛이 되는 참된 선'(一味眞禪)이다

존재 환각에 지배되는 마음의 특징은 '일으킴'과 '머무름' 그리고 '동요함'이다. 있지도 않는 실체를 있다고 여기는 환각은, 모든 것들을 소유할 수 있다고 착각하게 만든다. 불변의 본질을 지닌 자아(주관)가 영원히 소유할 수 있는 대상들(객관)과 관계하는 것이 세계라고 여겨, 주객(主客) 이분(二分)의 인식 구조를 구성한 후, 주관과 객관으로 분류하는 모든 현상을 '소유 가능한 불변의 대상'으로 간주한다. 이렇듯 '불변의 소유 대상으로 여겨진 모든 주관과 객관'이 존재 환각(無明) 계열과 그 체계의 내용물이 된다.

'마음/영혼/정신' '신념/지식/종교/인격' '몸/땅/집/사람' 등으로 불리는 존재나 현상 들이 이렇듯 불변의 소유 대상으로 취급되면, 마음은 그들을 소유하기 위해 '일으켜지고', 그것들에 달라붙어 '머무른다.' 그러나 그 모든 것들은 예외 없이 변화하는 것이고(무상), 불변의 내용물(본질)로 채워진 실체가 아니다(무아). 따라서 그 어떤 것도 소유물로 확정될 수가 없다. 고유의 독자적 번지수를 지닌 집 속에 소유물들을 채워 넣음으로써 존재감을 확보하려던 마음은, 무상과 무아의 이법(理法)에 의해 해체되는 소유물과 그로 인해 동요하는 존재감에 당황한다. 소유할 수 있는 것으로 여겨 차지하려고 달려 나가느라 들뜨고, 떠나가는 것을 붙들어 움켜쥐느라 불안과 긴장으로 안달하며, 떠나가버린 것들이 안타까워 한숨 쉰다. 환영을 향한 망상분별의 '일으킴'과 '머무름'과 '동요함'이 한 몸으로 얽힌다.

모든 것에 실체라는 환영을 덧씌우고 소유 대상으로 변질시켜 버리는 환각(무명) 계열과 체계에 빠져들면, 선(禪)마저 소유 대상(相)으로 간주해버린다. 그리하여 선(禪)을 정신적 대상으로 설정하여 그것을 향해 소유하겠다는 마음을 일으키고, 소유 대상이 된 선(禪)을 붙들어 머물고자 한다. 이것은 근원적으로 환각 계열에 지배되는 존재의 동요이며, 존재의 고향을 상실한 타향살이 불안이다. 환각 계열/체계에 말려들지 않는 마음자리를 확보하여 존재 고향의 '안정/고요/청정'을 누려야 할 선(禪)의 본령이, 오히려 환각의 지배를 받아 '불안/동요/오염'의 통로로 전락하는 것이다.

선(禪)을 대상화(相)시키는 순간, 선(禪)의 본령은 상실된다. 선(禪)을 대상화시키려는 마음, 대상화된 선(禪)을 향해 차지하려고 나아가는 마음, 움켜쥐고 머무르려는 마음은, 환각 계열에 빠져든 마음이어서, 비선(非禪)이고 반선(反禪)이며 망상선(妄想禪)이다. 이러한 마음들에 빠져들지 않는, '일으킴이 없는 선'(無生禪) '머무름이 없는 선'(無住禪)이라야 참된 선(眞禪)이다. 이 참된 선이 열어주는 마음자리에서는, '서로 열리고(通) 서로 껴안는(攝)' 세상을 만난다. 모든 존재에 실체라는 환영을 덧씌우고 소유 대상으로 만들어 '서로 막고 밀어내게 하는' 환각 계열에서 빠져나왔기 때문이다.

참된 선으로 인해 세상의 '서로 열리고(通) 서로 껴안는(攝)' 모습을 보게 되는 마음국면을, 원효는 '하나가 된 마음자리'라 부른다. 참된 선으로 인해 확보되는 이 마음자리에서는, 동요와 오염 없이 세상과 자발적 자비심으로 관계 맺는다. 원효에 따르면, 이곳이 주관과 객관의 모든 경험을 '평등한 한 맛(一味)'으로 누릴 수 있는 자리다.

"【금강삼매경】심왕보살이 말했다. 〈선(禪)이란 것은 움직임을 거두어 모든 환각적 분란을 안정시킬 수 있는 것인데, 어찌하여 선(禪)에 머무르지 않는다고 하십니까?〉부처님이 말씀하셨다. 〈보살이여, 선(禪)을 한다고 하면 곧 동요가 되는 것이니, 동요하지 않고 선(禪)에 머물지도 않아야 '일으킴이 없는 선'(無生禪)이다. 선(禪)의 참모습은 일으킴이 없는 것이어서 선(禪)을 일으키려는 환각을 여의었고, 선(禪)의 참모습은 머무름이 없는 것이어서 선(禪)에 머무르려는 동요를 여의었다.

선(禪)의 참모습은 (일으키는) 움직임과 (머무르는) 고요함이 없는 것임을 알면 곧 '일으킴이 없음'(無生)을 증득하는데, '일으킴이 없는 지혜'에도 의지하여 머무르지 않고 마음도 동요하지 않으면, 이러한 지혜로 인하여 '일으킴이 없는 반야바라밀'을 증득한다.〉[11]

心王菩薩言; "禪能攝動, 定諸幻亂, 云何不禪?"

佛言; "菩薩, 禪卽是動, 不動不禪, 是無生禪. 禪性無生, 離生禪相, 禪性無住, 離住禪動. 若知禪性無有動靜, 卽得無生, 無生般若亦不依住, 心亦不動, 以是智故, 故得無生般若波羅密."

"【금강삼매경론】'선(禪)을 한다고 하면 곧 동요가 된다'는 것은, 세간의 선(禪)이 비록 산란하지는 않으나 (선을) 대상화시키고 그것을 지니려는 마음이 일어나 동요를 일으키기 때문이다. 이와 같이 동요를 일으키는 선(禪)을 여읠 수 있어야 '진리다운 선정'(理定)에 들어갈 수 있기 때문에 '일으킴이 없는 선(禪)'이라 한 것이고, 이와 같은 '진리다운 선정'의 참모습은 동요를 일으킴이 없기 때문에 '선(禪)의 참모습은 일으킴이 없다'고 한 것이며, 단지 일으킴이 없을 뿐 아니라 또한 고요함에 머무름도 없기 때문에 '선(禪)의 참모습은 머무름이 없다'고 한 것이다. 만일 일으킴이 있으면 곧 환각(相)이고, 머물러 집착함이 있으면 곧 동요이니, 이제 이것과 반대가 되기 때문에 '선(禪)을 일으키려는 환각을 여의었고, 선(禪)에 머무르려는 동

진흥왕 때 지어진 황룡사의 유적.
원효는 이곳에서 『금강삼매경』을 강설했다고 한다.

요를 여의었다'고 했다."12

言 '禪卽是動'者, 謂世間禪雖非散亂, 而取境相, 取相心生, 生起
動故. 能離如是生動之禪, 乃能得入理定, 故言 '是無生禪', 如是理
定, 性無生動, 故言 '禪性無生', 非直無生, 亦無住寂, 故言 '禪性
無住'. 若有生則是相, 有住着則是動, 今卽反此, 故言 '離生禪相
離住禪動'.

"【금강삼매경】 선남자여, 저와 같은 모든 선관(禪觀)은 다 오
랜 망상의 선정(定)이다. 이 같음(如)은 다시 저것과 같지 않
으니, 어째서인가? 같음(如)으로써 참다움(如實)을 관(觀)하
되, 참다움을 관(觀)한다는 모습을 보지 않아 모든 모습(相)
이 이미 적멸(寂滅)하니, 적멸이 곧 같음(如)의 뜻이다. 저와
같은 망상의 선정은 동요이지 선(禪)이 아니니, 어째서인가?
선(禪)의 참모습은 모든 동요를 여의어, 물들이는 것도 아니
고 물들여지는 것도 아니며, 주관도 아니고 객관도 아니니,
(둘로 나누는) 모든 분별을 여읜 것이 본래의 모습이다. 선남
자여, 이와 같이 관(觀)하는 선정(定)이라야 선(禪)이라 말할
수 있다."13

善男子, 如彼禪觀, 皆爲故想定. 是如非復彼, 何以故? 以如觀如
實, 不見觀如相, 諸相已寂滅, 寂滅卽如義. 如彼想禪定, 是動非是
禪, 何以故? 禪性離諸動, 非染非所染, 非法非影, 離諸分別, 本義
義故. 善男子, 如是觀定, 乃名爲禪.

"【금강삼매경론】이 아래는 모습(相)을 여의었음을 나타내었다. '이 같음(如)은 다시 저것과 같지 않다'는 것은, 여래관(如來觀)에 들어가서 주관과 객관(能所)이 평등한 것을 같음(如)이라 하기 때문이다. '같음(如)으로써 참다움(如實)을 관(觀)한다'는 것은 평등한 지혜로써 참다움(如實)을 통달하기 때문이고, '참다움을 관(觀)한다는 모습을 보지 않는다'는 것은 관(觀)하는 지혜와 관(觀)의 대상인 참다움을 별다른 것으로 보지 않아 평등한 한 맛(一味)이기 때문이다. (……) 세간의 선(禪)은 모습(相)을 취하여 마음이 일어나므로 곧 '동요하는 생각'(動念)이고, '동요하는 생각'은 고요함이 아니기 때문에 참된 선(禪)이 아니다. 이 아래는 참된 선(禪)이 모든 동요하는 모습을 여의었음을 나타내었다. (……) 모습(相)을 여의고 동요를 여의어야 선(禪)이라는 이름을 얻을 수 있으니, 선(禪)은 '생각이 고요해진 것'(靜慮)을 일컫기 때문이다. 저 세간의 선정(定)을 선(禪)이라 하는 것은, 임시로 선(禪)이라 부르는 것이지 참된 선(禪)은 아니다."[14]

下顯離相. '是如非復彼'者, 入如來觀, 能所平等, 名爲如故. '以如觀如實'者, 平等之智達如實故, '不見觀如相'者, 不見能觀之智, 所觀之如, 差別之相, 平等一味故. (……) 謂世間禪, 取相心起, 卽是動念, 動念非靜故, 非眞禪也. 下顯眞禪離諸動相. (……) 離相離動, 乃得禪名, 禪是靜慮之稱故. 彼世間定名爲禪者, 是假號禪, 非眞禪故.

9

둘로 나누지 말라
둘 아님(不二)의 길

"생사와 열반은 공적하여 둘이 없으며, 둘이 없는 곳이 바로 '하나가 된 마음'의 도리인데, 하나가 된 마음의 도리에 의하여 두 가지 체계가 있다. 그러나 두 체계를 모두 취하면 곧 '하나가 된 마음'을 얻지 못하니, 둘은 하나가 아니기 때문이다."

왜 '둘로 나눔'이 문제인가?—허구와 진실, 그리고 전쟁과 평화

인간이 감관의 대상들을 경험하는 것을 특히 '인식'이라 부른다. 감관을 통한 경험물들을 개념에 의해 분류하고 체계화시키면서 지식으로 받아들이기 때문이다. 그런데 언어에 의해 개념을 구성하고 그 개념들을 분류/연관시켜 일정한 체계를 만드는 과정은, 대상의 '반영'이 아니라 '해석'이고 '가공'이다. 인간은 자신이 대면한 세계를 '있는 그대로' 수용하는 것이 아니라, 특정한 방식과 잣대로 가공하여 인식한다. 그러므로 인식은 근원적으로 주관적 구성이고, 해석과 가공이며, 특정한 문법에 의한 특수한 번역이다.

'좋다/싫다' '예쁘다/밉다' 등 평가에 의한 가치판단은 당연히 주관적이다. 그러나 주관성을 배제한다는 사실판단 역시 엄밀히 말해 '객관적'일 수 없다. 인간이 무엇인가를 인지했다면, 그것은 예외 없이 '인식'이라는 스크린을 통과한 것이다. 따라서 그 어떤 사실판단일지라도, 그것은 인식의 주관성에서 자유로울 수 없다.

서양 철학의 경우, 인식의 구조 해명과 인식의 인위적 구성(주관성)의 보편타당성 확보에 관한 탐구에 관심을 기울이고 있다. 이에 비해 동양 사상은, 특히 불교와 노장 사상은, 인식의 인위적 구성(주관성)을 주목하는 동시에 인식에 내재한 환각적 무지와 기만, 그로부터 해방되는 데 주목한다. 그리고 인식의 환각적 무지에 관한 통찰은, 흥미롭게도 불교와 노장 사상 모두, '둘로 나눔'의 문제로 수렴되고 있다. 인식의 환각과 그로 인한 존재와 세계의 왜곡을 '둘로 나눔'의 문제로 압축하는 동시에, '둘 아님'의 지혜로써 인식적 환각을 제거하여 온전한 인식을 성취하고자 하는 것이다. 그러나 불교와 노자, 장자는 이러한 통찰을 펼치는 방식이나 내용, 수준에서는 차이를 보여주기도 한다.

인식은 세상을 '상반된 둘로 나누어' 처리하는 경향성이 있다. 인식 과정을 통과한 세상은 '상반된 둘로 나뉘는' 것이 일반적이다. 세상은 인식의 스크린을 통과하면서 있음/없음, 주관/객관, 선/악, 아름다움/추함, 정의/불의 등, 상반된 두 계열과 그 항목들로 배열된다. 이 두 계열의 항목들은 상반될 뿐만 아니라 상호 배제적인 것으로 간주되는 것이 일반적 상식이다. 이 상식에 따르면, '있음'과 '없음', '선'과 '악'은 동시에 존재할 수 없고, 양자의 중간도 있을 수 없다. 어느 하나를 긍정하면, 반대되는 다른 것은 부정된다. 달리 말해, 상반되는 타자를 부정해야만 자신이 존재한다.

인식을 통해 배열되는 상반적 존재들은 이처럼 상호 부정적이다. 논리학의 모순율(矛盾律)과 배중율(排中律)은 이러한 인식 구조를 논리 형식에 반영한 것이다. 'A'와 'A 아닌 것'(非A)은 동시에 존재할 수 없으며, 'A'와 'A 아닌 것'(非A)의 중간도 있을 수 없다는 것이다.

모순율과 배중율은 언어적 인식의 필연적 요청이기도 하다. 인간의 사유와 인식은 언어에 의거하고 있고, 언어는 개념에 의존한다. 그런데 개념의 핵심이자 특성은 바로 '동일성'이다. 'A'라는 개념은 항상 동일한 것이어야 한다(同一律). 따라서 'A'는 'A와 동일하지 않은 것'(非A)과 동시에 존재할 수 없으며, 'A'와 'A 아닌 것'(非A)의 중간도 있을 수 없다.

세상을 '서로 부정하는 상반되는 둘'로 나누는 것은, 개념에 의거하는 언어적 사유와 인식의 자연스러운 귀결이다. 언어에 의해 생각하고 인식하는 인간은, 거의 본능처럼 자리 잡은 언어 의존성만큼이나, 거의 본능처럼 세상을 '공존할 수 없는 상반된 둘'로 나눈다. 그리고 언어로 분류된 존재들을 '불변의 동일한 본질을 지닌 실체'로 간주한다. 존재와 세상의 실체적 분리는, 언어로 생각하고 인식하는 인간의 '언어 관습적 세계 구성'이다.

동시에 존재할 수 없는 상반된 존재들로 나뉜 세상은 필연적으로 싸운다. 특히 평가라는 주관적 요소가 주도적 역할을 하는 가치 판단에 의해 나뉜 것들은, 상반되는 것들을 불구대천의 적으로 삼아 격렬하게 싸운다. 상반되는 것들과는 공존할 수 없다는 언어적 세계관에 지배되어, 자신이 존재하려면 상대가 없어져야 하고, 상대가 존재하면 자신이 사라져야 한다고 생각하기 때문이다. '선/정의/아름다움'을 자처하는 진영은, '악/불의/추함'으로 규정한 적들을 섬멸하기 위해 분노의 적개심과 투지를 불태운다. 상반되게 나뉜 두 진영 모두가, 왜 자신이 '선/정의/아름다움'이며 상대가 '악/불의/추함'인지 논리로 합리화시키면서, 상대를 정복하거나 말살시키려든다.

사실 인간세상을 피로 물들인 저 장구한 전쟁의 역사 이면에는 상반되는 적들과 공존할 수 없다는 배타적 이분(二分)의 언어적 세계관이 도사리고 있다. 외견상으로는 권력과 이익을 두고 벌어진 싸움이라 할지라도, 그 싸움에 나서는 사람들의 마음에는 세계를 '서로 부정하는 상반된 둘'로 나누는 인식 구조가 뿌리내리고 있다. 그리고 세계를 '서로 용납할 수 없는 둘'로 나누어버리는 인식 구조야말로, 모든 해악적이고 파멸적인 다툼과 전쟁의 내면적 원천이다.

대략 서력기원전 6세기는 이 언어적 이분법이 인간의 내면에 강력한 체계로서 확립되는 시대로 보인다. 이 시대에 이르면 거대 국가로 통합되는 과정이 각 문명권에서 진행된다. 중국 문명권에서는 통합제국으로 나아가는 춘추전국시대가 전개되었고, 인도 문명권에서도 통일제국을 지향하는 국가통합 전쟁이 펼쳐졌다. 두 문명권 모두 청동기시대에서 철기시대로 이행하여 농기구와 무기를 발달시켰고, 그에 따라 생산력과 전투력이 급격하게 향상한 시대였다. 그리하여 좀더 많이 생산할 수 있는 더욱 넓은 땅을 차지하려는 전쟁이 그칠 날이 없었다. 전쟁의 시대는 정치적 영웅들과 함께 철학적 영성의 영웅들도 산출한다. 중국의 공자, 노자, 장자, 인도의 부처는, 그 전쟁의 시대가 자기 상처를 치유하기 위해 내놓은 철학적 영성의 영웅들이었다.

전쟁은 승리에 필요한 언어와 논리를 발달시킨다. 전투력을 극대화시켜 승리하려면, 아군의 결집력을 높이는 동시에 적군에 대한 배타심과 적개심을 극대화시켜야 한다. 인간이 언어적 존재라는 점을 감안하면, 이를 위해 가장 효과적인 수단은 언어와 논리다. 아군 진영을 통합하고 결속시켜 응집력을 높이는 언어와 논리, 적군 진영을 향한 적개심과 분노를 키워 전투력을 극대화시키는 언어와 논리가 발달한다. 승리를 위한 그 언어와 논리 전략의 핵심은 '공존 불가능한 상반된 둘로 나누기'다. '나/나의 진영'을 하나로 묶어 응집시키고, '타자/타자의 진영'을 공존할 수 없는 적으로 규정하여 배타심과 적개심을 불러일으킬 수 있는 언어와 논리야말로, 전쟁의 언어요 승리를 위한 논리다.

서력기원전 6세기 무렵의 중국과 인도 문명권은 모두 격렬한 전쟁의 시대였고, 그에 따라 인간과 세상을 '공존 불가능한 상반된 둘로 나누는 언어와 논리'가 발달하여 위세를 떨쳤다. 아군의 독존과 독식, 적군의 완전한 소멸을 추구하는 배타적 열정은, 전쟁의 언어, 그리고 논리와 결합하여 불타올랐다. 또한 전쟁의 언어와 논리가 지닌 허구성과 기만, 해악성을 꿰뚫어보고 그 언어와 논리를 비판/해체/교정하려는 철학적 영성들도, 시대의 요청인 양 동시다발적으로 등장했다. 인도문명권의 부처, 중국문명권의 노자와 장자는, 그러한 상황에서 등장하여 존재 희망의 보편적 통찰을 환하게 밝혔다.

노자는 '공존 불가능한 상반된 둘로 나누기'가 전쟁의 승리를 위해 고안된 인위적 허구라는 점을 꿰뚫어보았다. 『도덕경』은 이 전쟁의 논리가 지니는 허위와 그 해악을 고발하는 동시에, 그 것을 대치하는 평화의 논리를 무위(無爲)의 통찰로써 제시하고 있다.

노자는 언어적 인식에 수반되기 쉬운 '동일화와 배제'의 허구를 직관했던 것으로 보인다. 세계가 언어에 담기는 순간, 인간은 그 세계를 불변의 동일성을 지닌 실체로 오역하여 소유 가능한 욕망의 대상으로 처리한다. 이때의 언어는 세계를 '공존 불가능한 상반된 둘'로 나누기 때문에 존재의 참모습인 평화의 길(道)을 훼손한다. 따라서 언어적 허구로 인한 욕망에 지배되는 한(有名/有欲), 세계의 참모습(天地之始)이 은폐되고 왜곡된 허상(萬物之母)에 매달려 싸움의 논리로 무장하게 된다(非常道). 반면 언어적 허구와 그로 인한 욕망에서 벗어날 때는(無名/無欲), 반대되는 것들이 서로 열리고 얽혀 공존하는 세계의 참모습(妙/玄)을 보게 되어 평화의 길에 오르게 된다(常道/衆妙之門).

"말할 수 있는 도는 진정한 도가 아니고, 이름 지을 수 있는 이름은 진정한 이름이 아니다. 이름 지을 수 없는 것은 천지의 시원이고, 이름 지을 수 있는 것은 만물의 모태다. 그러므로 늘 욕심이 없음으로써 그 묘함을 보고, 늘 욕심이 있음으로써 그 가장자리를 본다. 이 둘은 본래 같은 것인데, 분출된 뒤에 이름 이 달라진 것이다. 그 같은 상태를 가물거림이라 일컫는다. 가 물거리고 또 가물거리니, 뭇 묘함이 나오는 문이도다."[1]

276

道可道 非常道, 名可名 非常名. 無名天地之始, 有名萬物之母. 故常無欲以觀其妙, 常有欲以觀其徼. 此兩者同, 出而異名. 同謂之玄. 玄之又玄, 衆妙之門.

　상반된 것들을 공존할 수 없는 것으로 간주하게 하는 '상호 배제적 둘로 나누기'의 폭력성을 해체하려면 어떻게 해야 할까? 노자는 상반된 것들의 관계를 보는 새로운 관점을 대안으로 제시한다. 상반된 것들은 상호 부정적인 것이 아니라, 오히려 상호 생성적이라는 관점이다.

　'상반된 것들은 동시에 존재할 수 없다'는 것은, 언어적 환각에 의한 존재와 세계의 참모습 왜곡이다. 존재와 세계의 실상은 '상반된 것들이 서로를 생성시켜주는' 상반상성(相反相成) 또는 상반상생(相反相生)의 관계다. 반대되는 것들을 상호 부정적 관계로 보는 것이 허구적 인위(有爲)이며 전쟁의 논리라면, 상반된 것들을 상호 생성적 관계로 보아 공존의 지평을 여는 것은 존재와 세계의 실상에 부합하는 지혜(無爲)이며 평화의 논리가 된다.

　반대되는 것들이 상호 조건적, 상호 생성적 관계에 놓여 있다는 무위의 통찰을 밝히고 실천하면, 언어적 환각에 의한 세계 왜곡이 교정되고(不言之敎), 환각적 소유욕에서 해방된다. 그리하여 타자 부정적 지배/간섭/요구/소유의 폭력을 멈추고, 공존과 평화의 관계를 구현해가는 실천을 끊임없이 펼칠 수 있게 된다(無爲之事).

"세상 사람들은 모두 아름다움이라 하는 것을 아름다움으로 알고 있는데, 이것은 못생김이다. 또 모두들 선하다고 하는 것을 선하다고 알고 있는데, 이것은 선하지 못함이다. '있음'과 '없음'은 서로 생겨나게 하고, '어려움'과 '쉬움'은 서로 성립시켜주며, '길다' '짧다' '높다' '낮다'는 것은 서로를 비교한 데서 비롯되었으며, 노래와 소리는 서로 어우러지는 것이고, 앞과 뒤는 서로 좇아서 이루어지는 것이니, 이것은 (자연의) 항상됨이다. 그러므로 성인은 '함이 없는 일'을 일삼고, '말없는 가르침'을 편다. (자연을 보라.) 만물을 지어내면서도 간섭하거나 요구하지 않고, 낳으면서도 소유하지 않으며, 하면서도 기대지 않고, 공이 이루어져도 거기에 머무르지 않는다. 오로지 머무르지 않으므로 영원히 작용한다."[2]

天下皆知美之爲美, 斯惡已. 皆知善之爲善, 斯不善已. 有無相生, 難易相成, 長短相形, 高下相傾, 音聲相和, 前後相隨, 恒也. 是以聖人, 處無爲之事, 行不言之敎. 萬物作焉而不辭, 生而不有, 爲而不恃, 功成而弗居. 夫唯弗居, 是以不去.

노자적 통찰에 동참하고 있는 장자 역시 '차이들이 공존하는 다원적 평화'의 지평을 제시하여, '상호 배제적으로 둘로 나누기'의 작위적 허구와 폭력을 해체하고 있다.

세상을 '상반된 둘로 나눈 후, 그 둘이 '공존할 수 없는 상호 부정적 관계'에 놓여 있다고 보는 관점을, '둘로 나누기'라고 부른다. 이 '둘로 나누어 배제하는' 세계관은, 고정성(불변)과 동일성을 지닌 개별자를 전제로 하는 실체적 존재론에 의거한다. 그러나 그러한 '실체'는 환각적 구성이지 실재가 아니다. 따라서 '둘로 나누는' 세계관은 진실이 아니라 허구다. 또한 이렇게 실체적으로 분리된 존재와 세계는 상반된 것들과 공존하기를 거부한다.

반대되는 것들은 정복되어 '나의 것'에 편입되거나, 아니면 사라져야 할, 배제의 대상으로 간주된다. 상반되는 것은 동시에 존재할 수 없다는 관점이기에, 자기의 존재를 위해서는 반대되는 것을 부정할 수밖에 없다. 따라서 '둘로 나누기'는 공존의 평화를 거부하고 정복과 섬멸을 추구하는 전쟁의 논리다. '둘로 나누기'는 근원적으로 허구성과 폭력성을 지니고 있다.

동양 사상, 특히 노자와 장자, 부처는, 이 '둘로 나누기'의 허구성과 폭력성을 꿰뚫어본 영성들이다. 이 영성들이 거의 비슷한 시기에 출현하여 유사한 통찰을 펼쳤다는 점은, 흥미로울 뿐만 아니라 문명사나 지성사적으로 의미심장하다. 이들은 유사한 통찰들을 각자 개성적인 방식으로 펼쳤다. 비록 통찰과 표현의 내용이나 수준, 방식, 논리 등에서는 차이를 보여주지만, 차이보다는 그들이 공유하고 있는 통찰들의 유사성을 더욱 주목할 필요가 있다. 그리고 부처의 경우, '둘로 나누기'의 허구성과 폭력성을 인지하고 극복하는 통찰을, 가장 철저한 수준에서 정밀한 언어와 논리로 펼치고 있다는 점에서 돋보인다.

'둘 아님'(不二)이라는 통찰과 그 불교적 연원

'둘 아님(不二, non-dual)'의 불교적 어원인 팔리어 advaya에서 dvaya는 '두 가지의'(Sutta-nipāta 886, Dhammapāda 384)와 '거짓의'(Vinaya III.21)라는 두 가지 의미를 지니는데,[3] advaya는 그 부정형으로서 Dīgha-Nikāya(III, 268)에서는 '두 가지 대립적인 것이 아닌 것, 두 가지의 평등'의 의미로 쓰이고 있다.[4] 주로 후기 대승불교에서 애용되었던 불이(不二)라는 용어는 '둘로 보지 않아야 참된 것'이라는 의미를 그 핵심으로 하고 있는데, 이러한 개념은 dvaya의 두 가지 의미를 결합시켜 전개한 것으로도 볼 수 있다.

'둘 아님'의 불교사상적 연원은 실체적 존재를 부정하는 무아(無我)사상이다. 존재를 고정 불변의 자립적 개체로 이해하려는 실체적 존재론은, 불변의 본질을 지니는 동시에 자신의 존재를 위해 그 어떤 타자도 필요로 하지 않는 절대적/독자적 존재를 상정한다. 실체론으로 읽어내는 세계는, 고유의 본질을 지닌 독자적 개체들이 상호 분리되어 있는 세상이다. 그리하여 실체적 존재론은 '나와 남' '주체와 객체' '정신과 물질' 등의 이원적 분리를 존재 파악의 기본 구조로 설정한다. 자립적 실체들의 분리와 대립 구조로써 존재와 세계를 읽어낸다.

부처 이래 불교의 통찰은, 이러한 실체를 실재하지 않는 허구라고 비판한다. 불변의 본질(自性)을 지닌 독자적/절대적 실체는 실재하는 것이 아니라, 무지의 환각이나 심리적 요청에 의해 설정된 가공일 뿐이다. 무아(無我)/무상(無常)/연기(緣起)/공(空) 등으로 제시되는 통찰은 존재를 '불변/독자/절대/실체'가 아니라 '변화/관계/무실체'로 읽는다. 모든 존재와 현상은 변화와 관계의 복합체일 뿐, 그 안이나 밖에 불변의 절대적 실체는 없다는 점을 밝혀, 인간 내면에 거의 본능처럼 뿌리내린 실체 관념을 해체시킨다. 인간이라는 존재만 해도 색(色)·수(受)·상(想)·행(行)·식(識)으로 일컬어 분류하는 다섯 부류 현상 무더기들의 상호 연관물인 동시에, 그 연관된 현상 다발들은 끊임없는 변화의 과정 그 자체일 뿐이라는 점을 지적한다. 그럼으로써, 인간이어느 때부턴가 거의 본능적 느낌처럼 축적시켜온 실체적 자아 관념의 토대를 와해시킨다.

무지 환각의 가공물인 실체 관념이 해체될 때, 실체 관념에 의해 상호 배제적으로 분리되었던 세계는, 불가분의 상호 융섭적 관계로 한 몸처럼 만나 존재의 차원에서 소통하게 된다. 실체적 자아 관념은 폐쇄적이고 배제적인 작위적 분리를 펼쳐간다. 그러나 실체라는 환각에서 풀려나 존재의 참모습을 보게 하는 무아(無我)/공(空)/연기(緣起)의 통찰은, 허구적 존재 분리와 그 가공물을 해체시켜, 세계가 분리되지 않는 한 몸 관계로 만나고 있음을 직시한다. 존재들 사이에는 서로 넘나들 수 없게 하는 실체의 벽이 있지 않다는 것, 그리하여 모든 존재는 '서로를 향해 열려 있고(通)' '서로를 껴안고 있다는 것(攝)'을 알리기 위해 선택된 언어가 바로 '둘 아님'(不二)이다.

존재와 세상의 무실체적 모습을 지시하는 '둘 아님'(不二)이라는 언어는, 후기 대승불교에서 특히 적극적으로 수용된다. 세간과 출세간을 이원적으로 분리하려는 출가자 우월주의가 비(非)불교적 발상이라는 점을 역설하며 세간과 출세간을 모두 '한 수레에 태우려는' 대승적 안목으로서는, 자연스럽게 '둘 아님'이라는 용어에 끌렸을 것이다. 실제로 재가 수행자인 유마거사를 주인공으로 등장시켜 그 대승적 문제의식과 안목을 드라마틱하게 표현하고 있는 『유마경』은, '둘 아닌 진리에 들어가는 가르침'(入不二法門品)을 따로 설정하고 있을 정도로 '둘 아님'의 사상을 적극적으로 전개하고 있다.

『유마경』에서 유마거사는, 자신을 문병하러 온 부처의 제자들에게 '둘 아닌 진리에 들어간다'는 말의 의미를 설명해보라고 요구한다. 유마거사의 요구에 대해, '생겨남(生)과 사라짐(滅)을 별개의 것으로 보지 않는 것'(법자재보살)·'나(我)와 나의 것(我所)을 둘로 나누지 않는 것'(덕수보살)·'더러움과 깨끗함을 둘로 분별하지 않는 것'(덕정보살) 등 여러 보살들의 대답이 이어진다. 마지막으로 문수보살이 "모든 언어적 문답을 여의는 것이 '둘 아닌 진리에 들어가는 것'으로 생각한다"고 말하고는, 유마거사의 견해는 어떠한지를 묻는다. 이에 대해 유마거사는 묵묵히 아무 말도 하지 않는 것으로 응답했고, 문수보살은 이러한 유마거사의 '말없는 대답'이야말로 진정 '둘 아닌 진리'에 들어가는 것이라고

찬탄한다.[5]

생겨남과 사라짐, 주관과 객관, 오염과 청정을 실체로 간주하지 않음으로써 상호 배타적으로 이원화시키지 않는 것이 '둘 아님'의 경지에 들어간다는 말의 의미라고 응답하는 여러 보살들의 견해에 대해, 문수보살과 유마거사는 이 실체적 이원화의 토대가 바로 언어라는 관점을 부가하고 있다. 특히 유마거사의 '침묵의 응답'은, 언어에 의해 형성되는 '실체라는 환각'에서 해방된 경지를 드러내는 법문이자, 언어 환각의 덫을 침묵이라는 변형된 언어 방식을 통해 생생하게 일깨워주는 탁월한 법문으로 등장하고 있다.

원효와 '둘 아님'(不二)

'일심'(一心) '불이'(不二) '일미'(一味) '화쟁'(和諍)은, 존재와 세상에 대한 원효의 안목과 성취 그리고 실천이 담겨 있는 기호들이다. 이 언어들은 맥락에 따라 달리 선택되고는 있지만, 상호 유기적으로 결합되고 상호 지지하면서 결국 하나의 초점으로 수렴되고 있다. 마치 한 줄기를 들추면 여러 고구마가 딸려 나오듯, 이들 중 하나를 음미하다보면 다른 것들이 줄줄이 엮이어 한 뜻으로 모이고 있다. 그 가운데서도 특히 '일심'과 '불이'는 각각 원효 사상 전체를 조망할 수 있는 통합적 기호라 할 수 있다. '둘 아님'(不二)은 '하나가 된 마음'(一心)만큼이나 원효가 자신의 모든 것을 담기 위해 즐겨 구사하는 언어다.

원효는 인간과 세상의 참모습을 '둘 아님'의 통찰로써 포착하고 드러낸다. 두터운 환각을 걷어내자, 그에게 드러난 인간과 세상의 온전한 면모는 '둘 아님'이었다. 그 '둘 아닌' 참모습을 그대로 보는 마음국면을, 원효는 '하나가 된 마음'(一心)이라 부른다. 그런데 '둘 아님'에서 '둘'은 무엇일까? '둘 아님'의 통찰로써 극복하려는 '둘로 나뉨'은 무엇일까? 원효는 '아주 없어짐(斷)과 영원히 있음(常)' '있음(有)과 없음(無)' '성스러운 진리(眞)와 속된 허위(俗)' '청정(淨)과 오염(染)' '생사와 열반' '고요함(靜)과 움직임(動)' '진실 그대로의 가르침(眞諦)과 세속의 관행에 응하는 가르침(俗諦)'의 상호 분리와 단절을 문제 삼는다.

원효가 거론하는 분리와 단절의 두 대립항들은 크게 세 묶음으로 분류할 수 있다. 첫째는 〈아주 없어짐(斷)과 영원히 있음(常)·있음(有)과 없음(無)〉이고, 둘째는 〈성스러운 진리(眞)와 속된 허위(俗)·청정(淨)과 오염(染)·생사와 열반〉이며, 셋째는 〈고요함(靜)과 움직임(動)·진실 그대로의 가르침(眞諦)과 세속의 관행에 응하여 펼치는 가르침(俗諦)〉이다. 첫째 묶음은 존재론적 견해, 둘째 묶음은 가치론적 견해, 셋째 묶음은 실천론과 관련된 것이라 할 수 있다. 또한 이 세 묶음은 내적으로 긴밀하게 연관된 채, '둘 아닌' 진리의 내용을 이루고 있다. 다시 말해, 이 세 유형의 대립항들을 '둘 아닌' 것으로 볼 수 있어야만, 원효가 말하는 '둘 아닌' 진리가 온전해진다.

원효가 경론을 강설하고 있다.
그가 축적하여 굴린 언어의 양과 질은 단연 최고 명품이다. 『화엄연기』.

"'제가 이제 알기로 이 법이 〈아주 없다는 견해(斷見)와 항상 있다는 견해(常見)〉에 얽매여'라는 것은, 저 〈三乘의〉 가르침에서 말한 다섯 가지가 '아주 없다는 견해'(斷見)와 '항상 있다는 견해'(常見)의 집착에서 벗어나지 못했음을 밝힌 것이다. 그 까닭은, 저 네 가지 법이 생멸하는 모습을 지니고 있기에 '아주 없다는 견해'(斷見)가 집착하는 국면을 여의지 못하고, (다섯 가지 중 나머지 하나인) 그 진여의 법은 항상 머무르는 성질이기에 '항상 있다는 견해'(常見)가 붙드는 국면을 여의지 못하기 때문이다. (······) '여래가 설하신 공(空)의 진리는 〈아주 없다는 견해(斷見)와 항상 있다는 견해(常見)〉를 멀리 여읜 것이다'는 것은, 일승(一乘)의 가르침인 세 가지 공(三空)의 진리는 '아주 없다는 견해'(斷見)와 '항상 있다는 견해'(常見)의 허물에서 멀리 여의었음을 밝힌 것이다. 그 까닭은, 앞에서 말한 것과 같이 공(空)이라는 인식도 공(空)하며, 공(空)의 인식이 공(空)하다는 것도 공(空)하고, 그 공(空)해진 것 또한 공(空)하기 때문이다. 이와 같은 세 가지 공(三空)은 성스러운 진리(眞)와 속됨(俗)을 부정하지도 않고, 그렇다고 성스러운 진리(眞)와 속됨(俗)을 긍정하지도 않기에, 비록 움직임과 고요함을 여의었으나 중간에 머물지도 않는다. 그러므로 '아주 없다는 착각'과 '항상 있다는 착각'을 멀리 여읜다."[6]

'我今知是法斷常之所繫'者, 明'彼教門所說五事, 不離斷常二見所着'. 所以然者, 彼四種法帶生滅相, 不離斷見所着之境, 其眞

如法是常住性, 不離常見所取之境. (……) '如來說空法 遠離於
斷常'者, 明 '一乘教說三空法 遠離斷常二邊過失.' 所以然者, 如前
所說, 空相亦空, 空空亦空, 所空亦空. 如是三空, 不壞眞俗, 不存
眞俗, 雖離動靜, 不住中間. 所以遠離斷常邊也.

"성스러운 진리(眞)와 속됨(俗)이 별개의 것이 아닌 '하나인
진실의 도리'는 모든 부처가 돌아가는 곳이니, 여래장(如來藏)
이라 부른다."[7]

眞俗無二一實之法, 諸佛所歸, 名如來藏.

"이것은 성스러운 진리(眞)와 속됨(俗)이 같은 것이 아닌 맥
락에 나아가, 움직임과 고요함이 뒤섞이지 않는다는 뜻을 나타
낸 것이다. (……) 그러나 부처님이 설한 한 게송의 뜻은, '아
주 없다는 견해'(斷見)와 '항상 있다는 견해'(常見)에 떨어지지
않기 때문에 '이것은 곧 두 가지 착각을 여의었다'라 했고, 움
직임과 고요함이 없는 것이 아니기 때문에 '하나에 머무르지도
않는다'고 했다. '하나에 머무르지 않는다'는 것은 '하나인 진
실'(一實)인 '하나가 된 마음자리'(一心性)를 지키지 않는다는
것이고, '두 착각을 여의었다'는 것은 진리 자리에 입각하여 움
직이고 고요하기에 (그 움직임과 고요함이) 별개의 두 가지 현
상이 아니라는 것이다. 이 일은 불가사의함을 알아야 한다."[8]

是就眞俗非一之門, 以顯動靜不雜亂義. (……) 然佛所說一偈

之義, 不墮斷常故, '此卽離於二', 不無動靜故, '亦不在一住'. '不
在一住'者, 不守一實一心性故, '離於二'者, 擧體動靜, 非二法故.
當知是事不可思議.

"'뜻(意)으로 취한 것과 업(業)으로 취한 것이 곧 모두 공적
하다'는 것은, 둘 다 없애어, 없앤 곳은 둘이 없음을 밝힌 것이
다. '뜻으로 취한 것'이라는 것은 이른바 열반이니, 적멸을 반연
(攀緣)하는 마음으로 취한 것이기 때문이다. '업으로 취한 것'
이라는 것은 곧 생사이니, 모든 번뇌의 업으로 취한 것이기 때
문이다. 이 두 가지는 모두 공(空)하니, 공적하여 둘이 없다.
'공적한 마음의 도리는 모두 취하는 것에도 모두 취하지 않는
것에도 응당 적멸하다'는 것은 다음을 밝힌 것이다: 하나가 된
마음(一心)의 도리는 또한 하나를 지키지도 않는다. 생사와 열
반은 공적하여 둘이 없으며, 둘이 없는 곳이 바로 '하나가 된
마음'(一心)의 도리인데, 하나가 된 마음의 도리에 의하여 두
가지 체계(二門; 生滅門과 眞如門)가 있다. 그러나 두 체계(二
門)를 모두 취하면 곧 '하나가 된 마음'(一心)을 얻지 못하니,
둘은 하나가 아니기 때문이다. 만일 두 문을 없애어 모두 취하
지 않아도 '하나가 된 마음'(一心)을 얻을 수 없으니, '하나가
된 마음'(一心)이 아닌 것이 없기 때문이다. 이러한 뜻으로 말
미암아, 둘이 없는 마음의 도리는 모두 취하는 것에도 모두 취
하지 않는 것에도 응당 적멸하다."[9]

'意取業取卽皆空寂'者, 是顯 '雙遣, 遣處無二'. 言 '意取'者, 所謂涅槃, 緣寂滅心之所取故. 言 '業取'者, 卽是生死, 諸煩惱業之所取故. 此二皆空, 空寂無二. '空寂心法 俱不俱取 亦應寂滅'者, 明 '一心法亦不守一'. 生死涅槃空寂無二, 無二之處是一心法, 依一心法有二種門. 然俱取二門, 卽不得心, 二非一故. 若廢二門, 不俱而取, 亦不得心, 無非心故. 由是義故, 無二心法, 俱不俱取, 亦應寂滅'.

실체라는 환각을 붙들고 있는 자는, '둘 아님'의 도리를 듣고도 환각 치유는커녕 도리어 환각 증세를 키운다. 상반되는 모든 대립항을 실체로 간주하다가, '둘이 아니다'라는 말을 듣고는 곧 두 실체를 통합한 '하나'의 실체로 나아간다. 그리하여 상반되게 지칭되는 두 현상 자체가 아예 없다고 생각한다.

또한 상반되게 지칭되는 두 가지를 설하는 것을 듣고는, 곧 '두 가지가 있을 뿐이지 하나는 없다'고 생각한다. 그는 언어로 지시되는 모든 것을 실체로 간주하기에, 그에게 '둘'과 '하나'는 상호 배제적인 실체일 뿐이다. 따라서 그에게는 '둘이 아니다'라는 말이 '두 가지 실체가 아닌 하나의 실체'라는 뜻으로, '둘이 있다'는 말은 '두 가지 실체가 있을 뿐 하나의 실체는 없다'는 뜻으로 이해된다. '둘'이건 '하나'이건, 모든 언어적 존재를 상호 부정적 실체로 간주하여 자리 바꾸기에 분주하다.

그러나 존재의 '둘 아닌' 참모습은, 그 어떤 언어 주소도 '분절

되고 닫혀 있는 '붙박이 주소지'로 보지 않을 때 드러난다. '둘 아닌' 고향 풍경을 보려면, '둘'에도 '하나'에도, 또 둘을 합쳐 나눈 '중간'에도, 그 어느 언어 주소에도 움켜쥐어 머무르지 않아야 한다. 그리고 그 어떤 언어 주소에도 머무르지 않을 수 있는 힘은, '실체라는 환각'을 떨쳐버리는 수행에서 얻어진다.

"그릇된 견해가 비록 많지만 크게 그릇된 것에는 두 가지가 있으니 (……) 첫째는 부처님이 움직임과 고요함이 둘이 아니라고 설하는 것을 듣고는, 곧 '이것은 하나이며, 하나인 진실(一實)·하나가 된 마음(一心)'이라 말하고, 이로 말미암아 두 가지 진리(二諦: 俗諦와 眞諦)의 도리를 비방하는 것이다. 둘째는 부처님이 빔(空)과 있음(有)의 두 가지 맥락(二門)을 설하는 것을 듣고는, '두 가지 진리가 있고 하나인 진실(一實)은 없다'고 헤아려, 이로 말미암아 '둘이 없는 중도'(無二中道)를 비방하는 것이다. 이 두 가지 그릇된 견해는 약을 복용하다가 병에 걸린 것이니, 치료하기가 매우 어렵다. (……) '진리는 두 가지 견해가 아님을 알았다'는 것은, 중도(中道)의 진리는 있음(有)과 없음(無)의 견해로 볼 수 있는 것이 아님을 안 것이다. (……) '또한 가운데에 의지하여 머물지도 않는다'는 것은, 비록 있음(有)과 없음(無)이라는 두 착각(二邊)을 여의었으나 '중도로서의 하나인 진실'(中道一實)을 두이 거기에 머무는 것은 아니라는 것이다. (……) 처음 가운데 '여래가 설하신 법은

290

모두 머무름이 없는 데서 나왔다'고 한 것은, 부처님의 가르침이 '머무름이 없음'(無住)을 따르는 것임을 말한 것이다. (……) 이 가운데 '머무름이 없다'고 한 것은, 두 가지 진리(二諦)에 머무르지 않으며 또한 중간에도 머물지 않는 것인데, 비록 중간에 있지 않으나 있음(有)과 없음(無)이라는 두 착각을 여의었으니, 이와 같은 것을 '머무름이 없는 곳'이라 한다."[10]

邪解雖多, 大邪有二 (……) 一者, 聞佛所說動靜無二, 便謂 '是一, 一實一心', 由是誹撥二諦道理. 二者, 聞佛所說空有二門, 計有二法而無一實, 由此誹撥無二中道. 是二邪解, 服藥成病, 甚難可治. (……) '知法非二見'者, 知中道法非有無解之所見故. (……) '亦不依中住'者, 雖離二邊, 不存中道一實而住. (……) 初中言 '如來所說法悉從於無住'者, 謂佛教法順從無住故. (……) 此中言 '無住'者, 不住二諦, 亦不在中, 雖不在中而離二邊, 如是名爲無住處也.

10

세상과 둘 아니게 만나기

"실체화와 절대화의 허구에 사로잡힌 삶을 총칭하여 생사라 부른다. 반면 그 허구에서 해방된 삶은 열반이라 일컫는다. 생사와 열반이라는 언어 기획를 통해, 허구적 미망의 삶을 일깨워 '둘 아닌' 세상을 누리게 하는 것이, 불교의 언어 시설이고 언어적 기획이다."

'하나가 된 마음자리'에서 드러나는 '둘 아닌 세상'

실체라는 환각의 벽에 의해 나뉘어 있는 존재와 세계에서는, '아주 없어짐(斷)과 영원히 있음(常)' '있음(有)과 없음(無)' '성스러운 진리(眞)와 속된 허위(俗)' '청정(淨)과 오염(染)' '생사와 열반' '고요함(靜)과 움직임(動)' 등의 상반되는 것들이 각자 상반된 타자들을 밀어낸다. 만약 '있음'이 '없음'에게 자리를 내주게 되면, 그 내어준 자리만큼 '있음'은 소멸한다. 실체로 간주하는 세계에서 '있음'과 '없음'은 상호 부정적일 수밖에 없다.

또한 실체로 번역된 세계에서 존재들은 각자 타자를 향해 닫혀 있다. '있음'은 결코 '없음'이 될 수 없고, '없음'도 '있음'이 될 수 없다. '있음'과 '없음'은 격리된 단절이기에, 상호 왕래의 유동성이나 가변성은 있을 수 없다. '고정'과 '동일'이라는 대못에 의해 한 주소에 붙박여 있을 뿐이다.

이처럼 실체라는 환각으로 잘못 번역된 존재와 세상은, 상호 격리와 단절에 의해 닫혀 있고, 상호 부정에 의해 서로 밀어낸다. '있음/없음'뿐만 아니라, '주관/객관, 선/악, 아름다움/추함, 정의/불의, 성스러움/속됨, 청정/오염, 고요함/움직임, 생사/열반' 등, 상반되게 일컬어지는 모든 존재와 현상 들은 상호 단절적이고 상호 부정적이다. 반대되는 것을 부정해야 자기가 존재하기에 상반된 것과는 공존할 수가 없고, 동일한 것으로 고정되어야 하므로 다른 것이나 반대되는 것으로 변할 수도 없다. 서로 우열과 승패의 각축을 벌이며 자리다툼을 할 뿐이다.

존재의 고향, 그 진실의 정원은, 실체라고 하는 존재 환각이 사라질 때 드러난다. 그 고향은, 허구와 기망(欺罔)의 타향 주소지를 버리고 다른 주소지에서 찾아야 하는 것이 아니라, 환각을 걷어내면 바로 그 타향이 곧 고향이다. 존재 환각을 걷어내어 존재의 참모습, 그 고향 정경을 환하게 보는 인지적 국면을 '하나가 된 마음'(一心)이라 부른다. 상호 부정과 격리된 단절로 '둘로 나뉘었던' 존재와 세계의 '둘 아닌' 모습을 직면하기 때문에 억지로나마 '하나'라 부르고, 그렇게 '둘 아닌 것으로 아는 인지적 면모'를 일컫기 위해 '마음'이라는 말을 쓴다.

'있음/없음, 선/악, 아름다움/추함' 등의 상반된 현상은, 동일하게 고정된 실체가 아니라 가변적 조건과 필요에 따라 임의로 명명된 것이기에, 조건에 따라 가변적이다. '있음/선/아름다움'이라 불리는 현상들은, 그러한 명명을 가능하게 하는 조건들에 의지하고 있는 것이다. 그런데 모든 조건들은 변한다. 가변적이고 유동적일 수밖에 없는 조건에 따라, 그들은 언제든지 '없음/악/추함'으로 명명된다.

또한 같은 조건을 유지한다 해도, 더 선하고 더 아름다운 조건에 대해서는 '선/아름다움'이 '악/추함'이고, 더 악하고 더 추한 조건에 대해서는 '악/추함'이 '선/아름다움'이다. '젊고' '아름답던' 몸은, 세월 따라 그 신체적 조건이 변하자 '늙고' '추한' 몸이 된다. 170센티미터의 키는 160센티미터에 비해 '늘씬하여 멋지지

만', 180센티미터에 비하면 '왜소하여 초라하다.'

'있음/없음, 선/악, 아름다움/추함' 등 상반되게 명명되는 현상들은, '고정되고 동일한 절대적 실체'가 아니다. 그것들은 무수한 조건들에 의존하고 있으므로 독자적 실체가 아니라는 점에서, '그것'은 동시에 '그것이 아니다.' 또한 그것들은 찰나찰나 끊임없이 변하기에, '그것'은 언제나 '그것 아닌 것'으로 항상 이행하고 있다.

'하나가 된 마음자리'에서 직면하게 되는 '둘 아닌' 세상에서는, 상호 단절과 부정의 대립물이었던 것들이 '서로를 향해 열리고'(融) '서로를 껴안는다'(攝). '둘 아님'을 보는 '하나가 된 마음자리'에서는, 상반된 것들이 서로에게 열려 서로를 껴안는다. 만약 '있음/선/아름다움/성스러움'과 '없음/악/추함/속됨'이 자기 고유의 주소지를 독차지하고 머물러 '자기 아닌 것'을 배제하는 실체라면, 세상은 한 주소지를 독점하기 위해 각축을 벌이는 실체들의 난투장이 되고 만다.

실체라는 환각이 사라진 '둘 아닌' 고향에서는, 상반된 것들이라도 격절된 실체가 아니기에, 서로를 향해 열리고 껴안아 역동적으로 왕래한다. '있음/선/아름다움/성스러움'에는 '없음/악/추함/속됨'이 스며들어 있고, '없음/악/추함/속됨'은 '있음/선/아름다움/성스러움'에 연루되어 있다. 상반된 언어로 지칭되는 현상들이, 자리 독점을 위해 다투는 격절된 실체로서가 아니라, 자리를 공유하는 동시에 여러 주소지를 오가는, 상호 연루와 유동

의 열린 관계로서 펼쳐지는 세상―그것이 '둘 아닌' 지평의 풍경
이다.

이 '둘 아닌' 지평에서 '그것'은, 닫혀 있는 집안에 홀로 거주하
는 개별자가 아니기에, '그것은 그것(만)이 아닌 것'이다. '있음/
선/아름다움/성스러움'은 '있음/선/아름다움/성스러움'(만)이 아
니며, 그렇다고 그 반대인 '없음/악/추함/속됨'(만)도 아니다. 또
한 이 '둘 아닌' 지평에서 '그것'은, 같은 주소지를 움켜쥐고 머물
러 있는 불변의 동일자가 아니기에, '그것'은 항상 '그것 아닌 것'
으로 이행하고 있는 것'이다. '있음/선/아름다움/성스러움'은 항
상 '있음/선/아름다움/성스러움 아닌 것'으로 역동적으로 변하고
있다.

상반된 두 실체로 나누지 않는다고 해서, 변하지 않는 하나의
통합된 실체를 설정하는 것도 아니다. 불변의 독자적 실체가 아
니기에 그것은 '그것 아닌 것'이지만, 또한 고정된 동일자로 머무
는 것이 아니기에, '그것'은 '그것'이라 지칭되는 현상이 되기를
방해받지 않는다. '있음/선/아름다움/성스러움'일 수 있으며, '없
음/악/추함/속됨'일 수 있는 것이다. '그것'은 '그것이 아닌 것'인
동시에, '그것 아닌 것이 아닌 것'이다.

'둘 아닌' 지평에서는, 자기 아닌 것을 밀어내고 자리를 독점하
는 붙박이 주소지의 집들이 없다. '둘 아닌' 존재와 세상은, '그것
은 곧 그것이 아닌 것'이어서, 그 어떤 격절되고 고정된 배타적 주
소지도 없다. 그러나 동시에, 그 어떤 주소지에도 머무르지 않기

에, 또한 그 어떤 주소지도 경유지가 될 수 있다. '있음/선/아름다움/성스러움'도 주소지로 경유할 수 있고, '없음/악/추함/속됨'의 주소지도 지나갈 수 있다. 그것은 '그것 아닌 것도 아닌 것'이다.

"하나가 된 마음자리는 있음(有)과 없음(無)이라는 존재 환각을 여의어 오직 맑으며, 세 가지 공(三空)의 바다는 성스러운 진리(眞)와 속됨(俗)을 녹여 말끔하다. (有/無나 眞/俗의) 둘로 나누는 분별을 말끔하게 녹였으나 그렇다고 (둘로 나눈 분별을 합한) 하나도 아니며, 오직 맑아 둘로 나누는 환각을 여의었으나 그렇다고 (둘로 나눈 분별의) 중간도 아니다. 중간이 아니면서 둘로 나누는 환각을 여의었으므로 있음(有)이 아닌 것이 없음(無)으로 되어 머물지 아니하며, 없음(無)이 아닌 모습이 있음(有)이 되어 머물지 아니한다. 하나가 아니지만 둘로 나누는 분별을 녹였으므로, 성스러운 진리(眞)가 아닌 것이 일찍이 속됨(俗)이 된 적이 없으며, 속됨(俗)이 아닌 진리가 일찍이 성스러운 진리(眞)가 된 적이 없다. 둘로 나누는 분별을 녹였지만 하나가 아니기 때문에, 성스러운 진리(眞)와 속됨(俗)의 성품이 세워지지 않음이 없고, 오염(染)과 청정(淨)의 모습이 갖추어지지 않음이 없다. 둘로 나누는 환각을 여의었지만 중간이 아니기 때문에, 있음(有)와 없음(無)의 현상이 만들어지지 않는 바가 없고, 옳고 그름의 뜻이 두루 미치지 아니함이 없다. 이와 같이 깨뜨림이 없되 깨뜨리지 않음이 없으며, 세움이 없되 세우지 않음이 없으니, 가히 이치가 없는 지극한 이치요 그렇지 않으면서도 크게 그러한 것이라 할 수 있다. 이것이 이 경전의 핵심 도리다."[1]

夫一心之源, 離有無而獨淨, 三空之海, 融眞俗而湛然. 湛然融二而不一, 獨淨離邊而非中. 非中而離邊, 故不有之法, 不卽住無, 不無之相, 不卽住有. 不一而融二, 故非眞之事, 未始爲俗, 非俗之理, 未始爲眞也. 融二而不一, 故眞俗之性, 無所不立, 染淨之相, 莫不備焉. 離邊而非中, 故有無之法, 無所不作, 是非之義, 莫不周焉. 爾乃無破而無不破, 無立而無不立, 可謂無理之至理, 不然之大然矣. 是謂斯經之大意也.

'한 맛으로 참되게 보아 행하는 수행'(一味觀行)은 이 '둘 아닌' 도리에 통하여 '둘 아닌' 세상을 만나는 것이다. 구도자는 존재 환각을 걷어내고 그 오염을 맑히기 위해 수행길에 오른다. 존재의 고향으로 귀환하는 귀향길에 오른다. 행위 제어(戒), 참선(定), 관점 교정(慧)의 수행으로 뚜벅뚜벅 나아간다.

수많은 고비를 넘겨 마침내 고향에 도착하여, 세상의 '둘 아닌' 참모습을 고스란히 직접 본다. 고향을 직접 보고 나니, 예전의 타향살이가 너무도 어이없는 짓이었다는 것을 알게 된다. 본래 고향을 떠난 적이 없었던 것이다. 그토록 힘들어했던 타향이 바로 고향 땅이었다. 고향에서 고향인 줄 모르고 타향살이를 했으니,

실소가 터진다. 고향에 있으면서도 고향임을 망각하게 한 환각이 문제였다.

환각에 들떠 고향을 타향으로 알아 헤맬 때는, 세상을 '서로 부정하는 상반된 둘'로 나누어 어느 하나를 택하고 다른 것을 버리는 '분별(分別: 나누어 떨어지게 함)의 망상'으로 세상을 만난다. 그러나 환각을 걷어내어 타향이 본래 고향임을 알면, '둘로 나누던 분별 망상'은 '둘 아니게 보는 지혜'로 바뀐다. 갈라져서 막히고 서로 밀어내던 상반된 것들이, 서로 열려 서로를 껴안으며 만난다. 이 지평을 여는 마음자리를 '하나가 된 마음'(一心)이라 부르고, 그렇게 만나는 모습을 '둘 아님' 또는 '하나 됨'이라 일컫는다. 이때의 '둘 아님'은, '둘을 없애고 새롭게 세운 하나'도 아니고, '둘을 합하여 만든 하나'도 아니다.

타향으로 착각하여 떠돌 때는, 성스러운 진리(眞)나 속된 허위(俗)라고 지칭되는 것을 불변의 절대적 실체로 간주하여 '둘로 나누기에', 성스러운 진리와 속된 허위가 서로 밀어내며 자기만 차지하려는 자리를 다툰다. 그러나 존재의 고향에서는, '타자를 밀어내고 불변의 주소지를 홀로 독차지하는 실체'라는 환영이 더 이상 발붙일 곳이 없다. 그 어떤 것도 불변의 절대적 실체가 아니어서, 성스러운 진리와 속된 허위가 격절된 대립자로 맞붙는 자리다툼을 하지 않는다. 이 지평을 '성스러운 진리와 속된 허위가 둘이 아닌 것' 또는 '성스러운 진리와 속된 허위라는 둘이 없는 것'이라 일컫는다.

그런데 '둘 아님' 혹은 '둘 없음'의 도리는, 상반되게 명명되는 현상 자체를 부정하는 것이 아니다. '성스러운 진리'와 '속된 허위'가 각기 상호 격절된 절대적 실체가 아니라는 것이지, '성스러운 진리'나 '속된 허위'라고 지칭하는 현상 자체가 없다는 것이 아니다. 조건에 따라 어떤 때는 '성스러운 진리'라 지칭되고 어떤 때는 '속된 허위'라 불리는, 가변적이고 조건적인 현상들을, '실체의 우리'에 가두지 않고 볼 뿐이다.

'성스러운 진리와 속된 허위'와 같은 가치 평가들을 이렇게 실체화시키지 않을 때, 상반된 평가와 판단들은 '서로에게 열려 서로를 껴안는' 상호 작용 관계를 받아들이게 된다. 특정 평가와 판단을 불변의 실체로 확정하여 배타적으로 완결시키려 하지 않고, 상호 비판과 상호 수렴의 상호 작용을 통한 '향상적 변화'의 장(場)에 동참한다. 그리하여 독단과 독선의 무지와 그 폭력에 오염되지 않을 수 있는 역동적 상호 작용이 가능해진다.

그 어떤 평가와 판단도 실체화시키지 않을 때는, 다양한 평가와 판단들이 자신을 변화 앞에 개방시키고 타자들과 역동적으로 상호 작용하면서, 더욱 온전하고 적절한 평가와 판단을 향해 상승할 수 있다. 실체라는 환각을 떨쳐버리고 존재와 세상을 '둘이 아닌 것'으로 볼 때는, 온전한 진리 구현을 위한 향상(向上)과 정화(淨化)가 역동적으로 진행되는, '깨달음 구현의 조건을 갖춘 땅'(佛國土)에 살게 된다.

이렇게 세상을 '둘 아니게' 보아, 세상의 '둘 아닌' 모습을 만나려는 구도의 과정이, '비로소 깨달아감'(始覺)이다. 그리고 실체라는 존재 환영을 붙들고 타향살이 하며 떠돌아다니는 것이 '깨닫지 못함'(不覺)이고, 망각하여 등지기 이전의 고향 본래 모습을 '본래적 깨달음'(本覺)이라 한다. 귀향의 여정 끝에 마침내 고향에 안기어 세상의 '둘 아닌' 모습과 하나가 되면, 그토록 애써 만나고자 했던 '둘 아닌' 세상이 고향 본래의 정경이었다는 것을 알게 된다. 고향에 안기면, 다시 말해 본래 고향을 떠난 적이 없었음을 알면, '비로소 깨달아감'과 '본래적 깨달음'이 '둘 아니게' 된다. '비로소 깨달아감'과 '본래적 깨달음'이 '둘이 아니기에', 고향에서는 '비로소 깨달아감'도 없고 '본래적 깨달음'도 따로 없다. 그러나 그렇다고 해서 '비로소 깨달아감'과 '본래적 깨달음'이 아예 부정되거나 의미를 상실하지도 않는다.

환각에 붙들려 고향을 망각한 나그네에게는 환각을 걷어내는 '비로소 깨달아감'이 역력하고, 환각에 의해 망각되고 있을지라도 본래의 참모습인 '본래적 깨달음'도 항상 '그렇게 역력히 있다'. 고향을 되찾은 마음자리에서는, '둘 아님'의 이러한 부정과 긍정 맥락을 동시에 그대로 본다.

고향에 돌아와 만나는 '둘 아닌 세상'은 본래부터 그렇게 있는 고향 풍경이라서, '시각'이니 '본각'이니 말해도 그 깨달음은 '생겨난 것'도 아니고 '얻은 것'도 아니다. 또한 고향에 안기면, 고향 찾아가는 성스러운 진리(眞)와 타향살이 속된 허위(俗)도 둘로 갈라지지 않는다. 존재 귀향은 타향이라는 주소지를 버리고 고향이라는 새 주소지로 옮겨가는 것이 아니다. 고향 주소지가 환각에 물들면 타향이 되고, 환영을 걷어내면 타향 주소지가 곧 고향 땅이다. 존재의 고향을 등졌다는 것은, 고향 주소지를 떠나 다른 주소지로 옮겼다는 것이 아니다. 환각에 물들고 환영에 덮여, 내내 같은 주소지의 고향 풍경을 타향 풍경으로 착각하고 있는 것이다. 본래부터 고향을 떠나지 않았음을 알고자 하는 과정이 귀향길이고 '비로소 깨달아감'이라면, 내내 고향에 있었음을 확연하게 안 것이 귀향이고 '시각이 곧 본각이 되는' 자리다.

그렇게 귀향하여 '하나가 된 마음자리'에서 보는 '둘 아닌 세상'에서는, '비로소 깨달아감'과 '본래적 깨달음'이 둘이 아니고, 고향 찾아가는 '성스러운 진리'와 타향살이 '속된 허위'도 둘로 나뉘어 자리다툼을 하지 않는다. 또한 상호 배타적으로 자리다툼을 하지 않으면서도 조건에 따라 각자의 위상과 역할을 역동적으로 펼친다. 모든 것이 자기만의 자리를 혼자 차지하고 머무르며 타자를 밀어내는 것이 아니라, 찰나찰나 그것이 '그것 아닌 것'으로 미끄러져가면서 존재하고 또 작용한다.

원효는, 시각(始覺)/본각(本覺)이나 진(眞)/속(俗) 등, 다르게 갈라진 모든 것들이 '둘 아니게' 만나는 것을 '한 맛'(一味)이라 하며, 세상을 '한 맛'으로 보고 만나는 것을 '한 맛으로 참되게 보아 행함'(一味觀行)이라 부른다. '한 맛으로 참되게 보아 행함'(一味觀行)은, 고향 가는 여정(수행/비로소 깨달아감)이기도 하고, 고향에 안기어 '본래부터 내내 고향이었음을 아는 마음자리(一

心)'에서 세상을 '둘 아니게' 만나는 국면이기도 하다.

　"이 경전의 근본(宗)과 요점(要)은 펼치는 방식(開)과 모으는 방식(合)의 두 가지로 말할 수 있다. 모아서 말한다면 '한 맛으로 참되게 보아 행하는 것'(一味觀行)이 요점이 되고, 펼쳐서 말한다면 열 가지 진리 전개방식이 근본이 된다. '참되게 보아 행한다(觀行)'는 것은, '참되게 봄(觀)'은 수평적으로 논하는 것으로서 대상(境)과 지혜(智)에 참되게 통하는 것이고, '행함'(行)은 수직적으로 바라본 것으로서 원인(因)과 결과(果)에 걸쳐 있다. 결과(果)는 다섯 가지 진리가 완전해지는 것을 말하는 것이고, 원인(因)은 여섯 단계의 수행 과정이 잘 갖추어짐을 말하며, 지혜(智)는 곧 '본래적 깨달음'(本覺)과 '비로소 깨달아 감'(始覺)의 두 깨달음이고, 대상(境)은 곧 성스러운 진리(眞)와 속됨(俗)이 함께 없어진 것이다. 그러나 함께 없어졌지만 아무 것도 없이 아주 없어진 것이 아니고, (본각과 시각의) 두 가지로 깨달았지만 생겨난 것이라 할 것이 없으니(無生), 생겨난 것이 없다고 아는 수행은 그윽이 환각적 인식이 사라진 지평(無相)과 만나게 되고, 환각적 인식이 사라진 도리는 본래적 깨달음의 이익을 저절로 이룬다. 이익은 이미 본래적 깨달음의 이익이라서 얻었다고 할 것이 없기 때문에 참된 자리를 움직이지 않았고, 그 자리는 본래부터의 참된 자리라서 실체라는 환각을 여의었기 때문에 참된 진리 또한 실체가 아니다(空하다).

모든 부처와 여래가 여기에 간직되어 있으며, 모든 보살이 이 가운데에 따라 들어가니, 이러한 것을 여래장(如來藏)에 들어간다고 말한다. 이것이 육품(六品)의 핵심 도리가 된다. 이 '참되게 보는 수행체계(觀門)'에서 처음의 '믿고 이해하는 단계(信解)'로부터 '깨달음과 같아진 단계(等覺)'에 이르기까지 여섯 가지 수행을 세운다. 여섯 가지 수행이 완전하게 충족될 때 환각적 분별을 그친 마음자리(9識)가 드러나 환각의 오염이 없는 인식(無垢識)을 드러내어 참모습이 구현된 세계(淨法界)를 이루고, 환각적 분별을 행하던 인식들을 바꾸어 네 가지 지혜를 이루니, 이 다섯 가지가 이미 완전해져서 진리의 세 가지 몸(三身)이 이에 구비된다. 이와 같은 원인(因)과 결과(果)는 대상(境)과 지혜(智)를 여의지 않으며, 대상(境)과 지혜(智)는 별개의 것이 아니라 오직 한 맛(一味)이니, 이러한 '한 맛으로 참되게 보아 행하는 것'(一味觀行)을 이 경전의 근본으로 삼는다."[2]

此經宗要, 有開有合. 合而言之, 一味觀行爲要, 開而說之, 十重法門爲宗. 言觀行者, 觀是橫論, 通於境智, 行是竪望, 亘其因果. 果謂五法圓滿, 因謂六行備足, 智卽本始兩覺, 境卽眞俗雙泯. 雙泯而不減, 兩覺而無生, 無生之行, 冥會無相, 無相之法, 順成本利. 利旣是本利而無得, 故不動實際, 際旣是實際而離性, 故眞際亦空. 諸佛如來, 於焉而藏, 一切菩薩, 於中隨入, 如是名爲入如來藏. 是爲六品之大意也. 於此觀門, 從初信解乃至等覺 立爲六行. 六行滿時, 九識轉顯, 顯無垢識, 爲淨法界, 轉餘八識, 而成四智,

五法旣圓, 三身斯備. 如是因果, 不離境智, 境智無二, 唯是一味,
如是一味觀行, 以爲此經宗也.

"(이 『열반경』은) 여러 경전의 부분을 통괄하여 온갖 물들이
바다의 한 맛(一味)으로 돌아가듯 한 맛으로 돌아가게 하여, 부
처님 뜻의 지극히 공정함을 열어서, 백가(百家)의 서로 다른 쟁
론들을 화해시켰다. 그리하여 (쟁론으로) 시끄럽고 시끄러운
중생들로 하여금 모두 다르지 않은(無二) 참다운 자리(實性)로
돌아가게 하고, 어둡고 어두운 긴 잠에서 (깨어나) 다 함께 위
대한 깨달음(大覺)의 궁극적 경지에 이르게 한다. '궁극적 경지
의 위대한 깨달음'(極果의 大覺)이라 함은 참다운 자리를 체득
했으면서도 체득했다는 마음조차 없는 것이고, '참다운 자리의
다르지 않음'이라 함은 참됨과 허망함이 녹아 섞이어 하나인 것
이다. 이미 '다르지 않음'이니 어찌 '하나'가 있을 것이며, 참됨
과 허망함이 녹아 섞였으니 무엇을 '참됨'이라 하겠는가? 이러
한 즉 이치(理)와 지혜(智)가 모두 없어지고, 명칭(名)과 뜻
(義)이 모두 끊어지니, 이것을 열반의 현묘한 뜻이라 한다. 다
만 모든 부처님은 이 '열반의 현묘한 뜻'을 증득하고도 거기에
머물지 않아, 응하지 않는 데가 없고 말하지 않는 것이 없으니,
이것을 '열반의 지극한 가르침'이라 한다. 현묘한 뜻이라 할 것
조차 없으나 일찍이 고요하지도 아니했고, 지극한 가르침을 설
했지만 일찍이 설한 것도 없으니, 이것을 이치(理)와 가르침

(教)의 한 맛(一味)이라고 한다."[3]

統衆典之部分, 歸萬流之一味, 開佛意之至公, 和百家之異諍.
遂使擾擾四生, 僉歸無二之實性, 瞢瞢長睡, 並到大覺之極果. 極
果之大覺也, 體實性而亡心, 實性之無二也, 混眞妄而爲一. 旣無
二也, 何得有一, 眞妄混也, 孰爲其實? 斯卽理智都亡, 名義斯絶,
是謂涅槃之玄旨也. 但以諸佛證而不住, 無所不應, 無所不說, 是
謂涅槃之至敎也. 玄旨亡而未嘗寂, 至敎說而未嘗言, 是謂理敎之
一味也.

둘로 나누지 말고 머무름 없이 자비를 실천하라

모든 허구가 무익한 것은 아니다. 비록 환영이고 허구일지라도
유용할 경우가 있다. 때로는 거짓말이 사람을 살린다. 인간은 오
래전부터, 더 이상 나뉘지도 않고 다른 것으로 환원되지도 않는
모든 물질의 궁극 단위를 상정해왔다. 불변의 본질로 채워졌고,
자신의 존재를 위해 타자를 필요로 하지 않는 자족적 개체로서,
모든 존재의 궁극 요소인 것을 '원자' 등의 명칭으로 설정했다.
그러나 이러한 실체적 알갱이는 사실상 존재하지 않는다는 것이
미시물리학적인 진실이다. 원자와 같은 실체는 허구이고 환영이
다. 그러나 실제로는 존재하지 않지만, 마치 존재하는 것처럼 그
러한 궁극 단위를 설정했기에, 물질적 현상을 분석하고 설명하는
유용한 법칙들을 구성할 수 있었다. 실체적 '원자'는 유용한 허구

로서 기능하는 측면이 있는 것이다.

인간의 삶에는 그러한 유용한 허구들, 유용성을 위해 요청된 허구들이 무수하다. 사실판단이든 가치판단이든, 사실상 허구인 것들이 유익한 역할을 하는 경우가 허다하다. 옳음과 그름, 정의와 불의, 선과 악, 좋음과 나쁨에 대한 판단과 규정들에 관해서는 특히 그러하다.

조금만 깊이 따지고 보면, 이러한 판단과 규정들은 사실상 가변적이고 상대적이라는 점이 금방 드러난다. 옳음과 그름, 선과 악, 정의와 불의의 기준을 형성하는 조건들은 언제나 가변적이기 때문이다. 비록 장기간에 걸쳐 다수에게 통용되고 있는 안정적 기준이라 할지라도, 그 어떤 기준도 고정적이거나 절대적일 수는 없다. 모든 기준들은 다수의 조건들에 의존하고 있고, 그 조건들은 변화한다. 그 어떤 가치판단의 기준들도 조건과 상황에 따른 상대적 타당성 정도를 부여받을 수 있을 뿐, 잠정적이고 가변적이며 상대적이다.

이란을 침공할 때 미국이 천명했던 정의는, 정의를 구성했던 조건들이 허구로 드러나는 순간 정의의 자격을 상실했다. 이스라엘이나 유대민족에게는 옳음이요 정의이고 선인 것이, 팔레스타인이나 아랍 민족에게는 그름이고 불의이며 악인 것이 엄연한 현실이다.

옳음과 그름, 정의와 불의, 선과 악이라는 판단과 규정은 결코 절대적인 것이 아니다. 가치판단의 보편적 기준을 마련할 수 있는가의 문제는 심사숙고해야 할 쉽지 않은 과제다. 하지만 통상적으로 인간 세상에 유통되고 있는 가치판단들은, 임의 또는 자의로 선택한 조건들과 가변적 요소들에 의해 마련된 잠정적/가변적/상대적 기준에 의존하고 있다. 가치판단의 기준들이 이처럼 상대적이고 임의적이며 가변적이라는 사실을 인지하고 수긍하게 되면, 특정한 가치판단들을 관철하려는 의지의 토대가 약화된다. 가치판단에 대한 확신과 관철 의지는, 그 가치판단의 가변성이나 상대성을 인지하는 정도에 반비례한다. 반면 어떤 가치판단을 변치 않으며 절대적이라고 생각하면 할수록, 그에 대한 확신과 관철의지도 강화된다.

세상은 상반되는 이익들이 충돌하는 다양/다층의 관계망이기에, 옳음과 그름, 정의와 불의, 선과 악 등으로 지칭되는 가치들의 분간(分揀)을 요구한다. 바람직한 이익들을 적절하게 조정하고 구현하기 위해, 가치를 분별하는 판단은 불가피하다. 그리고 수립된 가치판단을 불굴의 의지로 관철하기 위해서는 그 판단과 기준에 대한 절대적 확신이 요구된다. 판단과 기준을 절대적인 것이라 생각할수록 장애와 난관에 굴복하지 않는 투지로써 집요하게 관철해가는 행동이 힘을 더해간다. 그런 까닭에 특정한 집단 이익을 성취하기 위해 선/악, 정의/불의, 옳음/그름의 가치 분별이 설정되면, 자기 집단은 '선하고 정의로우며 옳고', 이익을 다투는 상대는 '악하고 불의이며 틀리다'는 판단과 기준을 절대화시키려든다. 그럴듯한 논리와 선동 기제들을 동원하여, 자기 이

원효가 물가에 앉아 달을 읊고 있다.
"세상과 둘 아니게 만나는 심경을 읊조리고 있는가." 『화엄연기』.

익 확보에 유리한 판단과 기준에 대한 절대적 신뢰와 확신을 각인시켜간다.

세상살이 현실에서 선/불선, 정의/불의, 옳음/틀림 등의 가치 분간과 판단은 불가피하다. 또한 가치판단을 현실에서 구현하기 위해서는, 절대적 확신이 또한 중요한 역할을 한다. 가치의 구현을 위한 실천력은 통상 '기준과 판단에 대한 절대적 확신'에 비례한다. 개인이나 집단이나, 무릇 불굴의 관철 의지와 실천력은 판단과 기준에 대한 절대적 확신에서 극대화되는 경향을 보여준다. 그러나 가치 분별의 기준과 판단은 절대적일 수 없다는 것 또한 부인할 수 없는 철학적 진실이다. 그렇다면 '상대적이고 가변적인' 기준과 판단을 '절대적이고 변치 않는' 것이라 간주하여 관철시켜가는 것은, 일종의 '유용한 허구'일 수 있다. 옳고 그름을 분명히 하고, 정의와 불의, 선과 악의 경계선을 선명히 그어 서로 넘나들지 못하게 하는 것은, 경우에 따라 '필요한 허구'이고, 현실을 합리적으로 감안한 '요청된 허구'이며, 정의의 구현을 위해 '유용한 허구'일 수 있다.

'이쪽도 틀리고 저쪽도 틀렸다'는 양비론(兩非論)이나, '이쪽도 맞고 저쪽도 맞다'는 양시론(兩是論)은, 비록 이론적/철학적 타당성은 우월할 수 있을지라도, 현실적으로는 공허하고 무력하며 무능하다고 비난받기 십상이다. 현실은 '허구의 유용성'이 기능할 수 있는 측면을 지니고 있기에 생겨나는 문제다.

그러나 우리는 다시금 묻게 된다. 그렇다면 유용성은 허구를 정당화시키는가? 현실적 유용성을 위해 환각과 허구가 허용되어야만 하는가? 허용된다면 어디까지인가? 유용한 허구는 이롭기만 한가? 허구를 용인한 후유증은 없는가? 허구를 수용해야만 분간된 가치들을 현실에서 구현할 수 있는가? 환각과 허구를 버리고 가치판단을 구현할 수는 없는가? 진실에 기댄 실천력, 후유증 없는 진실의 유용성은 가능한가?

원래 없는 실체를 있는 것으로 간주하고, 가변적이고 상대적인 가치 판단을 불변의 절대적인 것으로 여길 때는, 배타적 투지와 실천의지가 강력해진다. 자신과 우군은 '선/정의', 적과 적군은 '악/불의'라는 불변의 본질을 지닌 실체들이고, 또한 자신과 우군 및 적과 적군을 각각 선과 악으로 규정하는 것은 불변의 절대적 판단이라고 간주할 때, 적을 물리치고 선과 정의를 구현하려는 배타적 의지와 승리를 위한 결집력이 강화되는 측면이 있다. 그러나 이 배타적 응집력과 실천력은 명백히 허구에 의거한 것이기에, 그 허구성의 강도만큼 현실 기만적이며 진실 이반적(離反的)이다.

배타적 실천으로써 부정하고자 하는 적(敵)은, 사실의 과장이고 진실의 왜곡이며 근거 없는 허상일 수 있다. 대상의 실체화, 판단과 신념의 절대화는, 실제로는 존재하지 않는 허구와 환영을 상대로 전의(戰意)를 불태우게 한다. 이 허구에 의존한 실천의지는 판단과 신념이 지닐 수 있는 상대적 타당성을 관철시키는 데 이바지할 수 있다. 그러나 이 유용성은 그럴 때라도 여전히 근원적인 사실 기만과 진실 이반을 수반한다. 또한 판단과 신념의 상대적 타당성조차 인정받을 수 없을 경우에는, 그 허구 의존적 실천 의지는 부당한 독선과 폭력일 수밖에 없다. 그리고 허구와 환영이 독선적 폭력의 실천으로 이어질 경우에는, 허구의 유용성은 이로운 것이 아니라 해악적이다. 불선(不善)을 선(善)이라 착각하고, 불의를 정의라고 오인하여 절대적 신념으로 펼치는 배타적 실천은 실로 해악적이다. 진실에서 일탈하여 사실을 왜곡할 뿐 아니라, 근거 없는 독선과 부당한 폭력을 강화시키는 경우, 허구의 유용성은 수용할 수 있는 '유익한 유용성'이 아니라 거부해야만 할 '해악적인 유용성'일 뿐이다.

일상인들의 판단과 신념은 대부분 이 허구의 '유익한 유용성'과 '해악적 유용성'의 경계를 수시로 넘나든다. 실체화와 절대화의 허구가 해악적 유용성을 발휘할 때는, 허구의 재앙만이 맹위를 떨친다. 또한 허구에 의거한 배타적 실천이, 비록 판단과 신념의 상대적 타당성을 실현하는 데 이바지할지라도, 적에 대한 허구적 과장과 그로 인한 증오와 폭력의 과잉 확대가 그림자처럼 동반한다. 게다가 상대적으로 우위에 있는 타당성을 실현하는 데 이바지하는 '허구 유용성'의 적절한 정도는, 판정할 수도 없고 제어하기도 어렵다. 그리고 선과 정의의 승리는 언제나 간과할 수 없는 독선과 폭력을 안고 있으며, 그 독선과 폭력이 발각되고 비판받을 때 승리는 곧 빛을 잃으며, 너무도 쉽사리 불선과 불의의 자리로 이동하곤 한다. 이를 증언하는 역사적 사례들은 넘쳐나게 충분하다.

허구의 유용성을 둘러싼 이 딜레마적 상황에서 아슬아슬한 줄타기를 할 수밖에 없는 것인가? 유익한 유용성에 기대어, 실체화와 절대화의 허구를 알면서도 용인해야 하는가? 허구의 유익한 유용성에 잠재되어 있는 무지와 독선과 배타의 폭력성은, 방치할 수밖에 없는 필요악인가? 허구의 '유익한 유용성'과 '해악적 유용성'의 그 아슬아슬한 경계선과 변덕스러운 자리바꿈의 불안은, 세상살이의 어쩔 수 없는 숙명인가?

사회적 관행과 인습은 허구의 유용성이 지니는 구조적 위험과 불안을 체념적으로 용인하는 듯이 보인다. 그렇다면 허구의 '유익한 유용성'과 '해악적 유용성'의 두 길 외에, 제3의 길은 없을까? 원효는 그 길을 탐색하여 찾았고, 그 길을 힘차게 걸었다.

실체화와 절대화의 허구는 세상을 둘로 나눈다. 존재를 불변의 독자적 본질을 지닌 자족적 개체로 간주하는 순간, 존재들은 닫힌 단자(單子)가 되어 서로를 밀어내며 나뉜다. 존재의 이 실체적 분리를 '둘로 나눔'이라고 부른다. 존재의 실체화는 판단과 신념의 절대화와도 맞물려 있다. 유형적인 존재들을 실체로 간주하는 무지는 무형적 현상들에도 적용되어 정신적 허구를 산출한다.

판단이나 신념과 같은 정신적 현상들을 불변의 실체로 간주하면, 가변적이고 조건 의존적이며 상대적인 판단과 신념들을, 고정적이고 독자적이며 절대적인 것으로 간주하게 된다. 이렇게 절대화된 판단과 신념은 다른 판단과 신념들을 부정하며 배타적 승리를 추구한다. 공존이나 합의 및 조정을 통한 자기 변화를 거부하고, 독점적 승리를 배타적으로 추구하게 된다. 가치판단의 이러한 절대화 역시 '둘로 나눔'이라 부른다. 절대화된 판단과 신념이 타자들을 향해 요구하는 것은 분명하다.— '내 판단과 신념에 편입되어 동화될 것인가, 아니면 사라질 것인가'다. 이 강렬한 배타적 승부욕은, 비록 강력한 실천의 토대일 수도 있지만, 근본적으로 허구에 의거한 전쟁 논리에 의존하고 있다.

원효가 천명하는 '둘 아님'(不二)의 통찰은 실체화와 절대화의 허구를 해체한다. 유형적이거나 무형적인 모든 존재와 현상 들은, 동일한 내용으로 자기 주소지에 고정되어 있으면서 타자들을 밀어내는 닫힌 실체가 아니라, 상호 조건적으로 서로를 향해 열려 있으면서 끊임없이 주소지를 이동해가는 가변적 통섭물(通攝物)임을 일깨워주는 것이 '둘 아님'의 통찰이다. 또한 실체화와 절대화에 의해 둘로 나눈 후 허구적으로 가공해가는 망상적 인식(분별심)에 빠져들지 않고, 존재와 세상의 본래 모습인 '통섭적 한 몸'을 있는 그대로 보는 마음자리/마음국면이, '하나가 된 마음'(일심)이다. 이 '하나가 된 마음자리'에서 만나게 되는 '둘 아닌 세상'에서는, 모든 유형의 실체화와 절대화가 설 자리를 잃는다.

실체화와 절대화의 허구에 사로잡힌 삶을 총칭하여 생사(生死)라 부른다. 반면 그 허구에서 해방된 삶은 열반이라 일컫는다. 생사와 열반이라는 언어 기호를 통해, 허구적 미망의 삶을 일깨워

'둘 아닌' 세상을 누리게 하는 것이, 불교의 언어 시설이고 언어적 기획이다. 그런데 모든 실체화와 절대화의 허구가 해체되어 존재와 세상의 '둘 아닌' 모습을 누리는 열반의 마음, 그 '하나가 된 마음자리'에서는, '생사'는 물론 '열반'조차 실체화/절대화시키지 않는다. 생사와 열반을 대비시켜 설하여 이끌어가는 곳은, 생사와 열반 모두를 실체화/절대화시키지 않는 지평이다. 그 어떤 언어적 시설도 실체화되거나 절대화되지 못하는 자리를 일컬어 열반이라 한다. 이 자리는 마치 모든 것을 끝없이 녹여내는 용광로와 같이, 그 어떤 실체화와 절대화의 시도도 끝없이 녹여낸다. 허공을 나는 새가 그 어느 한 점 허공에도 머물지 않고 계속 움직이는 것처럼.

세상을 '둘 아니게' 만나는 열반의 자리, 그 '하나가 된 마음자리'에서는, 생사라는 망상분별과 동요도 실체가 아니고, 열반의 고요함도 실체가 아니다. 생사도 고정된 배타적 자기 주소지를 잃고, 열반 역시 그러하다. '생사에도 머물지 않고 열반에도 머물지 않는다' '생사도 없고 열반도 없다'는 등의 원효의 말은 이 국면을 지시한다.

존재와 세상의 '둘 아닌' 본래 모습은, 자기 아닌 것을 밀어내고 자리를 독점하는 붙박이 주소지의 집들이 없다. '둘 아니게' 보는 '하나가 된 열반의 마음자리'에서 만나는 존재와 세상은, '그것은 곧 그것이 아닌 것'이어서, 그 어떤 격리되고 고정된 배타적 주소지도 없다.

그러나 그 어떤 주소지에도 머무르지 않기에, 또한 그 어떤 주소지도 경유지가 될 수 있다. 생사 자리로도 가고, 열반 자리로도 간다. '있음/선/아름다움/성스러움'의 주소지에도 응할 수 있고, '없음/악/추함/속됨'의 주소지에도 응할 수 있다.

실체화와 절대화는 붙박이 주소지에 집을 짓고 세상과 단절한 채 칩거하려는 존재 우울증이고 존재 자폐증이다. 또한 자기 본질이나 자기 판단 또는 자기 신념과는 다른 것이라 생각되는 것들을, 일절 집 안에 들이지 않고 바깥으로 쫓아내려는 존재 횡포이다. 이것을 '둘로 나누기'라 한다. 그러나 이러한 시도는 성공할 수 없다. 본래 그러한 붙박이 주소지를 차지할 수 없는 것이 존재와 세상의 진실이기 때문이다. 이러한 진실을 '둘 아님'이라 하고, 그 '둘 아닌' 참모습을 그대로 인지하는 마음국면을 '하나가 된 마음자리'라 한다.

이 '둘 아님'을 수용하는 사람에서는 두 가지 면모가 두드러진다. 그 어떤 개별 주소도 차지하여 머물 수 있는 것이 아니라는 것을 알기에, 어떤 주소지에도 붙박아 거주하려들지 않는 동시에 모든 주소지에 응해갈 수 있는 **'유동성'**이 그 하나다. 이 유동성은, 그 어떤 주소지도 독차지하여 움켜쥐려고 하지 않는 '머물지 않는 유동성'이고, 연기적 조건에 따라 어떤 주소지에도 응해갈 수 있는 '응할 수 있는 유동성'이며, 모든 주소지는 상호 조건적으로 형성된다는 것을 아는 '열린 유동성'이다.

'둘 아닌' 지평에서 나타나는 또 하나의 면모는, 세상을 '둘 아니게 만나고 있는 한 몸 관계'로 보는 데서 저절로 생겨나는 '**한 몸으로 여기는 우호적 관심**'이다. 세상을 서로 막히고 끊어진 실체들의 배열로 볼 때는, 타자들에 대해 근원적으로 무관심할 수밖에 없다. 실체라는 환영에서 타자에 대한 관심이나 우호감이 생겨나는 경우는, 타자들을 내 주소지에 편입시켜 소유하려고 하거나, 자신의 이익과 승리를 위해 타자를 이용하거나 부정하려드는 때일 뿐이다. '둘로 나누는' 실체라는 환각은, 세상을 본질적으로 무관한 분리된 개체들의 집합으로 보기에, 이 환각을 붙들고 있는 자에게는 '타자들에 대한 무관심'이 존재 차원에서 자연스럽고 필연적이다. 이 근원적 무관심은, 소유욕이나 정복욕 또는 부정의 충동을 충족시키려들 때에나 관심 또는 우호감의 모습으로 표현된다.

그러나 세상의 '둘 아닌' 모습에 눈뜸으로써 저절로 생겨나는 '관심과 우호감'은, 소유와 정복의 관심이 아니라, 통섭적 하나 됨에서 저절로 우러나는 존재 공명(共鳴)의 관심이며 배려의 우호감이다. '둘 아니게' 보는 마음자리에서는, 세상과의 통섭적 만남에 의해 무한히 확대되는 존재감으로 타자들을 보고 느끼기 때문이다. 이 전일적(全一的) 공명에서 솟아나는 '우호적 관심'을 일컬어, '한 몸으로 여겨 일으키는 한계 없는 자비'(同體大悲)라 한다.

'둘 아님'의 통찰을 수용하는 사람은, 그 수용 정도와 수준에 비례하여, 이 '유동성'과 '한 몸으로 여기는 우호적 관심'을 행위의 원리로 삼는다. 그는 분간된 주소지들의 그 어느 것도 배타적으로 차지하여 머물려고 하지 않는다. '옳음/선/정의'의 문패를 단 주소지를 차지하고 앉아, '그름/악/불의'의 명찰들을 증오로 밀어내는, 독선과 독단의 자리에 머물지 않는다. 그는 '옳음/선/정의'의 팻말이 가변적 조건의 임의적 설정이며, 항상 '그것 아닌 것'으로 바뀌어간다는 것을 안다. '옳음/선/정의'의 팻말은 언제든지 '그름/악/불의'로 바뀔 수 있다는 가변성, 반대되는 상대 때문에 오히려 자신이 성립한다는 상호 조건성을 직시한다. 그러기에 그는, '옳음/선/정의'의 명찰에 우쭐거리면서 '그름/악/불의'의 명찰을 경멸하고 증오하며 지워버리려는, 존재 차원의 횡포에 빠져들지 않는다.

특정 문패의 주소지를 독차지해 머물려고 하지 않는 그는, 또한 '둘 아닌 세상'을 구현하기 위해, 그 어떤 주소지 팻말에도 응해갈 수 있다. '둘 아닌' 진실을 구현하는 데 유용하다면, 기꺼이 '옳음/선/정의'의 문패를 달기도 한다. 또한 '그름/악/불의'의 명찰을 다는 것도 거리끼지 않는다. 심지어 열반의 팻말도 떼어버리고 생사의 주소지로 옮겨간다. '열반'이라는 문패를 배타적 붙박이 거주지의 호칭으로 간주하지 않는 것이야말로, '열반'이라는 호칭의 올바른 사용이자 진정한 열반 지평이라는 것을 알기 때문이다.

실체화와 절대화로 '둘로 나누는' 허구에 지배될 때는, 이 '머물지 않음'과 '응해감'의 유동성은, 탐욕이나 폭력의 관철을 위한 변신이다. 실체로 보고 절대적인 것으로 간주하여 펼치는 모든 행위는, 배타적 자기 주소지를 지키고 채우려는 동기에서 비롯된다. 이때의 모든 행위는, 나의 주소지 집안을 가득 채우려는 욕망(탐욕)과, 내 주소지 고유의 동일한 순수성을 배타적으로 지키려는 방어의지(성냄)를 토대로 삼는다.

따라서 이 경우에 나타나는 자리 옮김의 유동성은, 탐욕적 독차지와 배제의 폭력을 관철하기 위한 전략적 변신이고 기회주의적 변절이다. 존재의 차원에서 타자를 자기와 연루시키지 못해 타자를 근원적 무관심으로 대하면서, 소유적 편입 또는 부정의 대상으로 간주하기 때문이다.

반면 '둘 아님'의 통찰을 수용하여, '둘 아닌' 진실을 구현하기 위해 역동적으로 펼치는 '머물지 않음'과 '응해감'의 유동성은, 진리 구현에 기여하는 유용성을 극대화시키려는 '응함'(相應)이다. '옳음/선/정의'의 명찰이, 불합리하고 부당한 독선과 독단, 폭력성에 의거하고 있다고 판단되면, 어떤 기득권이나 세상의 시선에도 연연하지 않고 미련 없이 명찰을 떼거나 바꿔 단다. 이 명찰 떼기(머물지 않음)와 명찰 바꾸기(응해감)는, '둘 아닌 진실에 의거한 세상의 두루 이익 됨'에 이바지하기 위해, 정직하고 용맹하게 '응하여감'이다.

'둘 아님'으로 보는 통찰은, 모든 존재와 세상이 '둘 아니게 만나는 한 몸 관계'로 연루되어 있다는 전일적(全一的) 공명(共鳴)에서 솟아나는, '한 몸으로 여기는 우호적 관심'을 수반한다. 그러므로 '둘 아닌' 지평에서 움직이는 생명은, 이 무한히 열린 우호적 관심을 현실에서 실천하기 위해 '머물지 않으며' 또한 '응해 간다.' 이 둘 아님의 통찰에 따른 '머물지 않음'과 '응해감'의 유동성이, '진실에 의거한 세상의 이익'을 구현하기 위한 적절하고도 정직하며 용맹스러운 '응함'일 수 있는 것은 둘 아님의 전일적 공명에서 솟아나는 우호적 관심에 의거하기 때문이다.

'둘 아님'의 통찰에 따라, '진실에 입각한 세상의 이익'을 구현하기 위해, '한 몸으로 여기는 우호적 관심'으로써 '머물지 않음'과 '응해감'의 유동성을 역동적으로 펼치는 것.―이것이 허구의 유용성이 직면하고 있는 딜레마적 상황에서 벗어나는 길일 수 있다. 허구의 유용성이 지니는 구조적인 위험과 불안에서 탈출하는 길이요, 허구의 '유익한 유용성'과 '해악적 유용성' 사이의 불안한 줄타기에서 내려와 힘차게 걸어갈 수 있는 제3의 길일 수 있다.

'선/악, 정의/불의, 성스러움/속됨' 등의 판단과 명명은 불가피하지만, 그것들을 불변의 배타적 실체로 보느냐 아니냐에 따라 전혀 다른 곳으로 이어지는 두 길이 갈린다. 그들을 독자적이고 변치 않으며 동일한 내용으로 채워진 실체로 간주하면, 각자의 주소지를 독차지하고 앉아서 다르거나 상반된 것들을 증오로 밀어내는 전쟁의 길로 접어든다. 이 길에는, '상호 단절의 무관심/독선과 독단의 무지와 배타성/독차지의 승리와 망실의 패배/밀어냄과 밀려남'의 가시덤불이 무성하다. 이 길에서는, '현실적' 혹은 '실천적'이라는 기치 아래 허구의 유용성이 선호되고 정당화되며 위세를 부린다.

반면 실체라는 환각을 붙들지 않으면, 다르거나 상반된 명찰을 단 모든 타자들을 존재의 차원에서 자기와 연루시켜 함께 걸어가는 길에 올라선다. 이 길은, 전쟁의 길에 우거졌던 가시덤불이 메말라 사라지고, '관심과 배려/공유와 분점/공존과 공생/이해와 관용/합의와 조정/우호/돌봄과 살핌'의 향기로운 꽃들이 만개하는 길이다. 이 길에서는, 모든 주소지들의 끊임없는 가변성과 상호조건적 열림 및 의존성을 직시하여, 진실에 의거한 세상의 이익을 넓혀가는 '머물지 않음과 응함'의 걸음걸이가 활발하게 이어진다. 자기는 자기 아닌 것들에 의해 의존하고 있으며(無我), 언제나 자기 아닌 것으로 변하고 있다는(無常), 무실체의 통찰이 열어주는 '둘 아님'의 길에서는, 허구의 유용성이 아니라 진실의 유용성이 힘을 떨치게 된다.

진실의 유용성이 빛을 발하는 '둘 아님'의 길은 생명의 새로운 희망이다. 그러나 이 길에 올라서서 진실의 유용성을 발휘하는 일은 결코 쉽지가 않다. 허구의 유용성을 선호하는 입장에서 보면, 이 길은 적대적 규정과 비판력을 희석시켜 문제 해결능력을 약화시킬 수 있는 위험을 안고 있는 것으로 보일 것이다.

실체라는 환각에 입각하여 '둘로 나누는' 데에서 비롯되는 강력한 배타적 실천력이, 현실적으로는 더 적절하고 유용해 보일 수도 있다. 비록 허구적 설정일지라도, '악/불의'라는 실체를 설정한 후 공존 못 할 불구대천의 적으로 간주하여 완전한 승리와 섬멸을 위해 싸우는 것이, '선/정의'로 명명하여 추구하는 고귀한 가치들의 구현에 더 효과적으로 기여한다고 볼 수도 있다. 실제로 인간의 역사는, 이러한 적대적 투쟁을 통해 고귀한 보편적 가치들이 현실에 뿌리내릴 수 있었던 측면이 있음을 증언해준다. 동시에 이 허구의 유용성에는, 그 기여분을 일시에 반납케 하는 해악성이 수반되어 있다는 것 또한 역사의 증언이다.

허구의 유용성이 안고 있는 위험성과 해악성을 간파하는 지성, 허구에 의거한 강한 추진력과 성취욕의 과정과 결과를 미더워하지 않거나 만족스러워할 수 없는 영성은, 진실의 유용성이 힘을 쓸 수 있는 길로 눈길을 돌린다. 아무리 어렵고 성공 가능성이 낮아도 그 길에 오르기를 선호한다. 비록 그 길을 걷는 이들이 희소해도 그 길을 소개하고 동참을 권유하며, 외로워 보이지만 당당하게 걷는다. 둘로 나누지 않아, 머무르지 않으며 자비로 응하여 걷는 길.—원효는 이 '둘 아님'의 길을 택하여 혼신의 힘으로 걸었다.

"【금강삼매경】 생멸하는 모든 것을 없애어 열반에 머무르나, 위대한 동정심(大悲)에 의하여 빼앗겨 열반도 없애어 머무르지 않네."[4]

滅諸生滅法, 而住於涅槃, 大悲之所奪, 涅槃滅不住.

"【금강삼매경론】이승(二乘)의 사람은 몸과 인식의 생멸하는 모든 것을 없애어 열반에 들어가 거기서 팔만 겁을 머물거나 만겁을 머물지만, 모든 부처님의 '한 몸으로 여겨 일으키는 위대한 동정심'(同體大悲)으로 말미암아 저 열반을 빼앗겨 다시 마음을 일으키게 한다."[5]

謂二乘人滅諸身智生滅之法, 入於涅槃, 於中八萬劫住, 乃至十千劫住, 而由諸佛同體大悲, 奪彼涅槃, 令還起心.

"【금강삼매경】대력보살이 말했다.〈저러한 사람은 과만족덕불(果滿足德佛)과 여래장불(如來藏佛)과 형상불(形像佛) 등 이러한 부처님이 계신 곳에서 깨닫고자 하는 마음을 일으켜 삼취계(三聚戒)에 들어갔으나 그 모습(相)에 머무르지 않고, 세 가지 세계가 있다는 마음(三有心)을 없앴으나 고요한 경지에 머무르지 않으며, 모든 중생을 버리지 않고 고르지 않은 땅에 들어가니, 불가사의하나이다.〉"[6]

大力菩薩言: "彼仁者, 於果滿足德佛·如來藏佛·形像佛, 如是佛所, 而發菩提心, 入三聚戒, 不住其相, 滅三有心, 不居寂地, 不捨可衆, 入不調地, 不可思議."

"【금강삼매경론】비록 다시 세 가지 공(空)에 들어가 세 가지 세계가 있다는 마음을 없앴으나, 고요한 경지에 머물지 않고 온갖 생명들의 세상(六度)으로 두루 다닌다. 몹시 헐떡거리는 중생들이 사는 곳을 '고르지 않은 땅'이라 했고, 미혹이 남아 있는 곳이 있기에 얽매이지 않는 업에 의거하여 거기에 태어나기 때문에 '들어간다'고 했다."[7]

雖復入三空聚, 滅三有心, 而不住寂地, 普涉六度. 多喘衆生所居之處, 名不調地, 由所留惑, 依不繫業, 於彼受生, 故名爲入.

"【금강삼매경론】 '내가 이제 머무르지 않음에 머문다'는 것은, 이제 부처님 말씀을 듣고 나서 대승의 마음을 내어 곧 고요한 경지에 머물지 않는 마음에 머무는 것이다."[8]

'我今住不住'者, 今聞佛說已, 發大心, 卽住不住寂地之心故.

"현상(事)에 따르는 수행은 소승문(小乘門)에 공통된 것이고, 식(識)에 따르는 수행은 오직 대승문(大乘門)인데, 이 두 가지는 차별문(差別門)이다. 세 번째 것은 평등문(平等門)이니, 이 도리로 말미암아 여러 가르침의 체계들을 모두 포섭한다. 또 (37)조도품(助道品)의 수행은 생사(生死)에 머물지 않는 가르침(門)이고, 사섭(四攝)의 수행은 열반에 머물지 않는 가르침(門)이며, 같음(如)에 따르는 육바라밀 수행은 평등하여 둘이 없는 가르침(平等無二門)이기 때문에 '모든 가르침이 여기에 들어가지 않는 것이 없다'고 했다. '이 행(行)에 들어간 사람은 공(空)이라는 생각(相)을 일으키지 않는다'는 것은, 비록 같음(如)에 따라 행하면서도 언제나 현상(事)에 따르고 식(識)

에 따라 행하기 때문에 공(空)하다는 생각(相)을 붙들어 적멸(寂滅)에 머물지 않는 것이다. '여래에 들어간다고 말할 수 있다'는 것은, 비록 현상과 식에 따르지만 항상 같음(如)에 따라서 평등한 행을 지니기 때문에 여래장의 바다에 들어갈 수 있다고 말할 수 있다는 것이다. '들어감을 들어감이 아닌 곳에 들어가게 한다'는 것은, 그 들어가는 마음을 들어감이 아닌 곳에 들어가게 하기 때문이니, 들어가는 주체와 들어가는 곳(대상)이 평등하여 다름이 없으므로 '들어감이 아니다'라 했고, 비록 다름이 없으나 또한 하나도 아니기 때문에 관(觀)하는 마음에 의거하여 임시로 '들어가는 마음'이라 했다. 이와 같이 들어가는 마음은 들어간다는 생각(相)을 두지 않기 때문에, '그 들어가는 마음을 들어감이 아닌 곳에 들어가게 한다'고 했다."[9]

隨事行者, 共小乘門, 隨識行者, 獨大乘門, 此二是差別門. 第三是平等門, 由是道理 摠攝衆門. 又道品行, 不住生死門, 其四攝行, 不住涅槃門, 隨如度行, 平等無二門故, '一切法門 無不此入'. '入是行者不生空相'者, 雖隨如行而恒隨事隨識行故, 不取空相而住寂滅也. '可謂入如來'者, 雖隨事識而恒隨如取平等行故, 可謂能入如來藏海也. '入入不入'者, 入其入心於不入故, 能入所入平等無別, 故曰'不入', 雖無別異而亦非一故, 約觀心假名'入心'. 如是入心, 不存入相故, 入其入於不入也.

"앞에서 대략 설명할 때는 다만 결과(果)가 공(空)하다는 것만을 나타내었기 때문에, 이제 널리 설명할 때 인연에 나아가 설하여, '모든 현상의 원인(因)과 결과(果)가 움직이지 않는 것이 곧 평등한 깨달음의 도리이니 이 (因果의) 현상 밖에서 따로 깨달음을 구하는 것이 아니라는 것'을 나타내고자 했다. 이것이 이 게송의 요지다. 이것은 승조 법사가 〈진리(道)가 멀리 있는 것인가? 부딪히는 일마다 참된 것이다. 성스러움(聖)이 멀리 있는 것인가? 이것을 체득하면 곧 신묘(神妙)함이다〉라고 한 것과 같다. (……) '외아들처럼 여기는 경지'라는 것은, 첫 번째 경지(初地) 이상에서 이미 모든 중생이 평등함을 증득하여 모든 중생을 보기를 마치 외아들을 보는 것과 같이하니, 이것을 '청정하게 뜻을 높여가는 즐거움'(淸淨增上意樂)이라 하는데, 비유에 의하여 마음을 나타내어 '외아들처럼 여기는 경지'라고 한 것이다. '번뇌에 머문다'는 것은, 보살이 비록 모든 것이 평등함을 증득했지만 방편의 힘으로써 번뇌를 버리지 않는 것이니, 만일 일체의 번뇌와 잠재적 망상을 버리고 곧 열반에 들면 (모든 중생을 제도하겠다는) 본래의 서원(本願)을 어기기 때문이다. (……) 버리지 않기 때문에 '번뇌에 머문다'고 했으니, 이로 말미암아 열반에 들어가지 않고 널리 시방 세계 중생을 교화한다."[10]

前略說時, 直顯果空故, 今廣時, 就因緣說, 欲顯 '諸法因果不動, 卽是平等菩提之道, 非此法外別求菩提'. 是謂此偈之大意也. 如肇法師言 '道遠乎哉? 觸事而眞. 聖遠乎哉? 道之卽神矣'.

(……) 一子地者, 初地已上已證一切衆生平等, 視諸衆生如視一子, 是名淸淨增上意樂, 寄喩表心, 名'一子地'. '而住於煩惱'者, 菩薩雖得諸法平等, 而以方便力不捨煩惱, 若捨一切煩惱隨眠, 便入涅槃, 違本願故. (……) 由不捨故, 言'住煩惱', 由是不入涅槃, 普化十方界故.

원효는 어떤 사상가인가

1 『삼국사기』 권47, 열전7 「설계두전」.

제1장 존재의 고향

1 원효가 즐겨 구사하는 '一心/一心之源'을 '한 마음/한 마음의 근원'이라 번역하면, 자칫 『대승기신론』이나 원효의 一心 사상을 '모든 현상을 연출하는 근원적 실체'에 연루시켜 一心이라는 기표를 결국 실체론의 바다에 던져버릴 가능성이 있다. 그러나 '一心/一心之源' 등의 언어가 구사되는 맥락은 무실체/공(空)의 존재론을 전제로 하고 있는 것이 명백하다. 일심 등은 존재의 참모습, 그 무실체/공의 진실을, 사실대로 직시하는 인지의 '국면' 내지 '지평'을 지시하는 기호로 보아야 한다. 이런 관점에서 나는 '一心/一心之源'을 '하나가 된 마음(혹은 하나로 보는 마음)/하나가 된 마음자리(하나로 보는 마음자리)' 등으로 옮긴다.

2 원효는 실체 관념과 언어를 둘러싼 문제점을 정확히 이해하면서, 언어의 새로운 지평으로 나아가고 있다. 원효 사상을 이해하기 위해서는 그의 언어관을 빠뜨릴 수 없는데, 화쟁의 문제를 다룰 때 상세히 소개한다.

3 『대승기신론소』, 한국불교전서, 1-704하~705상.

4 원효저술에서 '門'은 '국면, 맥락, 계열, 측면, 방법, 방식, 종류' 등의 의

미로 나타난다. 본 번역에서는 이러한 의미 가운데 해당 문맥에 맞는 것을 그때마다 채택한다.

5 『대승기신론소』, 1-698하.

6 참 그대로의 측면을 중시하는 방식.

7 근본무지에 의한 미혹의 조건인과 전개측면을 중시하는 방식.

8 『대승기신론소』, 1-701중~하.

제2장 인간은 양면적 존재

1 『송고승전』 권4, 「신라국의상전」, 『대정신수대장경』 권50, 729쪽.

2 『대승기신론소』, 앞의 책, 1-709중.

3 『대승기신론』, 『신수대장경』 권32, 576중.

4 『소』, 1-708상.

5 『별기』, 1-683하~684상.

6 『대승기신론』, 앞의 책, 576중.

7 『별기』, 1-681중.

8 『별기』, 1-680상~중.

9 『소』, 1-707하.

10 『소』, 1-707하~708상.

제3장 존재 희망의 근거

1 『대승기신론』, 577상.

2 『별기』, 1-683중.

3 『소』, 1-756상~757상. 『별기』, 1-688중~689상.

4 『대승기신론』, 576중.

5 『금강삼매경』 본각리품, 1-634중.

6 『별기』, 1-683중.

7 『별기』, 1-683중.

8 『소』, 1-709중.

9 『금강삼매경』·『금강삼매경론』 진성공품, 1-655하~656상.

10 『금강삼매경론』 본각리품, 1-629하~630상.

11 『별기』, 1-684상.

제4장 존재 희망의 구현

1 『별기』, 1-683중.

2 『대승기신론』, 576중~하.

3 『소』, 1-710상~중.

4 『소』, 1-710하.

5 『소』, 1-710하~711상.

6 『별기』, 1-687상~중.

7 『금강삼매경론』 본각리품, 1-632하.

8 같은 책, 1-632하, 637상.

9 같은 책, 1-634하.

10 같은 책, 1-634하.

11 같은 책, 1-634하.

12 같은 책, 1-634하.

13 『금강삼매경』·『금강삼매경론』 본각리품, 1-633중~하.

14 『금강삼매경』 본각리품, 1-630하.

15 『금강삼매경론』 본각리품, 1-631상.

16 『소』, 1-714하.

17 『금강삼매경론』 진성공품, 1-656중.

18 『금강삼매경론』 무상법품, 1-611하~612상.

제5장 언어의 다툼(諍論)과 치유(和諍) I

1 '和百家異諍之端 得一代至公之論'(「제분황사효성문」, 『대국국사문집』 권 16.)

2 김시습(金時習, 1435~93)은 분황사의 화쟁국사비를 보고 「무쟁비」(無諍碑)라는 시를 남기고 있다(『매월당시집』 권12). 추사(秋史) 김정희(金正喜, 1786~1856)가 분황사를 찾았을 때에는 이미 비신이 없어지고 대좌만 남아 있었다. 추사가 그 대좌에 '차화쟁국사지비적'(此和諍國師之碑跡)이라 기록했는데 이는 현재까지 전하고 있다. 정유재란(1597)의 병화로 소실된 것으로 추정되는 화쟁국사비의 탁본 단편이 『대동금석서』(大東金石書)에 수록되어 있다.(김상현, 『원효연구』, 민족사, 2000, 292~293쪽 참조)

3 원효, 『열반종요』, 한국불교전서 1-524상, 538상.

4 『열반종요』, 1-539상.

5 『법화종요』, 1-489상

6 『열반종요』, 1-528상.

7 『열반종요』, 1-543중.

8 『금강삼매경론』, 1-612상.

9 『보살계본지범요기』, 1-583상.

10 『열반종요』, 1-532하~533상.

11 『열반종요』, 1-536상~537중.

12 『열반종요』, 1-541하.

13 『열반종요』, 1-547상.

제6장 언어의 다툼(諍論)과 치유(和諍) II

1 전재성 역주, 「뽓따빠다의 경」 『디가니까야』(한국빠알리성전협회, 2011), 447~448쪽.

2 『본업경소』, 1-516상.

3 『십문화쟁론』, 1-838하~839상.

4 『금강삼매경론』, 1-638상.

5 『열반종요』, 1-529상.

6 『대혜도경종요』, 1-481상.

7 『보살계본지범요기』, 1-583상.

8 『열반종요』, 1-528하.

9 『십문화쟁론』, 1-838중~하.

10 『열반종요』, 1-530상.

11 『열반종요』, 1-530중.

12 『열반종요』, 1-544하~545상.

13 『열반종요』, 1-545하.

14 『열반종요』, 1-524상~중.

15 『열반종요』, 1-538중~하.

제7장 원효의 선(禪) 사상 I

1 찬녕, 「신라국황룡사원효전」, 『송고승전』 권4(신수대장경 권50), 730쪽.

2 원효는 특정 주제, 특정 불교 사상 유형만을 자기 사상의 축으로 삼지 않는다. 그렇다고 그의 언어가 수렴되는 축이 없는 것도 아니다. 맥락에 따라, 상황에 따라, 필요에 따라, 그 축에 해당하는 언어가 달라질 뿐이다. 사상의 축을 이루는 내용이 가변적이라는 점은 원효 사상의 약점이 아니라 강점이다. 어떤 주제, 어떤 언어를 축으로 삼더라도, 불교의 이치에 어긋나지 않고 한 맛(一味)의 뜻을 펼치고 있다. 한정할 수 없고 걸림 없는 그의 역량에 비추어볼 때, 원효는 가히 '무애(無碍)의 자유인'이라 부를 만하다.

3 『금강삼매경론』, 1-604중.

4 같은 책, 1-604하~605상.

5 같은 책, 1-610상~중.

제8장 원효의 선(禪) 사상 II

1 『금강삼매경』, 1-647하.

2 『금강삼매경론』, 1-648상.

3 『금강삼매경』, 1-649상.

4 『금강삼매경론』, 1-649상~중.

5 같은 책, 1-649하.

6 『금강삼매경』, 1-666하.

7 『금강삼매경론』, 1-666하.

8 같은 책, 1-621중.

9 같은 책, 1-646중~하.

10 같은 책, 1-647중~하.

11 『금강삼매경』, 1-628중~하.

12 『금강삼매경론』, 1-628하.

13 『금강삼매경』, 1-657하~658상.

14 『금강삼매경론』, 1-658상~중.

제9장 둘로 나누지 말라

1 노자, 『도덕경』 제1장.

2 같은 책, 제2장.

3 Rhys Davids, William Stede, *Pali-English Dictionary* (London: The Pali Text Society, 1979), 332쪽. *Sutta-nipata, Dhammapada, Vinaya* 는 모두 PTS 간행본에 따른 것임.

4 中村 元, 『佛教語大辭典』(東京書籍, 1982), p.1171.

5 『유마경』, 「입불이법문품」, 신수대장경 제14권, pp.550중~551하.

6 같은 책, 1-665하~666상.

7 같은 책, 1-659상~중.

8 같은 책, 1-663중.

9 같은 책, 1-668중.

10 『금강삼매경론』, 1-663중, 664상, 664중.

제10장 세상과 둘 아니게 만나기

1 『금강삼매경론』, 1-604중.

2 같은 책, 1-604하~605상.

3 『열반종요』, 1-524상~중.

4 『금강삼매경』, 1-666하.

5 『금강삼매경론』, 1-666하.

6 『금강삼매경』, 1-649상.

7 『금강삼매경론』, 1-649상~중.

8 같은 책, 1-649하.

9 같은 책, 1-660하~661상.

10 같은 책, 1-674중, 674하, 675상.

원효를 알기 위해 더 읽어야 할 문헌

원효는 동시대 동아시아 권역을 통틀어 가장 방대한 양의 저술을 남긴 인물이다. 흔히 100부 240권의 저서를 남긴 것으로 알려지고 있지만, 기록상 혼란이 있는 내용들을 감안하더라도 80여 부 200여 권의 저서가 목록상 확인된다. 예컨대 『화엄경소』(華嚴經疏)라는 책을 총 10권 저술한 것으로 나타나 있는데, 이 경우 1부 10권으로 계산한다. 권수는 책의 체제와 분량을 나타내는 것이므로, 총 80여 종의 책을 200여 권의 분량으로 저술했다.

이러한 저술은 그 양과 질 모두에서 당시 동아시아 권역에서 단연 최고 수준이다. 그 시대 대저술가였던 신라의 태현(太賢)은 50여 부, 중국의 법장(法藏)이 50여 부, 백본소주(百本疏主)라 불리었던 규기(窺基)도 50여 부의 저술을 남겼을 뿐이다. 게다가 특정 불교 이론분야에 집중되어 있는 다른 저술가들과는 달리, 원효는 경(經)/율(律)/논(論) 삼장(三藏)과 대승과 소승 경전 모두를 대상으로 하고 있다. 특정 분야나 이론에 치우치지 않고 널리 탐구하는 동시에, 그 다양하고 다층적인 불교 이론들을 한 맛으로 꿰어보려는 원효의 저술은 가히 통섭적이다. 그의 방대하고도 통섭적인 저술은 원효가 성취한 삶의 수준과 스케일을 웅변해준다.

실로 아쉬운 것은, 원효의 이 방대한 저술 가운데 현존하는 것은 겨우 20종에 지나지 않는다는 점이다. 대부분의 저술은 책 이름만 확인될 뿐이다. 현존하는 것들도 그나마 온전한 것은 13종뿐이고, 나머지는 일부 내용만이 전한다. 현존 저술 가운데 완본(完本)으로 전하는 것은 『대승기신론소』(大乘起信論疏), 『대승기신론별기』(大乘起信論別記), 『금강삼매경론』(金剛三昧經論), 『대승육정참회』(大乘六情懺悔), 『보살계본지범요기』(菩薩戒本持犯要記), 『발심수행장』(發心修行章), 『대혜도경종요』(大慧度經宗要), 『열반경종요』(涅槃經宗要), 『법화경종요』(法華經宗要), 『이장의』(二障義), 『미륵상생경종요』(彌勒上生經宗要), 『무량수경종요』(無量壽經宗要), 『아미타경소』(阿彌陀經疏) 등의 13종이고, 『범망경보살계본사기』(梵網經菩薩戒本私記), 『영락본업경소』(瓔珞本業經疏), 『판비량론』(判比量論), 『중변분별론소』(中邊分別論疏), 『해심밀경소』(解深密經疏), 『화엄경소』(華嚴經疏), 『십문화쟁론』(十門和諍論), 『미타증성게』(彌陀證性偈)는 일부만이 잔본(殘本)으로 전한다.

원효 사상의 체계적인 내용을 소상하게 전하는 것으로는, 『대승기신론소』 『대승기신론별기』 『금강삼매경론』 『열반경종요』 『보살계본지범요기』 『이장의』가 돋보인다. 원효 사상의 핵심이나 체계를 파악하기 위해서는 우선적으로 읽어야 할 책들이다. 특히 『대승기신론소』 『대승기신론별기』 『금강삼매경론』은 원효 사상을 깊이 이해하기 위해서 반드시 읽어야 한다.

원효는 『대승기신론』에서 사상과 이론의 근본 토대를 마련하고 있다고 할 수 있을 정도로, 원효 사상에서 차지하는 『대승기신론』의 의미는 각별하다. 『대승기신론소』(大乘起信論疏)와 『대승기신론별기』(大乘起信論別記)는 『대승기신론』에 대한 원효의 각별한 관심과 평가가 반영되어 있을 뿐 아니라, 『대승기신론』에 관한 주석서들 가운데 단연 최고봉을 점하고 있다. 우선 『대승기신론』의 사상을 이해한 후 원효의 『소』와 『별기』를 읽으면 원효의 안목과 역량을 확인할 수 있다. 그리고 『금강삼매경론』은 원효가 말년에 자기 사상의 완숙한 경지를 담아내고 있는 저술이어서, 원효가 평생 가꾸어낸 안목과 성취의 수준을 잘 드러내고 있다.

전문 연구가가 아닌 일반인들로서는 원효 저술의 한글 번역본들에 의존할 수밖에 없다. 한글 번역은 저술별로 여러 번역본들이 지속적으로 등장하고 있는데, 최근에 이루어진 번역일수록 기존 번역의 문제점을 극복하려는 노력과 성과가 반영되는 경향이 있다.

불교 문헌을 제대로 번역하려면 다양한 능력이 갖추어져야 한다. 어학 능력, 교리와 사상에 대한 이해, 수행을 통한 체득적 안목, 적절한 번역어 선택이 종합되어야 한다. 원효 저술의 번역도 마찬가지다. 원효 저술을 번역하려면 한문에 대한 어학적 소양은 물론이거니와, 불교 이론에 대한 소양, 원효 사상에 대한 이해, 수행을 통한 개인적 안목, 한글 표현력 등이 균형 있게 종합되어야 한다. 같은 수준의 어학 능력을 가지고도 전혀 다른 번역이 나오게 된다. 사정이 이러하기에, 원효 저술의 번역은 항상 더 나은 번역본을 기다리고 있는 셈이다. 아무리 공 들인 번역이라 해도 정본(正本)이라 할 수 있는 것은 없다고 보아야 한다. 번역의 해석학적 지평은 언제나 활짝 열려 있다. 이 점을 감안하면서 기존의 번역본들을 참고하는 것이 좋다.

비교적 충실하게 번역된 원효 저술을 읽을 때라도, 여전히 난관에 봉착한다. 『대승기신론소』『대승기신론별기』나 『금강삼매경론』을 읽는다 해도, 그 내용을 파악하기가 대단히 어렵다. 불교 이론에 대한 기본 소양, 특히 공(空) 사상과 유식(唯識) 사상에 대한 깊은 이해가 없이는, 아무리 읽어도 내용을 음미하기가 어렵다. 따라서 불교 사상과 이론에 대한 기본 소양을 먼저 확보한 후, 적절한 해설서의 안내를 받아가며 읽어야 한다.

그런데 원효 저술을 강의하듯 자세히, 그리고 적절히 풀어주는 해설서들을 만나기가 어려운 것이 현실이다. 소략한 용어 해설 수준이 아니면, 너무 어려운 설명들이어서, 원효 사상에 대한 갈증을 제대로 적셔주지 못하고 있다. 원효 사상의 핵심과 초점에서 일탈하지 않으면서, 소통이 가능한 오늘의 언어로 풀어주는 해설서를 제공하는 것은, 원효를 연구하는 학인들의 긴요한 과제로 남아 있다. 이 책은 미흡하나마 그러한 과제를 풀어가는 하나의 시도다.

원효에 대한 연구는 불교학 · 철학 · 문학 · 사학 · 종교학 등 광범위한 영역에서 진행되어왔다. 최근 들어서는 미국 등 서구 학자들의 연구도 속출하고 있다. 시간이 흐를수록 열기를 더해가는 국내, 외의 관심과 연구는 '원효학'을 구성해가고 있다. 다양하고도 깊이 있는 성과들이 속출하고 있으니, 각자의 관심 영역에 따라 풍부하게 접근할 수 있다.

그러나 어떤 영역에서 접근할지라도, 원효에 대한 사상과 역사적 이해는 기본이 된다. 이와 관련하여 참고할 수 있는 훌륭한 책들이 이미 많이 축적되어 있으니, 관심만 있으면 쉽게 검색하여 선택할 수 있다. 이 책 역시 사상적 이해의 안내서 역할을 염두에 두고 마련된 것이다. 이 책을 쓰는 데 토대가 된 『원효사상연구』(박태원, UUP, 2011)는 원효 사상에 대한 전문 연구서이니, 좀더 전문적 내용에 접근하고자 하는 독자들이 참고할 수 있을 것이다. 역사적 이해를 돕는 연구와 해설서들도 풍부하다. 그중에서도 일반 독자들에게는 『역사로 읽는 원효』(김상현, 고려원, 1994)를 권하고 싶다. 원효 관련 사료들과 기존 연구 성과들을 충실하게 반영하면서, 알찬 내용을 쉽고 간결한 문체로 잘 정리하고 있다.

원효 관련 연구 논문이나 저술들은 워낙 많고, 이미 여러 저술에서 그 목록을 집성하여 소개하고 있으므로, 굳이 여기에서 나열하지는 않는다. 비교적 최근에 출간된 충실한 저서 한 권이라도 들추어보면, 관련 문헌들을 쉽게 확인할 수 있다. 또한 요즘에는 인터넷을 통해서도 풍부한 자료와 문헌 들을 탐색하고 구할 수 있다.

원효 사상을 이해하기 위한 용어 해설

*각 용어 해설 끝에 있는 숫자는 본문의 쪽수를 뜻한다.

각의(覺義)**와 불각의**(不覺義) 깨달음과 관련하여 마음이 지니고 있는 두 가지 상반된 면모. 마음은 시각과 본각을 내용으로 하는 '깨달음의 면모'(覺義)와, 불각을 내용으로 하는 '깨닫지 못하는 면모'(不覺義)를 모두 지니고 있다. 이 두 상반된 잠재력의 구현 과정을 모두 밝혀, 인간으로 하여금 자신의 마음 능력을 깨달음의 길로 향하게 하려는 것이 『대승기신론』심생멸문의 구성 취지다. 원효는 이와 같은 『대승기신론』의 관점에 서서 각(覺)의 인간관을 전개해간다. "'깨닫지 못함의 면모'(不覺義)가 '본래적 깨달음'(本覺)을 훈습하기 때문에 모든 존재 오염(染法)을 생겨나게 하고, 또한 '본래적 깨달음'이 '깨닫지 못함'(不覺)을 훈습하기 때문에 모든 존재 정화(淨法)를 생겨나게 한다. 이 두 면모(깨달음의 면모와 깨닫지 못함의 면모)에 의하여 일체를 생겨나게 하기 때문에, '식(阿梨耶識)에 두 가지 면모가 있어 온갖 것들을 생겨나게 한다'고 한 것이다."(『대승기신론소』) **79, 92, 94, 110, 112, 114, 117, 118, 145, 178, 179**

동체대비심(同體大悲心) 존재들의 '하나가 된 관계'가 드러나는 '본래적 깨달음'에서는 '나'와 '남'을, 세상을, 활짝 열린 관계의 시스템으로 보기 때문에, '한 몸으로 느끼는 감수성'(일체감)이 저절로 솟아오른다. 그리고 이 일체감은 '한 몸처럼 여기는 우애와 동정'(동체대비심)을 필연적으로 수반한다. '하나로 보는 마음'으로 세상을 만나면, 일체감에서 저절로 우러나오는 우애와 동정심으로 세상을 안게 된다. 그 어떤 '자아의 배타적 공간'에도 머무르거나 집착하지 않으면서, '남을 이롭게 하는 실천'(중생 교화의 행)을 인연 따라 펼치게 된다. 원효에 따르면, 모든 생명들의 '하나가 된 마음'의 면모로 인해, 구도자는 널리 '타자 구제의 다짐(願)'과 '한 몸으로 여기는 우호의 공감'(同體大悲)을 일으켜 구도의 길에 오르는 마음을 낼 수 있다(發心). "대승의 진리는 오직 '하나가 된 마음'(一心)이 있을 뿐이며, '하나가 된 마음' 이외에 다른 진리는 없다. 단지 무명이 '하나가 된 마음'을 미혹시켜 파도를 일으키어 온갖 세상(六道)에 흘러 다니게(流轉) 하지만, 비록 윤회하는 세상의 파도를 일으킬지라도 '하나가 된 마음'의 바다를 벗어나는 것이 아니다. '하나가 된 마음'으로 말미암아 온갖 세상(六道)을 지어내기 때문에 널리 중생을 제도하겠다는 바람(願)을 일으킬 수가 있고, 온갖 세상이 '하나가 된 마음'을 벗어나는 것이 아니기 때문에 '한 몸으로 여겨 일으키는 큰 자비심(同體大悲)'을 낼 수 있는 것이니, 이리하여 의혹을 버리고 발심할 수 있게 된다."(『대승기신론소』) "이승(二乘)의 사람은 몸과 인식의 생멸하는 모든 것을 없애어 열반에 들어가 거기에서 팔만 겁을 머물거나 만겁을 머물지만, 모든 부처님의 '한 몸으로 여겨 일으키는 위대한 동정심'(同體大悲)으로 말미암아 저 열반을 빼앗겨 다시 마음을 일으키게 한다."(『금강삼매경론』) **253, 254**

무생선(無生禪)/**무주선**(無住禪) 선(禪)으로 인한 안정이나 평안의 체험이 집착의 대상이 되는 순간, 참다운 선(禪)의 길이 곧 막혀버린다. 선정(禪定)에 수반되는 체험을 집착의 대상으로 삼아 거기에 머무르려고 하면, 동요를 일으키는 선(禪)이 되고 만다. 그리하여 원효는, 선정에 수반하는 체험들마저 집착의 대상으로 삼지 않아 '동요를 일으키지 않을 수 있는 선'(無生禪), 선정의 고요함에도 '집착하여 머물지 않는 선'(無住禪)이라야 참다운 선이 된다는 점을 강조한다. "'선(禪)'을 한다고 하면 곧 동요가 된다'는 것은, 세간의 선(禪)이 비록 산란하지는 않으나 (선을) 대상화시키고 그것을 지니려는 마음이 일어나 동요를 일으키기 때문이다. 이와 같이 동요를 일으키는 선(禪)을 여읠 수 있어야 '진리다운 선정'(理定)에 들어갈 수 있기 때문에 '일으킴이 없는 선(禪)'이라 한 것이고, 이와 같은 '진리다운 선정'의 참모습은 동요를 일으킴이 없기 때문에 '선(禪)의 참모습은 일으킴이 없다'고 한 것이며, 단지 일으킴이 없을 뿐 아니라 또한 고요함에 머무름도 없기 때문에 '선(禪)의 참모습은 머무름이 없다'고 한 것이다. 만일 일으킴이 있으면 곧 환각(相)이고, 머물러 집착함이 있으면 곧 동요이니, 이제 이것과 반대가 되기 때문에 '선(禪)을 일으키려는 환각을 여의었고, 선(禪)에 머무르려는 동요를 여의었다'고 했다."(『금강삼매경론』) 263, 265, 266

본각(本覺) 존재 환각에 의한 왜곡과 오염 이전의 본래적 완전성. 인간은 자기 마음의 무지로 인해 생겨난 세계 왜곡과 그 후유증(習)을 스스로 극복하여, 왜곡되기 이전의 세상의 참모습과 만날 수 있다는 존재 귀향의 희망을 전하는 용어로서, 현상의 배후에 본래 존재하는 그 어떤 실체를 지시하는 것이 아니다. "'본래적 깨달음'(본각)이란 것은 마음의 온전한 상태(心性)가 '깨닫지 못한 모습'(不覺相)을 여읜 것을 말한다. 이렇게 '깨달아 아는'(覺照) 성질을 본각이라 하니, 이는 아래 글에서 '이른바 스스로의 바탕에 큰 지혜 광명의 면모가 있다'고 한 것과 같다."(『대승기신론별기』) 56, 70, 77~79, 82~86, 91~94, 97, 99, 110, 113~116, 118~120, 125~128, 130, 131, 133~135, 137~139, 145, 147, 148, 150~152, 154, 155, 158, 161~169, 178~180, 184, 191, 201, 222, 223, 230, 239, 244, 249, 251, 301, 303

본각(本覺)**과 불각**(不覺) '본래적 깨달음(본각)'과 '깨닫지 못함(불각)'은 그 상호 작용 과정에서 어느 쪽이 우세한가에 따라 존재 구속의 길과 존재 해방의 길로 갈라진다. 본각 작용이 우세하게 작용하면 존재 해방의 길이 열리고, 불각의 면모가 우위를 차지하면 존재 구속의 길로 접어든다. "'깨닫지 못함의 면모'(不覺義)가 '본래적 깨달음'(本覺)을 훈습하기 때문에 모든 존재 오염(染法)을 생겨나게 하고, 또한 '본래적 깨달음'이 '깨닫지 못함'(不覺)을 훈습하기 때문에 모든 존재 정화(淨法)를 생겨나게 한다."(『대승기신론소』) 79, 85, 90

본각과 이타행 원효는 인간이 지니고 있는 '본래적 깨달음'의 면모를 자발적 이타행의 원천이자 근거로 삼는다. 본각의 자리, 그 존재의 고향에 돌이가면, 이타심과 이타행은 자발적이고 자연스러우며 필연적이라고 한다. 이타행이 자율적이면서도 자발적이며 필연적일 수 있으려면, 본각의 자리에 서야 한다는 것이다. '자기 이익과 타자 이익이 하나로 맺어지는' 본각 자리야말로 자발적 이타행(보살행)의 원천이라는 것이 원효의 주장이다. "모든 생명들이 그 시초를 말할 수 없는 때로부터 존재 환각(무명)의 긴 밤에 들어가 망상의 큰 꿈을 지으니, 보살이 관법(觀)을 닦아 (환각에 의한 망상이 지어낸 것이) 본래 존재하는 것이 아니라는 통찰(無生)을 얻을 때에, 중생(의 참모습)이 본래 (환각 망상의 동요가 없기에) 고요(寂靜)하여 다만 '본래적 깨달음'(본각)일 뿐임을 통달하여, (환각이 지어낸 실체의 벽이 무너져) 하나로 같아진(一如) 침상에 누워 이 본각의 이익으로써 중생을 이롭게 한다. (……) (환각에 의한 망상이 지어낸 것은) 본래 존재하는 것이 아니라는 통찰(無生)을 실천하여 본각과 만날 수 있어야 모든 존재들을 널리 교화하여 이롭게 할 수 있다."(『금강삼매경론』) **127, 129, 133**

본각의 공덕 '본래적 깨달음'이 지닌 '자기 이익과 타자 이익의 동시적 구현 능력'(自利利他). '본래적 깨달음'의 자리에서 '하나가 된 마음'은, '나'와 '남'을 실체로 나누지 않기에, '나'에서 '남'을 보고 '남'에서 '나'를 본다. 그리하여 '나의 이익'과 '남의 이익'이 별개의 것으로 분리되지 않아, 자기 이익과 타자 이익은 상호 침투되며 결합한다. 원효는 『금강삼매경』이 설하는 '본각의 이익'이 바로 그런 것이라고 강조한다. "다섯 계위의 모든 실천이 본각을 떠나지 아니하여, 모두 본각의 이익을 좇아 이루어지지 아니함이 없으며, 실천할 때에 앞으로부터 뒤로 들어가기 때문에 '들어간다'고 했다. '들어간다'는 것은 자신을 이롭게 하는 것이고(自利), '교화한다'는 것은 남을 이롭게 하는 것이니(利他), 이와 같은 두 가지 실천은 모두 ('하나가 된 깨달음'의) 본래 자리(本處)를 따른 것이다."(『금강삼매경론』) "환각에 붙들린 마음이 지어낸 존재 왜곡의 분별들을 대하기 때문에 '본래적 깨달음'(본각)이 지닌 무한한 진리다운 능력(性德)을 말했고, 또한 이 모든 존재 왜곡의 분별들을 교정하기 때문에 '비로소 깨달아감'(시각)의 능력이 펼치는 다양한 실천이 이루어진다는 것이다."(『대승기신론소』) **124~126, 135**

본각의 불가사의한 훈습(薰習) 인간은 '불각'이라는 오염과 왜곡으로부터

'본각'이라는 본래적 완전성으로 귀환할 수 있는 잠재력과 가능성을 지닌다. 그리고 이 귀환의 잠재력은 다름 아닌 본각 그 자체에서 비롯된다. '본래적 완전성'(본각)의 면모는 '깨닫지 못한 상태'(불각)를 반성하고 혐오하며 극복하고자 하는 의지를 일깨우는데, 본래적 완전성(본각)에서 솟구치는 이 불가사의한 성찰적 자극과 향상의 계기를 원효는 '본각의 불가사의한 훈습'이라 일컫는다. "이제 '본래적 깨달음(본각)의 불가사의한 훈습(不思議熏)'으로 인하여 깨닫지 못한 삶(생사)을 싫어하고 깨달은 삶(열반)을 즐겨 찾는 마음을 일으켜, 점점 존재의 참모습(本源)으로 향하여, 비로소 '망상이 악행으로 나타나는 모습'(滅相)을 그치는 데서부터 '망상이 생겨나는 모습'(生相)을 그치는 데까지 이르러, 활짝 크게 깨닫고, 자기 마음이 본래 동요한 바가 없음을 완전히 깨달아, 이제는 고요한 바도 없이 본래 평등하여 '하나로 같아진'(一如) 자리에 머문다는 것을 밝히고자 하는 것이다." (『대승기신론소』) 85, 117, 119, 120, 122, 137, 138, 155, 165, 179, 181, 239

불각(不覺) 실체 관념을 내용으로 하는 존재 환각을 일으켜 존재와 세상의 온전한 모습을 왜곡/오염시켜가는 마음작용 계열. "본래 '근본 무지의 깨닫지 못함'(無明不覺)의 힘에 의하여 '망상이 생겨나는 모습'(生相) 등 갖가지 헛된 망념을 일으켜, '존재의 참모습과 만나는 온전한 마음자리'(心源)를 움직여 점차 '망상이 악행으로 나타나는 모습'(滅相)에 이르고, 존재 환각에 홀린 세계들(三界)에 오래도록 빠져들어 여섯 가지 삶의 유형(六趣)으로 흘러 다닌다."(『대승기신론소』) 70, 77, 78, 82~86, 91~94, 96, 97, 99, 104, 107, 110, 119, 137, 139, 142, 146, 148, 149, 151, 153, 154, 156, 157, 161, 168, 249, 251, 301

불연지대연(不然之大然) '하나가 된 마음자리(一心之源)'에서 보면, 있음(有)과 없음(無)/성스러운 진리(眞)와 속됨(俗)/오염(染)과 청정(淨)이 모두 각자의 실체적 근거를 잃게 되는 동시에, 모두가 상호 조건적(연기적)으로 성립하기도 한다. 원효는 이러한 지평을 '그렇지 않으면서도 크게 그러한 것'(不然之大然)이라 부른다. "하나가 된 마음자리는 있음(有)과 없음(無)이라는 존재 환각을 여의어 오직 맑으며, 세 가지 공(三空)의 바다는 성스러운 진리(眞)와 속됨(俗)을 녹여 말끔하다. (有/無나 眞/俗의) 둘로 나누는 분별을 말끔하게 녹였으나 그렇다고 (둘로 나눈 분별을 합한) 하나도 아니며, 오직 맑아 둘로 나누는 환각을 여의었으나 그렇다고 (둘로 나눈 분별의) 중간도 아니다. 중간이 아니면서 둘로 나누는 환각을 여의었으므로 있음(有)이 아닌 것이 없음(無)으로 되어 머물지 아니하며, 없음(無)이 아닌 모습이 있음(有)이 되어 머물지 아니한다. 하나가 아니지만 둘로 나누는 분별을 녹였으므로, 성스러운 진리(眞)가 아닌 것이 일찍이 속됨(俗)이 된 적이 없으며, 속됨(俗)이 아닌 진리가 일찍이 성스러운 진리(眞)가 된 적이 없다. 둘로 나누는 분별을 녹였지만 하나가 아니기 때문에, 성스러운 진리(眞)와 속됨(俗)의 성품이 세워지지 않음이 없고, 오염(染)과 청정(淨)의 모습이 갖추어지지 않음이 없다. 둘로 나누는 환각을 여의었지만 중간이 아니기 때문에, 있음(有)와 없음(無)의 현상이 만들어지지 않는 바가 없고, 옳고 그름의 뜻이 두루 미치지 아니함이 없다. 이와 같이 깨뜨림이 없되 깨뜨리지 않음이 없으며, 세움이 없되 세우지 않음이 없으니, 가히 이치가 없는 지극한 이치요 그렇지 않으면서도 크게 그러한 것이라 할 수 있다. 이것이 이 경전의 핵심 도리다."(『금강삼매경론』) 242. 298

불이(不二) 존재 환각인 실체 관념에서 해방되면 모든 존재와 세계가 '서로를 향해 열리고' '서로를 껴안는' '둘 아닌'(不二) 지평이 드러난다. 원효에 의하면, 세 유형의 대립항을 '둘 아닌' 것으로 볼 수 있어야 '둘 아닌' 진리가 온전해진다. 첫째는 〈아주 없어짐(斷)과 영원히 있음(常)/있음(有)과 없음(無)〉이고, 둘째는 〈성스러운 진리(眞)와 속된 허위(俗)/청정(淨)과 오염(染)/생사와 열반〉이며, 셋째는 〈고요함(靜)과 움직임(動)/진실 그대로의 가르침(眞諦)과 세속의 관행에 응하여 펼치는 가르침(俗諦)〉이다. 첫째 묶음은 존재론적 견해, 둘째 묶음은 가치론적 견해, 셋째 묶음은 실천론과 관련된 것이라 할 수 있다. "성스러운 진리(眞)와 속됨(俗)이 별개의 것이 아닌 '하나인 진실의 도리'는 모든 부처가 돌아가는 곳이니, 여래장(如來藏)이라 부른다."(『금강삼매경론』)

"이것은 성스러운 진리(眞)와 속됨(俗)이 같은 것이 아닌 맥락에 나아가, 움직임과 고요함이 뒤섞이지 않는다는 뜻을 나타낸 것이다. (……) 그러나 부처님이 설한 한 게송의 뜻은, '아주 없다는 견해'(斷見)와 '항상 있다는 견해'(常見)에 떨어지지 않기 때문에 '이것은 곧 두 가지 착각을 여의었다'라 했고, 움직임과 고요함이 없는 것이 아니기 때문에 '하나에 머무르지도 않는다'고 했다. '하나에 머무르지 않는다'는 것은 '하나인 진실'(一實)인 '하나가 된 마음자리'(一心性)를 지키지 않는다는 것이고, '두 착각을 여의었다'는 것은 진리 자리에 입각하여 움직이고 고요하기에 (그 움직임과 고요함이) 별개의 두 가지 현상이 아니라는 것이다. 이 일은 불가사의함을 알아야 한다."(『금강삼매경론』) "'하나가 된 마음'(一心)의 도리는 또한 하나를 지키지도 않는다. 생사와 열반은 공적하여 둘이 없으며, 둘이 없는 곳이 바로 '하나가 된 마음'(一心)의 도리인데, 하나가 된 마음의 도리에 의하여 두 가지 체계(二門; 生滅門과 眞如門)가 있다. 그러나 두 체계(二門)를 모두 취하면 곧 '하나가 된 마음'(一心)을 얻지 못하니, 둘은 하나가 아니기 때문이다. 만일 두 문을 없애어 모두 취하지 않아도 '하나가 된 마음'(一心)을 얻을 수 없으니, '하나가 된 마음'(一心)이 아닌 것이 없기 때문이다. 이러한 뜻으로 말미암아, 둘이 없는 마음의 도리는 모두 취하는 것에도 모두 취하지 않는 것에도 응당 적멸하다."(『금강삼매경론』) **101, 216~218, 261, 270, 272, 280, 282~284, 289, 299, 314, 316, 319, 320~322**

비연비불연(非然非不然) 모든 실체적 환각이 사라진 '하나가 된 마음'의 지평에서는, 실체의 벽이 해체되어 모든 상반된 존재가 그 실체적 근거를 상실하는 동시에(非然), 모든 존재가 자신과 상반되는 자리로 이동해 가는 것에 장애가 없다(非不然). 이 '그렇지 않지만 그렇지 않은 것도 아닌'(非然非不然) 지평이 열려야 서로 다른 주장들을 통섭(通攝)할 수 있다. "불성(佛性)의 본연(體)은 바로 '하나가 된 마음'(일심)이니, '하나가 된 마음자리'에서는 실체로 여기는 모든 착각들(諸邊)을 멀리 여읜다. 실체로 여기는 모든 착각들을 멀리 여의었으므로 해당되는 것이 하나도 없고, 해당되는 것이 없기 때문에 해당되지 않음이 없다. 그렇기 때문에 하나가 된 마음에서 말하자면, 그 마음은 원인(因)도 아니요 결과(果)도 아니며, 성스러운 진리

(眞)도 아니고 속된 것(俗)도 아니며, 사람(人)도 아니고 세계(法)도 아니며, 생겨남(起)도 아니고 사라짐(伏)도 아니다. 그러나 그 마음을 관계(緣)에서 말하자면, 마음은 생겨남(起)도 되고 사라짐(伏)도 되며, 세계(法)도 되고 사람(人)도 되며, 속된 것(俗)도 되고 성스러운 진리(眞)도 되며, 원인(因)도 짓고 결과(果)도 짓는다. 이것을 일컬어 '그렇지 않지만 그렇지 않은 것도 아님'(非然非不然)의 면모라 하니, 따라서 여러 주장이 모두 그르기도 하고 모두 옳기도 하다."(『열반종요』) **218**

시각(始覺) 존재 오염과 왜곡의 길에서 내려와 존재의 온전한 지평(존재 고향)으로 돌아가는 깨달음의 여정. 존재의 본래적 완전성에서 솟아오르는 불가사의한 훈습력은, 불각에 의해 지배되는 일상에 대한 근원적 반성을 일깨워, 놓치고 외면하고 있었던 '존재의 참모습'(본각)을 대면하고자 깨달음의 길에 오른다. 그리하여 마침내 그 불가사의한 존재 구현의 성찰적 자각이 솟아오르는 본래적 완전성과 하나가 되어가는 존재 귀향의 과정 전체를, '비로소 깨달아감'(시각)이라 한다. 귀향의 여정 끝에 고향에 이르렀을 때, 아니 본래부터 고향을 떠난 적이 없음을 알게 될 때, '비로소 깨달아감'은 '본래적 깨달음'과 하나가 된다. "'비로소 깨달아감'(시각)이라 하는 것은, 바로 온전한 마음상태(心體)가 존재 환각(無明의 緣)을 따라 움직여서 일탈/왜곡/오염하는 생각(妄念)을 일으키지만, '본래적 깨달음'(본각)의 훈습하는 힘 때문에 차츰 '깨달음'의 작용이 있어 마침내(구경[究竟]에 이르러서는) 다시 '본래적 깨달음'과 같아지니, 이를 '비로소 깨달아감'(시각)이라 말한다."(『대승기신론별기』) **70, 77~79, 82~86, 91~93, 96, 97, 110, 113, 115, 118, 119, 136, 141, 142, 145, 146, 148, 150, 152, 153, 155, 157, 158, 161, 162, 165~169, 180, 181, 184, 222, 223, 230, 231, 242, 244, 301, 302, 303**

시각/불각/본각의 상호관계 시각과 불각과 본각은 독립적 본질이나 실체가 아니라 상호 조건적 관계에서 성립한다. 만약 시각/불각/본각이 불변의 본질이나 실체라면 상호 작용이나 변화는 불가능하다. 시각/불각/본각이 상호 작용하고 변화할 수 있는 것은 이들이 상호 조건적으로 성립하기 때

문이다. "이 가운데 대의(大意)는, 시각은 불각을 조건으로 하고 불각은 본
각을 조건으로 하며 본각은 시각을 조건으로 한다는 것을 밝히려고 하는
것이다. 이미 서로 조건이 되는 것이기에 곧 자성(독자적 실체)이 없으니,
자성이 없는 것은 곧 각(覺)이 있지 않다. 각(覺)이 있지 않은 것은 서로 조
건이 되기 때문인데, 서로 조건이 되어 이루어지는 것이니 곧 각(覺)이 없
지도 않다. 각이 없지 않기 때문에 '각'이라 말하는 것이지 자성이 있어서
'각'이라 하는 것은 아니다."(『대승기신론소』) 86~89, 96

일각(一覺) '비로소 깨달아가는'(시각) 길을 걸어 마침내 존재의 본래적 완전
성(본각)을 구현하게 된 경지를 일컫는 말. 대승불교 유식철학의 구유식(舊
唯識/眞諦 唯識)에서는 제8식(아뢰야식)의 근본 무명을 떨쳐버린 마음국면
을 제9식으로서의 아마라식(阿摩羅識)이라 부르는데, 존재의 본래적 완전
성을 아는 이 제9식의 경지가 바로 본각이며, 이때를 '시각과 본각이 다르
지 않은' 일각(一覺)이라 일컫는다. 시각과 본각이 다르지 않게 된 '하나가
된 깨달음'(一覺)에서는 타자(중생)를 위하는 마음과 행동을 자발적으로 펼
치는 능력이 무한히 솟아난다고 한다. 자기 이익과 타자 이익이 서로 열리
고(通/圓) 서로 껴안으며(攝/融), 하나로 만나는 관계를 역동적으로 펼치는
국면이 열린다는 것이다. "'비로소 깨달아감'(시각)이 완전해지면 곧 '본래
적 깨달음'(본각)과 같아져서 본각과 시각이 다르지 않기 때문에 '하나가
된 깨달음'(一覺)이라고 했으며, (중생을 위해) 하지 않는 것이 없기 때문에
'성스러운 힘'이라 했고, '하나가 된 깨달음' 안에 네 가지 큰 지혜를 갖추
어 모든 공덕을 지니기 때문에 '지혜의 경지'라고 했으며, 이와 같은 네 가
지 지혜가 '하나가 된 마음'(一心)의 양과 같아서 어디에든 미치기 때문에
'너른 지혜'라 했다. 이와 같은 '하나가 된 깨달음'은 곧 진리의 몸(법신)이
고, 진리의 몸(법신)은 곧 중생의 '본래적 깨달음'(본각)이기 때문에, '바로
모든 중생의 본래적 깨달음의 이익'이라고 했다. 본래 한량없는 진리다운
능력(性德)을 갖추어 중생의 마음을 훈습하여 두 가지 업을 짓기 때문에
'본래적 깨달음의 이익'이라 한 것이다. '본래적 깨달음'과 '비로소 깨달아
감'이 다르지 않다는 뜻으로 말미암아 한 중생도 진리의 몸(법신) 밖으로

벗어남이 없기 때문에, '곧 이 몸 가운데 본래 원만하게 구족되어 있다'고 했다."(『금강삼매경론』) **127, 162~164, 166, 168, 169, 184, 214, 245, 246**

일미(一味) 배타적 언어 다툼을 근원적으로 치유하려면 쟁론의 인식적 기반을 치유해야 한다. 모든 불교 이론들을 통섭적으로 화쟁하려는 원효의 태도 이면에는 쟁론의 인식적 토대에 내재한 흠결을 초탈하고 있는 마음의 경지가 자리 잡고 있는데, 이 마음의 경지를 원효는 '하나가 된 마음'(一心)·'하나가 된 깨달음'(一覺)·'하나가 된 마음의 진리다움'(一心眞如)·'하나가 된 마음인 본래적 깨달음'(一心本覺) 등으로 부른다. 그리고 이러한 마음자리에서 이설(異說)과 쟁론들을 회통(會通)하여 화쟁하는 국면을 '한 맛'(一味)이라 부르고 있다. "여러 가지 표현이 비록 서로 다르지만, 드러내려는 바탕(體)은 하나다. 이렇게 수많은 명칭을 설하는 것은, 여러 경전이 오직 한 맛(一味)임을 드러내고자 하기 때문이다."(『열반종요』) "'하나가 된 마음자리'는 오직 부처가 체득하는 것이니, 그러므로 이 마음을 일컬어 '부처자리'(佛性)라 부른다. 단지 여러 가지 맥락에 의지하여 이 '하나가 된 마음자리'를 나타낸 것이지, 별개의 맥락에 따라 별개의 본래 자리(性)가 있는 것이 아니다. 곧 다를 것이 없는데, 어찌 '하나'를 둘 수 있겠는가? '하나'가 아니기 때문에 여러 맥락에 해당할 수 있는 것이며, 다르지 않기 때문에 여러 맥락이 한 맛(一味)인 것이다."(『열반종요』) "(이 『열반경』은) 여러 경전들의 부분을 통괄하여 온갖 물들이 바다의 한 맛(一味)으로 돌아가듯 한 맛으로 돌아가게 하여, 부처님 뜻의 지극히 공정함을 열어서, 백가(百家)의 서로 다른 쟁론들을 화해시켰다. 그리하여 (쟁론으로) 시끄럽고 시끄러운 중생들로 하여금 모두 다르지 않은(無二) 참다운 자리(實性)로 돌아가게 하고, 어둡고 어두운 긴 잠에서 (깨어나) 다 함께 위대한 깨달음(大覺)의 궁극적 경지에 이르게 한다."(『열반종요』) **83, 101, 208, 209, 214, 215, 217, 218, 230, 242, 243, 245~247, 249, 254, 259, 265, 269, 283, 302, 304~306**

일미관행(一味觀行) 원효는 관(觀) 수행의 특징도 '한 맛'(一味)에서 찾고 있다. 무지에 의해 실체라는 환영을 만들어 존재들을 서로 막아 가르고(分)

사실과 다른 것으로 왜곡하는(別) 망상을, 바른 이해로써 교정하는 동시에, 그 망상 체계에 말려들지 않고 빠져나오는 마음국면을 수립하는 것이, 관(觀) 수행이다. 따라서 관(觀)을 할 때는, 막혀 갈라지고(分) 왜곡되어 벌어져가던(別) 세계가, 서로에게 열려 걸림 없이 오고 가고(通) 서로 껴안는(攝) 지평에서 한 몸처럼 만난다. 서로 막혀 갈라서고 달라져서 서로 부정하던 세계가, 서로를 향해 열려 서로 껴안는 세계로 되어 한 몸처럼 만나는 관(觀)의 국면을, 원효는 '한 맛'(一味)이라 부른다. 관(觀)은 모름지기 '한 맛이 되는 관행'(一味觀行)이어야 한다는 것이 원효의 안목이다. "이 경전의 근본(宗)과 요점(要)은 펼치는 방식(開)과 모으는 방식(合)의 두 가지로 말할 수 있다. 모아서 말한다면 '한 맛으로 참되게 보아 행하는 것'(一味觀行)이 요점이 되고, 펼쳐서 말한다면 열 가지 진리 전개방식이 근본이 된다. '참되게 보아 행한다'(觀行)는 것은, '참되게 봄'(觀)은 수평적으로 논하는 것으로서 대상(境)과 지혜(智)에 참되게 통하는 것이고, '행함'(行)은 수직적으로 바라본 것으로서 원인(因)과 결과(果)에 걸쳐 있다. 결과(果)는 다섯 가지 진리가 완전해지는 것을 말하는 것이고, 원인(因)은 여섯 단계의 수행 과정이 잘 갖추어짐을 말하며, 지혜(智)는 곧 '본래적 깨달음'(本覺)과 '비로소 깨달아감'(始覺)의 두 깨달음이고, 대상(境)은 곧 성스러운 진리(眞)과 속됨(俗)이 함께 없어진 것이다. (……) 이와 같은 원인(因)과 결과(果)는 대상(境)과 지혜(智)를 여의지 않으며, 대상(境)과 지혜(智)는 별개의 것이 아니라 오직 한 맛(一味)이니, 이러한 '한 맛으로 참되게 보아 행하는 것'(一味觀行)을 이 경전의 근본으로 삼는다."(『금강삼매경론』) **230, 237, 238, 243, 245, 298, 302~304**

일심이문(一心二門) '하나가 된 마음'(一心)과 마음의 상이한 두 계열(二門)로써 모든 불교 사상을 총괄하는 『대승기신론』의 이론체계. 『대승기신론』은 이전까지의 12연기론적 통찰들을 '일심이문'(一心二門)으로 종합해 체계화시키고 있다. 생명의 인지적 면모를 '마음'(心)이라는 부호로 부르는 동시에, 그 인지적 작용이 존재 환각(무지/무명)을 조건으로 하는 인과 관계로 전개되는 계열을 심생멸문(心生滅門)이라 하고, 사실대로 보는 지혜

(明/如實知)에 의해 펼쳐지는 마음국면을 심진여문(心真如門)이라 한다. 그리고 존재 환각(무지/무명)에 의해 왜곡되거나 오염되지 않은 인지적 면모를 '하나가 된 마음'(一心)이라 부른다. 원효는 이 일심이문 체계에 의거하여, 다양한 불교 이론들을 한 맛으로 포섭하는 동시에 자신의 불교 이해를 펼쳐내고 있다. "펼치면 무량무변의 뜻이 근본(宗)이 되고, 합하면 이문일심(二門一心)의 법이 핵심(要)이 된다. 이문(二門: 心真如門과 心生滅門) 안에서는 온갖 뜻을 허용하되 산만하지 않고, 한량없는 뜻이 '하나가 된 마음'(一心)에서 같아져 섞이어 융합하니, 이런 까닭에 '펼치는 것과 합하는 것'(開合)이 자재하고 '세움과 깨뜨림'(立破)이 걸림이 없다. 펼쳐도 번거롭지 않고 합하여도 협소하지 않으며, 세워도 얻음이 없고 깨뜨려도 잃음이 없으니, 이것이 (저자인) 마명의 묘술이며 『대승기신론』의 근본바탕(宗體)이다."(『대승기신론소』) "또한 두 문(二門/生滅門과 真如門)을 열은 것은, '여래가 세운 수많은 가르침의 체계들(敎門) 가운데 어떤 것에 의지하여 처음 수행에 들어가야 하는가?'라는 의문을 풀어주기 위해서다. 즉 비록 많은 가르침의 체계들이 있지만 처음 수행에 들어가는 것은 다름 아닌 두 문에 의해서이다. 진여문(真如門)에 의지하여 '그치는 행위'(止行)를 닦고, 생멸문(生滅門)에 의지하여 '보는 행위'(觀行)를 일으켜, 그침(止)과 봄(觀)을 동시에 운용하면 모든 행위(萬行)가 갖추어지는 것이니, 이 두 문에 들어가서 모든 가르침의 체계들을 통달하게 된다. 그리하여 의혹을 버리고 수행 길에 접어들 수 있게 된다."(『대승기신론소』) **57, 58, 60, 64, 65**

진속불이(真俗不二) 성스러운 진리(真)와 속됨(俗)이 '둘 아닌'(不二) 것으로 드러나는 지평. 성스러움과 속됨을 실체적으로 구별한 후 속됨에 대한 성스러움의 우위나 승리를 추구하는 관점이나 태도는 무지이며 허위라고 비판하면서 원효는 진속불이를 역설한다. 성스러움과 속됨을 '둘 아닌 것'으로서 볼 수 있으려면 '하나가 된 마음자리'(一心之源)를 확보해야 한다. "하나가 된 마음자리는 있음(有)과 없음(無)이라는 존재 환각을 여의어 오직 맑으며, 세 가지 공(三空)의 바다는 성스러운 진리(真)와 속됨(俗)을 녹여 말끔하다. (有/無나 真/俗의) 둘로 나누는 분별을 말끔하게 녹였으나 그렇다고 (둘로 나눈 분별을 합한) 하나도 아니며, 오직 맑아 둘로 나누는 환각을 여의었으나 그렇다고 (둘로 나눈 분별의) 중간도 아니다. 중간이 아니면서 둘로 나누는 환각을 여의었으므로 있음(有)이 아닌 것이 없음(無)으로 되어 머물지 아니하며, 없음(無)이 아닌 모습이 있음(有)이 되어 머물지 아니한다. 하나가 아니지만 둘로 나누는 분별을 녹였으므로, 성스러운 진리(眞)가 아닌 것이 일찍이 속됨(俗)이 된 적이 없으며, 속됨(俗)이 아닌 진리가 일찍이 성스러운 진리(眞)가 된 적이 없다. 둘로 나누는 분별을 녹였지만 하나가 아니기 때문에, 성스러운 진리(眞)와 속됨(俗)의 성품이 세워지지 않음이 없고, 오염(染)과 청정(淨)의 모습이 갖추어지지 않음이 없다."(『금강삼매경론』) 230

하나가 된 마음(一心) 존재 환각인 실체 관념이 제거되어 실체 관념이 구축했던 허구들이 해체됨으로써 존재와 세상을 온전하게 보는 마음지평. 이 마음지평에서는 허구였던 실체의 벽이 무너져 모든 존재가 서로를 향해 열리면서, '한 몸'과도 같은 전일적(全一的) 통섭의 면모가 드러난다. 그리하여 원효는 이 마음지평에 대해, 모든 차이가 '본질의 다름'으로 분리되지 않기에 '하나'(一)라고 부르고, 또 그 실체 없이 존재하는 세상을 참모습 그대로 '아는' 작용이 존재하기에 '마음'(心)이라는 말을 붙인다. "모든 존재의 참모습은 생겨남(生)과 사라짐(滅)이라는 이분법적 구분과 분리가 없으며(無生無滅), 무지에 의한 일체의 왜곡된 구별이 원천적으로 해체된 상태(本來寂靜)이니, 오직 '하나가 된 마음'(一心)이라 할 경지다. (……) 속(俗)되거나 탈속(脫俗)한 모든 것들의 참모습은 속(俗/染)이니 탈속(脫俗/淨)이니 하는 분별이 없는 것이고, 참된 진여(眞如/진리 같아짐)의 맥락(眞如門)이니 그릇된 분별의 왜곡 맥락(生滅門)이니 하는 것도 근본에 입각해보면 다른 것이 아니다. 그래서 '하나'(一)라는 말을 붙인다. 동시에 이 이원적 분별과 분리가 해체된 진실의 경지는 허공과는 달라서, 성품이 스스로 신령스럽게 아는 작용을 하기 때문에 '마음'(心)이라는 말을 붙인다. 그런데 이미 둘로 분별할 것이 없으니, 어찌 하나가 있다고 하겠는가? 그리고 하나라는 것이 있는 것도 아니라면, 무엇을 '마음'이라는 말로 지칭할 것인가? 이와 같은 도리는 언어적 범주를 벗어나고 모든 것을 이원적/실체적으로 분별하는 마음으로는 포착되지 않는 경지라서 무슨 말을 붙여야 할지 알 수 없는데, 억지로나마 '하나가 된 마음'(一心)이라 불러본다."(『대승기신론소』) 47, 54, 56~58, 61, 64, 65, 67~69, 83, 95, 101, 126, 148, 150~152, 154, 161, 163, 178, 185, 201, 208, 209, 214, 217~219, 238, 239, 245, 246, 253, 283, 284, 288, 290, 294, 299, 314

하나가 된 마음자리(一心之源/心源) 존재 환각(無明)에 지배되는 망상, 존재와 세상을 허구적으로 왜곡하는 분별의 마음(識)이 그쳐 일어나지 않는 마음국면. 이 마음국면에서는 있음(有)과 없음(無), 성스러운 진리(眞)와 속됨(俗)을 상호 배타적 실체/본질로 간주하는 환각적 분별이 사라진다. '하나가 된 마음'(一心)과 비슷한 의미이지만, 원효는 특히 세계를 왜곡하는 분별 망상의 마음작용과 대비시켜 세계의 진실을 있는 그대로 드러내는 온전한 마음작용을 지칭할 때 '하나가 된 마음자리'(一心之源/心源)라는 용어를 사용하는 경향이 있다. "본래 환각(무명)에 따라서 모든 망상의 마음(識)이 일어나다가, 이제 '비로소 깨달아감'(시각)에 따라서 온전한 마음자리(心源)에 다시 돌아가니, 온전한 마음자리에 돌아갈 때 모든 망상의 마음이 일어나지 않으며, 망상의 마음이 일어나지 않기 때문에 '비로소 깨달아감'이 원만하여짐을 밝히고자 한 것이다."(『금강삼매경론』) "하나가 된 마음자리는 있음(有)과 없음(無)이라는 존재 환각을 여의어 오직 맑으며, 세 가지 공(三空)의 바다는 성스러운 진리(眞)와 속됨(俗)을 녹여 말끔하다. (有/無나 眞/俗의) 둘로 나누는 분별을 말끔하게 녹였으나 그렇다고 (둘로 나눈 분별을 합한) 하나도 아니며, 오직 맑아 둘로 나누는 환각을 여의었으나 그렇다고 (둘로 나눈 분별의) 중간도 아니다. 중간이 아니면서 둘로 나누는 환각을 여의었으므로 있음(有)이 아닌 것이 없음(無)으로 되어 머물지 아니하며, 없음(無)이 아닌 모습이 있음(有)이 되어 머물지 아니한다."(『금강삼매경론』) 152, 155, 174, 201, 209, 216, 217, 219, 237~242, 246, 249, 253, 265, 287, 293, 295, 297, 302, 314~316

화쟁(和諍) 소모적인 배타적 언어 다툼의 치유. 원효는 일심사상에 의거해 화쟁의 보편 원리를 수립하고 있다. "깨달음의 길(佛道)은 넓고 확 트여 걸림이 없고 범주가 없다. 무엇에 기대는 것이 아주 없기 때문에 타당하지 않음이 없다. 이 때문에 일체의 다른 가르침이 모두 깨달음의 가르침(佛敎)이요, 온갖 학파들의 주장이 옳지 않음이 없으며, 온갖 법문이 다 진리에 들어갈 수 있다."(『보살계본지범요기』) 170~174, 176~178, 180, 181, 185, 191~193, 199, 201, 206, 210~214, 217~219, 230, 283

회통(會通) 배타적 언어 다툼(쟁론)을 치유하려는 화쟁의 방식을 지칭하는 용어. 불변의 실체나 본질을 설정하면 배타적으로 맞설 수밖에 없고, 실체나 본질이라는 환각을 벗겨버리면 서로 열려 통할 수 있다는 통찰을 화쟁의 원리로 삼아 원효는 배타적 언어 다툼들을 회통한다. "보살은 그들을 위하여, 이치대로 '만나서 통하게'(會通) 하고 사실대로 '화해시켜 만나게'(和會) 하여, 그 중생들을 포섭한다. 저들을 위하여 보살은, 〈이 경전은 모든 것이 전혀 없다고 설하는 것이 아니라, 단지 모든 것에는 실체(자성)라는 것이 전혀 없다고 설하는 것이다〉라고 말한다."(『십문화쟁론』) 199, 208, 214, 217

희론(戲論) 존재 환각에 의거한 개념적 분별 왜곡의 심화/확산을 일컫는 말. 희론의 노예가 되면 삶의 오염과 배타적 언어 다툼(쟁론)이 펼쳐지고, 희론에서 해방되면 삶의 해방과 정화 및 화쟁 능력이 성취된다. "갖가지 언설로 지어낸 삿된 망상과 분별이 있으면, 희론을 따라 집착하여 중생의 업(행위)을 펼쳐간다. 또 이와 같은 갖가지 언설로 지어낸 삿된 망상과 분별로 희론을 따라 집착하여 갖가지 업을 짓지만, 그것들은 모두 허공과 같은 '언설을 여읜 것'에 수용된다. 만약 이때 보살이 묘한 성스러운 지혜로써 갖가지 언설로 일으킨 삿된 망상과 분별을 없애고 희론을 따라 집착하는 것을 버리면, 이때 보살은 가장 수승한 성자로서 모든 것이 언설을 여의었다는 것을 (언어 환각을 여읜 존재의 참모습을) 증득하게 된다. 오직 실체(자성)를 말하는 온갖 언어가 있을 뿐, 실체가 (있어서) 언어로 나타난 것은 아니다. 비유하자면 허공의 청정한 모습이 나타난 것과 같아서, 언어 밖의 실체(자성)가 따로 있는 것이 아니다. 다른 실체(자성)들도 응당 언어에 따라 헤아린 것이다."(『십문화쟁론』) 193, 196~201, 213, 217, 218

원효에 대해 묻고 답하기

1. 원효는 승려였나, 거사였나?

원효의 생애를 전하는 「서당화상비」나 『삼국유사』는, 원효가 환속하여 거사(居士)가 되었다고 전하고 있다. 요석공주와 맺어져 설총을 낳은 후에는 스스로 자신을 소성거사(小性居士)라 불렀다고 전한다. 8세기 후반 일본에서도 거사로 불리어진 사례가 있고, 고선사에 거사 모습의 소상이 봉안되었으며, 고려 때에는 소성거사의 진영이 있었던 사례 등을 감안할 때, 원효는 요석과의 인연을 계기로 환속하여 거사의 모습으로 살았을 것이라는 추정이 설득력을 갖게 된다. 다만 거사는 재가불자를 뜻하지만, 신라시대에는 일반인들과는 구별되는 거사의 독특한 형색이 있었던 것으로 보인다. 그 시대의 관련 사료들을 보면, 거사들도 승려들처럼 대개 승복을 입었다. 다만 머리를 길렀다는 점에서 출가 승려와 구별되었다. 승려가 아니지만, 동시에 일반인과도 구별되는 복장이나 형색을 한 사람들이 그 시대의 거사들이었다.[1]

16세 때 출가하여 승려의 신분으로 수행하던 원효는, 요석과의 인연으로 설총이 태어나자, 승려 신분을 유지할 수 있는 조건을 상실하게 된다. 그는

---

1 김상현, 『역사로 읽는 원효』(고려원, 1994), 115~117쪽 참조.

자기 선택에 정직하게 책임지고자 머리를 기르고 거사가 된다. 그러나 구도 자로서의 의지나 열정까지 접은 것은 아니었다. 비록 승려 신분은 아니었지만, 여전히, 아니 오히려 더욱 맹렬하게 구도의 길을 걸었다. 그리하여 비록 교단에 속한 승려는 아니지만 세속적 삶과도 거리를 두고 출가 구도자처럼 수행에 몰두하는, 거사의 형색을 한 수행자로 살아간 것으로 보인다.

불교는 본래 깨달음과 해탈을 성취할 수 있는 자격에 제한을 두지 않는다. 모든 유형, 모든 신분의 사람들에게 해탈 수행의 길은 개방되어 있다. 동시에, 삶의 일반적 사례와 경험들에 비추어, 그 구도의 길에 가장 효과적으로 몰입할 수 있는 생활 방식도 중시한다. 그리하여 구도자의 가장 이상적 생활 방식으로서 출가 독신수행을 제시한다. 생업과 가사를 꾸려가는 데 거의 모든 관심과 노력과 능력을 투입하다가 마감되는 것이 삶의 엄연한 현실이기에, 아예 생업과 가사 유지의 삶을 의도적으로 포기하고 모든 역량을 구도 행각에 집중하는 것이 수행의 이상적 조건일 수 있기 때문이다. 그러나 가사와 생업을 꾸려가는 사람들도 얼마든지 구도의 길을 걸을 수 있다. 경우에 따라서는 가사와 생업의 현장에서 맞닥뜨리는 거센 오염의 물살에 떠밀리지 않고 헤쳐 나가면서 구도의 열정을 불태우는 것이 더욱 힘 있고 깊이 있는 성취로 이어질 수도 있다. 삶의 외형적 조건보다는 그 어떤 조건들일지라도 그것들을 깨달음과 해탈로 이어지는 향상의 계기로 소화해가는 정신적 태도와 노력이 진정한 구도의 자격이다.

'출가승려'와 '재가자'라는 신분 구별은, 수행 자격이나 능력을 차별적으로 규정하는 닫힌 신분 차별이 아니라, 모든 가변적 가능성을 열어둔 편의적 분류일 뿐이다. 출가 수행자만이 수행하여 깨달을 수 있고 생업과 가사를 꾸려가는 재가인은 그럴 수 없다는 식의, 규정적 신분차별이 전혀 아니다.

원효는 애초에 구도의 가장 이상적 방식으로 권장되는 출가수행의 길을 택했다. 그러나 요석과의 인연으로 인해, 출가수행의 사회적 합의인 독신 수행이 어그러졌다. 그렇다고 구도의 열정과 의지마저 퇴색된 것은 아니었다. 그는 자신의 선택에 책임을 지고 거사가 되었지만, 가사와 생업에 몰두하는 세속의 삶을 선택할 수는 없었다. 그리하여 승려도 아니고 속인도 아닌 삶, 승려적일 수도 있고 세속적일 수도 있는 경계인의 삶을 선택한다. 거사라고 하는 비승비속적(非僧非俗的) 삶의 방식을 선택하여 치열하게 가꾸어갔던 것이다.

원효가 가꾸어간 거사로서의 구도 행각은 매우 성공적이었다. 그는 당시의 고승대덕들이 찬탄해 마지않는 실력과 깨달음을 성취했고, 대중들의 열렬한 환호를 한 몸에 집중시킬 정도의 감화력과 실천을 보여주었다. 성사(聖師)나 보살, 종사(宗師), 국사(國師) 등으로 호칭되었고, 말년 저술인 『금강삼매경』을 황룡사에서 왕과 승려를 위시한 사부대중에게 강연했으며, 삶을 마감한 장소도 혈사(六寺)였다는 점 등을 감안하면, 원효는 비록 거사의 형색이었을지라도 사실상 출가 승려의 지위나 환경을 누린 것으로 보인다. 어쩌면 원효는 그 어떤 시점부터 다시 출가 승려의 삶으로 복귀하여 살았을지도 모른다. 다만 원효는 출가와 재가라는 삶의 방식에 구애받지 않을 수 있는 내면적 경지를 성취했던 것이 분명해 보인다. 그가 성취하여 구가한 삶의 경지는, 삶의 외형을 따져 논할 수 없는 수준의 것이었다. 어떤 형색으로 살았을지라도, 원효는 고도의 보편적 지혜를 성취하여 그 길로 안내하는, '성스러운 스승'의 지위에 오른 '위대한 구도자'였다.

2. 요석 공주와의 인연은 원효의 일생에서 어떤 의미를 지니는가?

원효가 요석공주와 만나 설총을 낳았다는 것은 실로 파격적이고 충격적인 사건이었을 것이다. 출가 승려가 여인과 남녀의 연(緣)의 맺었을 뿐 아니라, 그 여인은 비록 과부였지만 일국의 공주였다. 골품제에 의한 신분제 사회였던 신라에서 진골 여성과 육두품 출신 남성이 맺어졌다는 것만 해도 파격적인데, 그 남성이 다름 아닌 고승 원효였으니, 원효와 요석공주의 인연은 어느 모로 보아도 예사롭지 않다.

원효가 요석공주를 만난 시기가 언제였는지, 또 두 사람의 부부 관계가 언제까지 지속되었는지는 모두 확인할 수가 없다. 다만 원효의 행적을 전하는 기록들을 고려할 때 그는, 요석과 살림을 차리고 설총을 기르는, 세속적 가장으로서 살아가지는 않았던 것으로 보인다. 비록 거사의 형색을 했을지라도, 출가 승려였을 때처럼 치열하게 도리를 연구하고 수행했으며, 터득한 것을 세상과 함께하기 위해 열정적으로 실천하는 삶을 가꾸어갔다. 그러나 원효가 요석과 설총을 아예 외면하고 살았던 것 같지도 않다. 원효가 혈사(穴寺)라는 절에서 입적하자 설총이 그의 유해를 부수어 「원효 소상(塑像)」을 만든 후 분황사에 모셔놓고 지극한 정성으로 공경했으며, 또 설총의 집터가 혈사 근처에 있었다고 하는 기록을 감안하면, 원효와 그의 가족은 어떤 방식으로든 상호 교류했을 가능성이 있다.

개인의 삶에서 혼사는 인생의 의미와 목표를 규정해버릴 정도의 결정적 분기점이다. 혼인은 삶의 의미와 내용, 목표에 관한 사회적 관행과 시선에 순응하는 제도이자 장치로 기능한다. 대부분의 사람들은 혼인을 통해 가치와 욕망, 인생관과 세계관의 세간적 관행과 그 범주를 수용한다. 다시 말해 인간은 혼인을 통해 세간/세속을 제대로 깊이 있게 경험한다. 그런 점에서 혼인은 세간/세속에 대한 경험적 이해의 중요한 토대이고, 세속적 성장의 중요한 통로다. 그런데 원효가 선택한 구도의 길은 관점과 욕망, 가치의 세간적 관행을 근본적으로 비판하고 새로운 지평으로 나아가려는 길이다. 세속적 통념을 비판적으로 성찰하고 세속적 관행의 지배력을 과감하게 뿌리치며 걸어가야 하는 구도의 길에서, 혼인은 심각한 장애이기 십상이다. 혼인은 세속 경험과 이해, 세속적 성장의 결정적 통로인 동시에, 세속 초월의 치명적 장애물이다.

혼인이 지니는 이 이중적 성격을 감안할 때 원효의 일생에서 요석공주와의 인연이 지니는 의미는 결코 간단치가 않다. 원효는 동정출가, 즉 결혼을 경험하지 않고 출가한 승려였다. 따라서 아무리 명석하고 총명한 원효였을지라도, 혼인을 매개로 경험적으로 파악하게 되는 세속적 삶의 행복과 고통, 중생적 삶의 내용과 사정은, 그의 삶에서 공백으로 남아 있었을 것이다. 부처의 경우만 해도 결혼을 위시한 세속적 경험을 충분히 겪은 후 출가하지 않았던가. 그러므로 일생 동안 연구와 수행, 교화의 실천을 쉼 없이 펼쳐간 것이 원효 삶의 행적이라는 것을 생각하면, 원효는 요석과의 인연을 통해 결코 세속적 삶으로 퇴행한 것이 아니라고 보아야 한다. 오히려 그 이후, 그의 구도의 열정은 더욱 강렬하게 타오르고 있다. 따라서 원효에게 요석공주와의 인연은 세속 이해와 경험의 공백을 메우는 동시에, 세속적 범주와 굴레로부터 자유로워지려는 의지와 노력을 더욱 굳건하게 하는 계기였을 수 있다.

요석공주와 맺은 인연이 원효의 삶에서 지니는 의미를 추적해가는 길에서 맞닥뜨리게 되는 갈림길 하나가 있다. 원효의 깨달음 인연과 요석공주와의 인연이 시기적으로 어떻게 배열되는가의 문제다. 기록에 따르면 원효가 의상과 함께 당나라 유학길에 나섰다가 중도에 무덤에서 깨달음을 얻게 되는 것은 그의 나이 45세 때인 661년의 일로 추정된다. 그런데 원효와 요석공주의 인연을 전하는 『삼국유사』의 기록에 따르면, 원효가 부르는 노래를 듣고 그 의중을 파악하여 자기 딸과의 만남을 주선하는 사람은 태종무열왕이다. 그렇다면 원효와 요석공주의 만남은 무열왕 재위 기간인 654년부터 660년 사이의 일이다. 이 시기는 원효의 나이 38세에서 44세에 해당한다. 그리고 원효가 두 번째로 당나라 유학길에 올랐다가 깨달음을 얻은 것은 45세인 661년이다.

원효의 깨달음이 있던 시기를 661년으로 추정하는 것은, 그와 함께 길을 떠났던 의상이 당나라에 들어가 지엄 문하에 든 것이 661년으로 기록되어 있기 때문이다. 그런데 만약 이 기록이, 원효와 의상이 함께 당나라 유학길에 올랐던 해를 가리키는 것이 아니라, 의상이 지엄 문하에 들어갔던 해를 언급하는 것이라면, 원효의 깨달음은 이보다 약간 앞선 시기의 일일 수도 있다. 의상이 당나라에 도착하여 지엄을 찾아가 만나는 데 걸린 시간을 감안해야 하기 때문이다. 그럴 경우 원효가 깨달은 시기를 넉넉잡아 1년 정도 앞당긴다면, 무열왕 재위 말기에 해당한다. 원효의 환속과 오도(悟道)가 거의 같은 시기에 겹쳐지는 것이다. 결국 원효가 요석을 만나 환속하여 거사가 된 것과 깨달음을 얻은 것은, 매우 근접한 일이기는 하지만, 그 선후를 확정하기란 어렵다.[2]

두 가지 가능성을 모두 감안하여 생각해보자. 우선 원효의 오도가 661년의 일이라고 한다면, 원효는 요석과 만나 거사가 된 직후 곧 의상과 함께 2차 유학길에 올랐다가 깨달음을 얻은 셈이다. 이 경우 두 가지 추정이 가능해진다. 먼저, 요석과 남녀의 연(緣)을 맺은 이후에도 원효의 구도행각은 여전히 지속되었다는 것, 다시 말해 요석과의 인연이 세속 퇴행으로 이어지지 않았다는 것을 추정할 수 있다. 그렇다면 요석과의 인연은, 원효에게 구도의 장애로 작용했다기보다는, 구도의 새로운 전환점이 되었을 가능성이 높다. 신라사회에서 혼인으로 간주되었을 요석공주와의 인연을 통해, 원효는 혼인이 제공하는 세속 경험과 이해의 기회를 가질 수 있었을 것이다. 그리고 그 경험은 구도의 길을 건실하게 걸어갈 수 있게 하는 소중한 자산이었을 것이다. 원효는 요석과의 혼사를 겪으면서 구도의 의지와 열정이 가열되는 전환점을 맞았고, 그로부터 얼마 안 가 깨달음을 열 수 있었던 것으로 볼 수 있다.

요석공주와의 인연이 깨달음 이후의 일일 경우, 원효는 깨달음을 맛본 지 얼마 안 가 요석과의 인연을 겪는 셈이다. 이럴 경우 두 가지 해석이 가능하다. 먼저 원효가 그 어디에도 구애받지 않는 깨달음을 성취했기에, 세속적 삶의 상징이기도 한 혼사의 경험마저 과감하게 시도하는 파격적 자기 검증의 행위를 의도적으로 펼쳤을 것으로 보는 해석이 있을 수 있다. 세간과 출세간 그 어디에도 걸리지 않는 경지를 스스로 확인하는 동시에 세상에 드러내는 '파격의 무애행(無碍行)'이었다는 관점이다. 이러한 해석은, 원효가 무덤에서 맛본 깨달음을 궁극적이고도 완결된 깨달음으로 간주하고 이후의 원효의 삶을 일관되게 깨달음의 표현 과정으로 읽으려는 시선을 반영하고 있다. 그러나 이러한 해석은 '사실의 과도한 종교적 각색'으로 보인다.

원효가 무덤에서 터득한 깨달음이 궁극적이고도 완결된 것이 아닐 가능성을 간과할 수 없다. 아니, 그럴 가능성이 더 높다고 본다. 불교의 수행 과정에서는 해탈에 이르기까지 많은 수준의 깨달음들이 생겨난다. 부처의 육성을 전하는 『니까야』에서는 '깨달음에 눈뜨는 일'과 '그 깨달음을 간수하여 성숙시키고 완성시켜가는 일'을 구분하여 설하고 있다. 선종(禪宗)에서도 돈

---

2 김상현, 앞의 책, 107쪽 참조.

오(頓悟)를 설하는 동시에, 돈오 이후에 그 깨달음을 부단히 간수하여 온전하게 가꾸어가는 점수(漸修)를 강조한다. 부처님의 경우처럼 궁극적이고 완결된 깨달음도 있지만, 대부분의 수행 현실에서는 그러한 궁극적 깨달음의 기반이 되는 선행(先行)하는 깨달음들이 다양한 수준으로 생겨난다고 보아야 한다.

원효가 무덤 속에서 맛본 깨달음 역시, 이후의 지속적 간수와 향상, 완성을 위한 부단한 노력을 요구하는 유형의 깨달음일 수 있다. 그 이전까지는 아직 머리로만 파악되었던 마음의 도리를 처음으로 체험을 통해 확인해주는 깨달음이었지만, 그 깨달음은 궁극적 완결이 아니라 깨달음의 지평을 체험에 의해 본격적으로 열어가는 첫 전환점이었을 수가 있다. 그 깨달음으로 인해 원효는 체험에 의거한 확신과 자신감을 얻어 좀더 완전하고 깊이 있는 깨달음을 향해 질주할 수 있었을 것이다.

만약 당나라 유학길에서 얻은 깨달음이 이러한 유형의 깨달음이었다면, 원효의 구도 행각에서 요석공주와의 인연은 일종의 일탈이다. 원효는 선천적으로 야성적 패기와 모험심이 강한 인물이다. 또한 원효는 깨달음을 직접 맛봄으로써 확신과 더불어 자신감이 팽배했을 것이다. 강한 야성적 파격성. 깨달음을 직접 체험함으로써 한껏 고조된 자신감.──이 두 요소가 결합하면서, 그 어떤 내적/외적 조건들을 계기로 삼아 요석과의 인연을 감행하는 일탈적 행위가 생겨난 것일 수 있다. 이것은 파격을 가능케 하는 도력(道力)의 표현이라기보다는 가던 길에서 잠시 벗어나는 일탈로 보는 것이 합리적이다.

그러나 원효의 경우, 이 일탈은 퇴행이 아니라 더 큰 향상의 기반으로 작용하는 일종의 성장통이었던 것 같다. 아직 궁극적 수준에 이르지 않은 깨달음은, 간수해가지 않고 방심하면 퇴색된다. 깨달음을 얻은 사람일지라도 그 깨달음이 아직 궁극적인 것이 아니어서 간수하고 키워가야 할 것일 경우, 방심하면 세속의 덫에 언제든지 걸릴 수 있다. 그러나 일단 체득적 깨달음을 맛본 사람은 비록 일시적으로 세속의 덫에 걸릴지라도 다시 그 덫에서 빠져나와 향상의 길에 복귀하게 마련이다. 그에게는 수시로 겪게 되는 이런저런 동요와 오염이 결국은 깨달음의 궁극으로 나아가게 하는 소중한 자산이 된다.

아직 궁극적이지 않은, 그러나 매우 소중한 어떤 깨달음을 성취했다고 해서, 그가 더 이상의 세속적 동요나 오염 없이 곧장 향상의 길을 수직 비상해 갈 것이라고 생각하는 것은 비현실적이다. 그 깨달음을 간수하고 심화/향상시키며 온전한 것으로 가꾸어가는 여정에서 구도자는 수시로 비틀거리고 넘어지고 상처 입는다. 이것은 부인할 수 없는 인간학적 현실이다. 잠재의식/무의식에 중층으로 누적된 세속적 경향성들(업력)을 안고 진행되는 것이 삶이기에, 깨달음의 힘과 수준이 충분해지기 이전에는 수시로 향상의 길에서 벗어날 수 있는 것이 인간이자 구도의 과정이다.

그러나 그 어떤 세속적 성취보다도 수승하고 좋은, 깨달음의 지평을 체득적으로 확인한 구도자라면, 비틀거리며 수행 길에서 잠시 벗어나더라도 곧 다시금 자신을 추슬러 제 길에 오른다. 사람마다 정도의 차이야 있겠지만 이런 과정을 거치면서 더욱 견실해진 행보로 걸어가는 길이 원효가 선택한 존재 완성의 길이다.

원효가 당나라 유학길에서 소중한 깨달음의 전기를 맞았지만 얼마 안 가 요석공주와 만나 거사가 되고, 다시 거사의 형색으로 힘찬 구도 행각을 지속시켜갔다면, 원효에게 요석공주와의 인연은 구도의 길에서 얼마든지 있을 수 있는 일시적 일탈이다. 명망 높은 원효 같은 승려에게는 특히 치명적이었을 그 파격적 일탈을 통해, 원효는 자기와 인간, 세속에 대한 이해를 더욱 깊게 하면서, 세간과 출세간을 '둘 아니게' 통섭하는 차원 높은 깨달음의 장을 힘차게 열어갔을 것이다.

일상인들은 세속적 관행들에 지배된 채 평생을 보낸다. 세속에 오염되고 지배되는 세간주의에 안주한다. 반면 출가 구도자들은, 세속적 세계를 적대시하고 경멸하는 출세간주의적 오만의 덫에 걸리기 쉽다. 이 세간적 오염과 출세간적 오만의 사이를 오고 가는 것이, 구도자를 에워싼 현실 정황이다. 원효는 이 세간주의적 오염과 출세간주의적 오만의 덫에서 모두 벗어나는 자유를 추구하여 성취했고, 그 경지를 자신 있게 노래한 인물이다. 그리고 요석과의 인연은, 원효가 그러한 자유의 지평을 여는 데 중요한 역할을 한 개인사적 단면으로 보인다. 원효와 요석공주의 인연을 그 어디에도 걸림이 없는 무애행(無碍行)이라 보는 것도 비현실적 과장이고, 오염과 퇴행의 파계로만 처리하는 것도 피상적 관찰이다. 요석과의 인연과 오도(悟道)의 선후가 어떤 것이었든 간에, 원효에게 요석과의 인연은 인간과 세상에 대한 깨달음의 수준과 힘을 더욱 향상시켜가는 획기적 계기였던 것으로 보인다.

원효에 대한 증언록 *

생애에 관한 증언

"원효 화상은 언제나 가만히 있지 않고, 항상 자비를 실천하는 것이 마치 그림자가 형상을 따르는 것과 같았다. 진실로 중생 처지에 따라 감응할 수 있는 마음으로 말미암아 중생들은 그에 반드시 응했다. 위대하도다! 설사 진리의 세계(法界)를 드러내고 온갖 것들을 총괄하려 할지라도, 진리라는 생각에도 집착하지 않고 진리를 전하는 빛을 밝혀 진리의 수레바퀴를 다시 굴리는 일을 누가 능히 할 수 있겠는가? 우리 서당(誓幢) 화상이 바로 그 사람이다. (……) 대사의 덕은 숙세(宿世)로부터 심었기에 실로 태어나면서부터 도를 알았고, 마음으로 스스로 깨달았다. 배움에 일정한 스승을 좇지 않았다. 성품은 고고하면서 자애로웠다. (……) 중생들을 고통에서 구제하려는 큰 서원을 발했고, 미세한 이치를 연구하고 분석하여 일체의 지혜로운 마음을 (비문 마멸)했다. (……) (비문 마멸) 융통하여 서술하고는 『십문화쟁론』이라고 이름했다. 모든 사람들이 이를 보고 부정하는 사람은 없고 모두 훌륭한 논술이라고 칭송했다. (……) 강의를 하다가 문득 물병을 찾아서 서쪽을 향해 뿜으면서

---

* 원효에 관한 역사적 자료들은 김상현의 『원효연구』(민족사, 2000)에 잘 정리되어 있다. 이 책의 증언록은 이 책의 자료를 참고하여 필요한 내용을 발췌하고 읽기 쉽게 풀어 옮겼다.

말하기를 '당나라의 성선사(聖善寺)가 화재를 당했다'고 했다. 물을 부은 곳이 이로부터 못이 되었으니, 고선사의 대사가 있던 방 앞의 작은 못이 바로 이것이다. (……) 수공(垂供) 2년(686) 3월 3일 혈사(穴寺)에서 입적하니 춘추는 70세였다. 절의 서쪽 봉우리에 임시로 감실(龕室)을 만들었다. 며칠 지나지 않아 말 탄 무리가 떼를 지어 유골을 가져가려 했다. (비문 마멸) 만선화상(萬善和上)이 기록한 글에 이르기를 '불법에 능한 사람이 9인 있어 모두 대사로 불렸다'고 했다. 대사가 초개사(初盖寺)에 있을 때 현풍(玄風)을 도운 대장(大匠)들이다. (……) 대력(大曆) 연간(766~780)의 어느 봄에 대사의 후손인 한림(翰林) 설중업(薛仲業)이 사신으로 바다를 건너 일본으로 갔다. 그 나라의 상재(上宰)가 이야기를 하다가 그가 대사의 어진 후손임을 알고는 기뻐했다. (비문 마멸) 여러 사람들이 정토왕생을 기약하면서 대사의 영장(靈章)을 떠받들고 잠시도 버리지 않았다. (……) 도속(道俗)이 모두 칭송하기를 승려 중에서도 용이라고 하며 받들었다. (……) 위대하도다. 진리의 몸(法體)이여! 나타나지 않는 곳이 없구나. (비문 마멸) 고선대사는 불지촌에서 태어나 일생 동안 바른 이치를 깊이 탐구했다. (……) (비문 마멸) 환속하여 거사가 되었다. (……) 국가를 바로잡고 문무를 겸비했다. (……) (비문 마멸) 웅장한 법문은 성스러움에 통하고, 명쾌한 언설은 신이함에 통했다. 다시 혈사에서 수행했다. 항상 왕궁을 멀리했다. (비문 마멸) 돌아다니며 도를 즐겼다."

■「서당화상비」(9세기 초)

"원효의 성은 설(薛)씨로 해동 상주(湘州) 사람이다. 15세에 홀연히 불문(佛門)에 들어갔다. 스승을 따라 배우는데 정해진 곳이 없었다. 겹겹이 에워싸고 있는 이치(義圍)들을 용감하게 공격하고 문진(文陣)을 종횡으로 누벼 우뚝하고 위세가 가득하여 앞으로 나아갈 뿐, 물러서는 일이 없었다. 계율/선정/지혜(三學)에 널리 통하여 그 나라에서는 만인(萬人)을 대적할 사람이라고 했다. 도리에 정통하여 입신(入神)의 경지에 도달함이 이와 같았다. (……) 원효가 『금강삼매경』을 받은 것이 바로 그 고향인 상주(湘州)에서다. 그는 경을 가져온 관리에게 말했다. 〈이 경은 본각(本覺)과 시각(始覺)으로써 근본을 삼습니다. 나를 위해 소가 끄는 수레를 준비하고, 책상을 두 뿔 사이에 두고 필연도 준비하시오.〉그리고 그는 소가 끄는 수레에서 시종 소(疏)를 지어 5권을 이루었다. 왕이 날짜를 택하여 황룡사에서 강연하도록 했다. 그때 박덕한 무리가 새로 지은「소」를 훔쳐갔다. 이 사실을 왕에게 아뢰어 3일을 연기하고, 다시 3권을 이룩하니, 이를「약소」(略疏)라고 한다. 강연 날이 되어 왕과 신하, 도속(道俗) 등 많은 사람이 구름처럼 법당을 가득 에워싼 속에서 원효의 강론이 시작되었다. 그의 강론에는 위풍이 있었고, 논쟁이 모두 해결될 수 있었으니, 그를 찬양하는 박수소리가 법당을 가득 메웠다. 원효는 다시 말했다. 〈지난날 100개의 서까래를 구할 때에는 내 비록 참여하지는 못했지만, 오늘 아침 대들보를 가로지름에 당해서는 오직 나만이 가능하구나.〉이때 모든 명망 높은 승려들이 고개를 숙이고 부끄러워하며 가슴 깊이 참회했다.

애초부터 원효는 그 행적이 일정치 않고, 교화에도 일정함이 없었는데, 혹은 쟁반을 던져 대중을 구하고, 혹은 물을 뿜어 불을 끄며, 혹은 여러 곳에 몸을 나타내고, 혹은 여섯 곳에서 입멸(入滅)을 알렸으니, 또한 배도(盃渡)나 지공(誌公) 화상과 같은 사람인가? 소(疏)에는 광약(廣略) 이본(二本)이 있어 그 나라에서는 다 유통되었는데, 중국에는 약본(略本)이 유입되었다."

■「신라국황룡사원효전」(新羅國黃龍寺元曉傳), 『송고승전』(宋高僧傳, 찬녕 贊寧, 918~999) 권4

"성사(聖師) 원효의 속성은 설(薛)씨다. 할아버지는 잉피공(仍皮公)인데 또는 적대공(赤大公)이라고도 하며, 지금 적대연(赤大淵) 옆에 잉피공의 사당이 있다. 아버지는 담날내말(談捺乃末)이다. 처음에 압량군 남쪽, 불지촌(佛地村) 북쪽 율곡(栗谷) 사라수(娑羅樹) 아래에서 태어났다. 마을이름이 불지(佛地)인데, 혹은 발지촌(發智村)이라고도 한다. (……) 성사의 아명은 서당(誓幢)이다. 처음에 어머니가 유성이 품속으로 들어오는 꿈을 꾸고 이로 인하여 태기가 있었는데, 해산하려고 할 때에는 오색구름이 땅을 덮었다. 이때가 진평왕 39년 대업(大業) 13년 정축(617)이었다.

태어날 때부터 총명이 남달라 스승을 따라서 배우지 않았다. 그가 사방으로 다니며 수행한 시말(遊方始末)과 널리 교화를 펼쳤던 크나큰 업적(弘通茂跡)은 『당전』(唐傳)과 『행장』(行狀)에 자세히 실려 있다. 여기서는 자세히 기록하지 않고, 다만 『향전』(鄕傳)에 실린 한두 가지 특이한 사적을 쓴다.

(원효가) 어느 날 상례에서 벗어나 거리에서 노래를 불렀다. 〈누가 자루 빠진 도끼를 허락하려는가. 나는 하늘 받칠 기둥을 다듬고자 한다.〉 사람들이 모두 그 뜻을 알지 못했는데, 태종(太宗)이 그것을 듣고서 말했다. 〈이 스님께서 아마도 귀부인을 얻어 훌륭한 아들을 낳고 싶어하는구나. 나라에 큰 현인이 있으면, 그보다 더한 이로움이 없을 것이다.〉 그때 요석궁에 홀로 사는 공주가 있었다. 궁중의 관리를 시켜 원효를 찾아서 궁중으로 맞아들이게 했다. 궁리가 칙명을 받들어 원효를 찾으려 하는데, 벌써 남산으로부터 내려와 문천교(蚊川橋)를 지나가다가 만났다. (원효는) 일부러 물에 떨어져 옷을 적셨다. 궁리는 스님을 요석궁으로 인도하여 옷을 말리게 하니, 그곳에서 유숙하게 되었는데, 공주가 과연 태기가 있어 설총을 낳았다. 설총은 나면서부터 명민하여 경서와 역사서에 두루 통달했다. 그는 신라십현 중의 한 분이다. 우리 말로써 중국과 외이(外夷)의 각 지방 풍속과 물건이름 등에 통달하고 육경문학(六經文學)을 훈해(訓解)했으므로, 지금까지 우리나라에서 경학을 공부하는 이들이 전수하여 끊이지 않는다.

원효 성사가 파계하여 설총을 낳은 이후로는 속복(俗服)으로 바꾸어 입고, 스스로 소성거사(小性居士)라고 했다. 우연히 광대들이 놀리는 큰 박을 얻었는데 그 모양이 괴이했다. 원효는 그 모양대로 도구를 만들어, 『화엄경』의 '어느 것에도 걸림이 없는 사람은 하나가 된 길에서 생사(生死)를 벗어난다'는 문구에서 따서 이름 지어 무애(無碍)라 하고, 노래를 지어 세상에 퍼트렸다. 일찍이 이것을 가지고 천촌만락(千村萬落)에서 노래하고 춤추며 교화하고 읊으면서 돌아다녔으므로, 가난하고 무지몽매한 무리들까지도 모두가 부처의 이름을 알게 되었고, 모두 '나무아미타불'을 부르게 되었으니, 원효의 교화가 컸던 것이다.

그가 탄생한 마을이름을 불지촌(佛地村)이라고 하고, 절 이름을 초개사(初開寺)라고 하며, 스스로 원효(元曉)라 일컬은 것은, 모두 '깨달음의 해가 처음으로 빛났다'(佛日初輝)는 뜻이다. 원효란 말 또한 방언이니, 당시의 사람들은 모두 향언(鄕言)으로 시단(始旦)이라 했다.

일찍이 분황사(芬皇寺)에 살면서 화엄소(華嚴疏)를 짓다가 제40회향품(廻向品)에 이르자 마침내 붓을 놓았으며, 또 일찍이 소송으로 인해서 몸을 백송(百松)으로 나누었으므로, 모두 그의 위계(位階)를 초지(初地)라고 한다.

해룡(海龍)의 권유에 따라 길에서 조서를 받아 『금강삼매경』(金剛三昧經)의 「소」(疏)를 지으면서 붓과 벼루를 소의 두 뿔 위에 놓아두었으므로 이를 각승(角乘)이라 했는데, 또한 본각(本覺)과 시각(始覺)의 숨은 뜻을 나타낸 것이다. 대안법사(大安法師)가 배열하여 종이를 이어붙인 것은 음(音)을 알고 화창(和唱)한 것이다.

성사께서 입적하자 설총이 유해를 부수어 소상(塑像)의 진용(眞容)을 조성하여 분황사에 봉안하고, 공경·사모하며 지극한 슬픔의 뜻을 표했다. 설총이 그때 옆에서 절을 하니 소상이 홀연히 돌아보았는데, 지금도 여전히 돌아본 채로 있다. 원효가 살던 혈사(穴寺) 옆에 설총의 집터가 있다고 한다.

다음과 같이 그를 기린다(讚).

"각승(角乘)은 처음으로 삼매경(三昧經)을 열었고
표주박 가지고 춤추며 온갖 거리 교화했네.
달 밝은 요석궁에 봄잠 깊더니
문 닫힌 분황사엔 돌아보는 모습만 허허롭네."
■「원효불기」(元曉不羈), 『삼국유사』(三國遺事, 일연一然, 1206~89) 권4

깨달음의 인연에 관한 증언

"(의상은) 나이 20에 이르러, 당나라에 교종(敎宗)이 나란히 융성하다는 소식을 듣고, 원효법사와 뜻을 같이하여 서쪽으로 건너가고자 하여 길을 떠났다. 본국 신라의 해문(海門)이자 당의 주계(州界)에 도착하여 장차 큰 배를 구해서 창파를 건너려고 했다. 그 중도에서 심한 폭우를 만났다. 이에 길 옆의 토굴 사이에 몸을 숨겨 회오리바람의 습기를 피했다. 그다음 날 날이 밝아 바라보니 그곳은 해골이 있는 옛 무덤이었다. 하늘에서는 궂은비가 계속 내리고, 땅은 질척해서 한 발자국도 앞으로 나아갈 수가 없었다. 또 무덤 속에서 머물렀다. 밤이 깊기 전에 갑자기 귀신이 나타나 놀라게 했다. 원효 법사는 탄식하며 말했다. 〈전날 밤에는 토굴에서 잤음에도 편안하더니, 오늘 밤은 귀신 굴에 의탁하매 근심이 많구나. 알겠노라. 분별하는 마음이 일어나기에 온갖 차별 현상들이 생겨나고, 분별하는 마음이 사라지니 토감과 고분이 별개의 것이 아니구나. 모든 세계(三界)가 오직 분별하는 마음에서 비롯된 것이요, 모든 차별 현상들이 오직 마음 헤아림의 산물이로다. 마음의 분별과 무관하게 존재하는 것은 없는 것이니, 어찌 마음 밖에서 따로 구하리. 나는 당나라에 들어가지 않겠소.〉 이에 원효는 바랑을 메고 본국으로 돌아가버렸다. 의상은 홀로 어려움을 무릅쓰고 상선(商船)에 의탁하여 당나라로 갔다."

■ 찬녕, 『송고승전』 권4, 「의상전」(義湘傳)

생애와 사상에 대한 평가

"『원효화상연기』(元曉和上緣起)에 이르기를, 현장(玄奘)이 서역에 있을 때 『유가론』(瑜伽論)을 공부하고자 했다. 당시 서역에는 계현(戒賢) 논사가 있어, 열반에 들고자 했는데, 하늘에서 다음과 같이 말했다. 〈중국의 현인이 『유가론』을 배우고자 왔다. 열반에 들지 않도록 하라.〉 이때 현장이 가서 『유가론』을 배웠다. 그 후에 '진고극성량'(眞故極成量)을 세워서 소승의 집착을 배척했다. 그때에 서역의 모든 논사(論師)가 이 비량(比量/추론)을 해석할 수 없었다. 이들은 〈진나(陳那)가 아니고는 이 비량을 해석할 수 없다〉고 했다. 현장이 중국에 돌아와서 이 비량을 설했는데, 그때에 이 비량의 허물을 배척하지 못했다. 당시에 『광백론소』(廣百論疏)를 지었는데, 문궤(文軌)가 서원을 세워 말하기를, 〈진나보살이 아니고는 이 비량을 해석할 수 없다. 만약 이 비량의 잘못을 아는 사람이 있다면, 나는 그 사람의 신하가 되겠다〉고 했다. 당시에 순경(順憬) 스님이 이것을 배우고 신라로 귀국해서 이 비량을 알렸다. 그때에 원효보살이 말했다. 〈이 비량에는 유법차별상위(有法差別相違)의 잘못이 있다.〉 순경이 마치 자기 스스로 안 것처럼 해서 당나라에 통보하기를, 〈수토(水土)에서는 쉽기에 신라에 이르러서 이 비량의 과실을 알았다〉고 했다. 이때에 논사 등이 모두 해동(海東)을 향해 세 번 절하면서 존중·찬탄했다. 도증(道證)과 원효의 장소(章疏) 등 신라 스님이 설한 뜻으로 말미암아 진나보살을 알았다(원효는 진나의 후신이라고 한다)."

■ 장준(藏俊, 1104~80), 『인명대소초』(因明大疏抄) 권15

"당나라 문황(文皇, 627~648)이 신라왕이 표문(表文)으로 청한 『유가론』(瑜伽論) 100권을 보내주었다. 이 무렵 법상학(法相學/유식철학)이 없었는데, 이 땅에서도 점점 융성하게 되었다. 원효법사가 이끌고 태현(太賢)대통(大統)이 뒤를 따르매, 등불이 전해져 타오르고 대대로 법을 이었다."

■ 정황선(鄭晃先), 「금산사혜덕왕사진응탑비」(金山寺慧德王師眞應塔碑), 1111년

"해동에 불법이 전래된 지 700여 년에 비록 여러 종파가 펼쳐지고 많은 교가 퍼졌지만, 다만 천태(天台) 한 가지가 밝은 시대를 만나지 못했다. 옛적 원효보살이 먼저 훌륭함을 칭찬했고, 뒤에 제관법사(諦觀法師)가 전해서 드날렸다."

■ 의천(義天, 1055~1101), 「신창국청사계강사」(新創國清寺啓講辭), 『대각국사문집』(大覺國師文集) 권3

"우리 동방에서는 마사(摩詞)와 문칙(文則), 체원(體元)이 아곡(雅曲)을 개통했고, 원효와 박범(薄凡), 영상(靈爽)은 현음(玄音)을 벌여놓았다."

■ 혁연정(赫連挺, ?~1105), 『균여전』(均如傳)(1075)

"만약 10권본 『능가경』(楞伽經)을 강의하려면, 다만 우리나라의 고덕 원효법사께서 찬술한 「소문」(疏文)을 써야 합니다. 신역(新譯) 7권본에 대한 장소

(章疏)는 볼 수 없고, 원효의 소문 8권은 지금 먼저 부쳐드립니다. 원효께서는 수나라 말엽에 나서 당나라 초기에 교화를 펴신 분으로, 백 곳에 몸을 나타내시고 육방에서 죽음을 보이셨으며, 경전마다 다 「소」(疏)를 지었고, 통하지 않은 「논」(論)이 없습니다."

■ 의천(義天), 「답대송원소율사서」(答大宋元炤律師書), 『대각국사문집』(大 覺國師文集) 권11

"양나라 대통(大通) 원년(527) 정미(丁未)에 처음으로 불법이 신라에 들어온 뒤 100여 년 만에 원효와 의상이 출현했는데, 이 두 스님은 십지(十地)의 보살위(菩薩位)에 오른 성종성(聖種性)의 대종사였다. 말법시대에 광명이 비친 것이요, 여파(餘波)가 더해진 것으로, 모두가 그 암흑 속에서 벗어나 지극히 밝은 데로 나갔다."

■ 김부식(金富軾, 1075~1151), 「영통사대각국사비명」(靈通寺大覺國師碑 銘), 『대각국사문집』(大覺國師文集) 권12

"모년 모월 모일에 구법사문 모(某/의천)는 삼가 다과와 철에 맞는 제물로써 해동교주 원효보살에게 공양을 올립니다.

엎드려 생각하건대, 이치란 가르침으로 말미암아 나타나고 도는 사람에 의해 넓혀집니다. 풍속이 박하고 시세가 엷음을 당해서는 도(道)가 사람을 떠나 상합니다. 스승 된 자는 각기 이미 자신이 종(宗)으로 삼는 바를 익히는 데에 막히고, 제자 또한 자기 견문에 각기 집착합니다. 백본소주(百本疏主) 자은(慈 恩)의 설은 오직 명상(名相)에 구애되었고, 천태산(天台山) 지의(智顗)의 설 또한 다만 이관(理觀)을 숭상하니, 비록 글은 이루었다고 할 수 있지만, 모든 방면에 통하는 가르침이라고는 말할 수 없습니다. 오직 우리 해동보살만이 성(性)과 상(相)을 융섭하여 밝혔으며, 고금의 잘못을 바로잡고, 온갖 주장들의 다르게 다투는 실마리를 화해시켜 일대의 지극히 공정한 이론을 얻으셨으니, 하물며 헤아릴 수 없는 신통과 생각하기 어려운 묘용은 말해 무엇하겠습니까. 비록 티끌세상에 함께해도 그 참됨을 더럽히지 않았고, 비록 빛을 섞었으나 그 바탕을 바꾸지 않았습니다. 그리하여 명성은 중국과 인도에까지 떨쳤고, 자비로운 교화는 이승과 저승을 덮게 된 것이오니, 찬양함에 무엇이라 형용하여 말하기가 참으로 어렵습니다.

저는 일찍이 천행의 도움을 얻어 어릴 때부터 불교를 사모하여 선철(先哲)들의 사이를 두루 살폈사오나 성사(聖師)의 오른쪽에 가는 분이 없었습니다. 미묘한 말씀의 어그러짐을 통탄하고 지극한 도의 쇠퇴함을 애석하게 여겨, 멀리 명산을 방문하고 잃어버린 전적을 두루 구하여, 이제 계림의 옛 절에서 다행히도 살아 계신 듯한 당신의 모습을 우러러뵈오니, 옛날 부처님께서 처음 설법하시던 영축산의 법회를 만난 듯합니다. 애오라지 적은 공양에 의지하여 감히 미미한 정성을 베푸오니, 우러러 바라옵건대, 두터운 자비를 드리워 밝게 살펴주옵소서."

■ 의천, 「제분황사효성문」(祭芬皇寺曉聖文), 『대각국사문집』(大覺國師文集) 권16

"논(論)을 써서 경전의 뜻을 드러내어 큰 길을 밝히는 일
마명과 용수의 공적이라야 그를 짝하리.
오늘날 배움에 게으른 무식한 이들
도리어 동쪽 집에 공자 있음과 같네."

■ 의천, 「독해동교적」(讀海東敎迹), 『대각국사문집』(大覺國師文集) 권20

숙종(肅宗) 6년(1101) 8월 계사(癸巳)에 말씀하기를, "원효와 의상은 동방의 성인인데 비기(碑記)와 시호(諡號)가 없어서 그 덕이 드러나지 않는지라 짐이 이를 심히 애석하게 여기노니, 원효대성(元曉大聖)에게는 화쟁국사(和諍國師)를, 의상대성(義相大聖)에게는 원교국사(圓敎國師)를 추증하고, 유사(有司)는 거주하던 곳에 비석을 세우고 덕을 기록하여 무궁토록 전하게 하라"고 했다.

■ 정인지(鄭麟趾) 등, 『고려사』(高麗史) 권11, 1451년

"넓고도 넓게 이룬 도, 막힘없이 활달한 그 말씀

듣는 이 근기 따라 달라, 크고 작으며 얕고 깊다네.

세 배에 비친 달과 같고, 일만 구멍의 바람 같네.

지인(至人)은 크나큰 거울, 다르면서도 같다네.

유가(瑜伽/유식)의 명상(名相)이며, 방광(方廣/화엄)의 원융(圓融)이로다.

스스로 도를 보매, 통하지 않는 법이 없도다.

온갖 냇물 큰 바다 이루고, 만상은 하나의 법일세.

넓고도 큼이여, 이름 지을 수 없구나."

■ 김부식(金富軾), 「화쟁국사영찬」(和諍國師影贊), 『동문선』(東文選) 권50

"바른 법이 서쪽에서 오니 여파(餘波)가 동쪽으로 젖었다. 언원이 넓어서 그 끝을 알 수 없어 모순으로 서로 다툰 것이 여러 해였다. 원효공이 신라 시대에 우뚝 나타나서 백가(百家)의 다툼을 화해시켰고, 이문(二門)이 함께 돌아가는 곳을 만나게 했다."

■ 하천단(河千旦, ?~1259), 「해동종승통관고」(海東宗僧統官誥), 『동문선』 (東文選) 권29

원효 연표

불기 (佛紀)	서기 (西紀)	왕력	원효 나이	원효 행장	주변 및 관련 사항
1161	617	진평왕 39	1	압량군 불지촌(현 경북 경산)에서 출생. 속성은 설(薛)씨. 어릴 적 이름은 서당(誓幢). 할아버지는 잉피공(仍皮公), 아버지는 담날내말(談捺乃末).	
1162	618	진평왕 40	2		수나라 멸망 당나라 건국.
1169	625	진평왕 47	9		의상 출생.
1171	627	진평왕 49	11		원측이 당나라에 유학.
1176	632	선덕여왕 1	16	출가함. 출가 이후 사미승 시절에 낭지(朗智)에게 배우고, 이후 보덕(普德), 혜공(惠空) 등으로부터 배우며 수행함.	
1178	634	선덕여왕 3	18		경주 분황사(芬皇寺) 창건. 백제 흥왕사(興王寺) 창건.
1180	636 또는 638	선덕여왕 5	20		자장이 당나라에 유학.
1184	640	선덕여왕 9	24		중국 화엄종 초조 두순이 입적.
1186	642	선덕여왕 11	26		백제가 신라성 40여 곳을 공략. 대야성 공략. 고구려 연개소문이 영류왕을 죽이고 보장왕을 세움. 김춘추가 고구려에 가서 도움을 구했으나 실패함.
1187	643	선덕여왕 12	27		선덕여왕의 요청에 따라 자장이 1700여 권의 경론을 가지고 급히 귀국. 불경과 함께 가지고 온 불두골(佛頭骨) 불치(佛齒) 등 불사리 100개를 황룡사(黃龍寺), 태화사(太和寺), 통도사(通度寺)에 나누어 봉안. 의상이 경주 황복사에서 19세에 출가.

불기 (佛紀)	서기 (西紀)	왕력	원효 나이	원효 행장	주변 및 관련 사항
1189	645	선덕여왕 14	29		자장의 건의에 따라 황룡사 9층 목탑 조성. 당나라 현장이 17년간의 인도 유학을 마치고 장안으로 귀국.
1191	647	선덕여왕 16/ 진덕여왕 1	31		자장이 통도사에 계단(戒壇) 설치. 비담의 반란. 선덕여왕 임종.
1194	650	진덕여왕 4	34	현장에 의해 주도되고 있는 새로운 불교학풍(신유식)을 접하기 위해 의상과 함께 육로를 통해 당나라에 가려다가 요동에서 고구려 수비군에게 체포되어 실패하고 겨우 탈출함. 이 무렵 원효와 의상이 보덕스님에게서 『유마경』『열반경』을 배웠을 것으로 추정됨. 포항 항사사(恒沙寺)에 주석하고 있던 혜공(惠空)과 교류하며 배웠던 것도 이 무렵의 일로 추정됨.	고구려의 고승 보덕(普德)이 완산주(현 전주) 고대산(현 고덕산)으로 이주함.
1204	660	태종무열왕 7	44		백제가 멸망함.
1205	661	문무왕 1	45	의상과 함께 제2차 당나라 유학을 떠남. 남양만 당항성으로 가는 중도인 직산(현 성환과 천안 사이)의 무덤(土龕)에서 자다가 깨달음을 얻어 당나라 유학을 포기함.	의상은 원효와 헤어진 후 당나라로 들어가 화엄종 지엄의 제자가 됨.
1206	662	문무왕 2	46	소정방이 김유신에게 보낸 철군 암호를 해독해 줌.	
1212	668	문무왕 8	52		나당연합군에 의해 고구려 멸망. 삼국 통일. 중국 화엄종 지엄 입적.
1215	671	문무왕 11	55	행명사에서 『판비량론』 저술.	의상 귀국.
1220	676	문무왕 16	60		의상이 부석사를 창건. 중국 선종 6조 혜능이 광주 법성사(法性寺)에 감.

불기 (佛紀)	서기 (西紀)	왕력	원효 나이	원효 행장	주변 및 관련 사항
1226	682	신문왕 2	66		중국 법상종 규기가 자은사에서 입적.
1230	686	신문왕 6	70	혈사에서 입적. 설총이 유해로 원효상을 조성하여 분황사에 봉안.	
1323	779	혜공왕 15			손자 설중업이 신라 사신의 일원으로 일본에 감. 일본의 상재(上宰)가 설중업이 원효의 손자임을 알고는 기뻐하며 원효를 찬탄하는 시를 써줌.
1645	1101	고려 숙종 6		대각국사 의천의 건의로 원효에게 '화쟁국사'(和諍國師) 시호(諡號)를 추증.	

지은이 박태원 朴太源

고려대학교 대학원에서 「불교의 언어이해와 불립문자」에 관한 연구로 석사학위를 받고, 같은 대학교 대학원에서 「대승기신론사상 평가에 관한 연구」로 철학 박사학위를 받았다. 지금은 울산대학교 철학과 교수로 있다.

원효·의상·지눌을 중심으로 한국고대불교철학을 탐구하고 있으며, 선(禪)사상 연구에도 집중하고 있다. 초기불교 정학(定學)에서부터 선종(禪宗)의 돈오견성(頓悟見性)과 간화선(看話禪)에 이르기까지, 선(禪)의 언어들에 내재한 연속적 의미맥락을 읽어내어, 그것을 원효?의상—지눌의 언어들과 소통적으로 비교하는 것이 연구의 지속적인 관심사다. 저서로는 『대승기신론사상연구』 『원효사상연구』 『원효의 십문화쟁론 ? 번역과 해설 그리고 화쟁의 철학』 『정념과 화두』 등이 있고, 주요논문으로는 「원효 화쟁사상의 보편원리」 「원효의 선사상」 「정념의 의미에 관한 고찰」 「돈오의 대상 소고(小考)」 「간화선 화두간병론과 화두 의심의 의미」 「돈점 논쟁 새로 읽기」 「돈점 논쟁의 쟁점과 과제—해오(解悟) 문제를 중심으로」 「돈점 논쟁의 독법 구성」 「돈오의 두 유형과 반조 그리고 돈점 논쟁」 등이 있다. 2011년에는 「간화선화두간병론과 화두 의심의 의미」로 제2회 원효학술상을, 2013년에는 「돈점 논쟁의 쟁점과 과제」로 제1회 대정학술상 최우수논문상을 수상했다.